山东大学中文专刊

吠陀梵语语法

语音、变格及变位

[英] 麦克唐纳 著
徐美德 译

中西書局

《山东大学中文专刊》编辑工作组

组　长

黄发有　郭春晓

副组长

马　兵　杨建刚　樊庆彦　王　辉

成　员

王培源　刘晓东　萧光乾　张学军　张树铮
孙之梅　关家铮　王新华　杨振兰　岳立静
戚良德　祁海文　李开军　刘晓多　沈　文
王　萌　刘靖渊　程鸿彬　刘天宇　吉　颙
李振聚

《山东大学中文专刊》编辑出版说明

《山东大学中文专刊》，是山东大学中文学科学者著述的一套丛书。由山东大学文学院主持编辑，邀请有关专家担任编纂工作，请国内有经验的专业出版社分工出版。山东大学中文学科与山东大学的历史同步，在社会巨变中，屡经分合迁转，是国内历史悠久、名家辈出、有较大影响的中文学科之一。1901年山东大学堂创办之初，其课程设置就包括经史子集等中文课程。1926年省立山东大学在济南创办，设立了文学院，有中国哲学、国文学两系。20世纪30年代至40年代，杨振声、闻一多、老舍、洪深、梁实秋、游国恩、王献唐、张煦、丁山、姜叔明、沈从文、明义士、台静农、闻宥、栾调甫、顾颉刚、胡厚宣、黄孝纾等著名学者、作家在国立山东（青岛）大学、齐鲁大学任教，在学术界享有盛誉。新中国成立后，山东大学中文学科迎来新的发展时期，华岗、成仿吾先后担任校长，陆侃如、冯沅君先后担任副校长，黄孝纾、王统照、吕荧、高亨、高兰、萧涤非、殷孟伦、殷焕先、刘泮溪、孙昌熙、关德栋、蒋维崧等语言文学名家在山东大学任教，是国内中文学科实力雄厚的学术重镇。改革开放以来，新中国培养的一代学术名家周来祥、袁世硕、董治安、牟世金、张可礼、龚克昌、刘乃昌、朱德才、郭延礼、狄其骢、葛本仪、钱曾怡、曾繁仁、张忠纲等，以深厚的学术功力和开拓创新精神，谱写了山东大学中文学科新的辉煌。总结历史成就，整理出版几代人用心血和智慧凝结而成的著述，是对学术前辈最大的尊敬，也是开拓未来、创造新知、更上一层楼的最好起点。2018年4月16日，山东大学文学院新一届领导班子奉命成立，20日履任。如何在新的阶段为学科发展做一些有益的工作，是摆在面前的首要课题。编辑出版《山东大学中文专刊》是新举措之一。经过一年的紧张工作，一批成果即将问世。这其中既有历史成就的总结，也有新时期的新著。相信这是一项长期的任务，而且长江后浪推前浪，在未来的学术界，山东大学中文学科的学人一定能够创造出无愧于前哲、无愧于当代、无愧于后劲的更加辉煌的业绩。

山东大学文学院

2019.10.11.

A VEDIC GRAMMAR FOR STUDENTS

BY

ARTHUR ANTHONY MACDONELL

M.A., Ph.D.

BODEN PROFESSOR OF SANSKRIT IN THE

UNIVERSITY OF OXFORD

FELLOW OF BALLIOL COLLEGE; FELLOW OF THE BRITISH ACADEMY

FELLOW OF THE ROYAL DANISH ACADEMY

INCLUDING A CHAPTER ON SYNTAX AND THREE APPENDIXES: LIST OF VERBS, METRE, ACCENT

OXFORD

AT THE CLARENDON PRESS

1916

Arthur Anthony Macdonell 1901

作者简介

麦克唐纳（1854—1930），出生于印度比哈尔邦蒂尔胡特（Tirhut，也叫Mithila）地区的穆扎法尔布尔（Muzaffarpur），是当时英国驻印军人查尔斯·亚历山大·麦克唐纳之子。1870—1875年，他在哥廷根文理中学接受教育，随后进入哥廷根大学，随本菲教授开始学习梵语及比较语文学。1876年进入牛津大学克里斯蒂学院学习，随Monier Williams继续学习梵语，1880年毕业，聘为牛津大学德语（语言）泰勒讲师。1884年，获得莱比锡大学博士学位（《梨俱吠陀》），同年获聘为牛津大学梵语讲师，1888年，晋升为梵语副教授，1899年，成为博登梵语教授。

他早期在德国的经历留下了两部著作：*Camping Voyages on German Rivers*（1890）及*Camping Out*（1892）。他去过两次印度，第一次在1907年并且获得了7 000多份写本。第二次于1922—1923年在加尔各答大学进行了一次关于宗教比较的课程（Calcatta 1925）。

麦克唐纳编辑了诸多梵语文本（1884年提交博士论文，1886年正式出版），编写语法（1886），编纂字典（1893），并出版了《吠陀语法》（1910）、《吠陀读本》（1917）和《吠陀神话》（1897）；他还写了一部梵语文学史（1900）及《古代印度》（1927）。尤其是其《古典梵语语法初阶》（1911）成为诸多梵语入门者的首选，影响最为广泛。

目 录

作者前言

长久以来，一种实用性的吠陀（Vedic）语法为学者所亟需。它也是43年前马克斯·缪勒在他的《梨俱吠陀》译本所写的序言中倡导的研究吠陀颂诗的主要辅助工具之一。他补充说，“我毫不怀疑，终有一天，在印度如果一个人不能解读其本土古代哲人的颂诗，他就不会自称是梵语学者”。主要是由于缺乏这样一部作品，尽管吠陀文献在语言和宗教方面具有重要意义，但在英国或印度，对它的研究从未在古典梵文的研究中扮演其应有的角色。的确，惠特尼（Whitney）的《梵语语法》是在与后期语言的联系中处理早期语言。也正如我常确证的那般，但正是由于这个原因，学生们无法从其中获得关于两者的明确知识，因为初学者在学习过程中无法分清这两种语言。直到1910年我的大《吠陀语法》出版之前，还尚未有作品全面地介绍早期语言本身。然而，由于那部作品对学生来说过于广泛和详细，因而更适合作为专业学者的参考书。因此，人们经常敦促我推出一个简短的实用语法，它可以如我的《古典梵语语法初阶》适用于古典梵语那般，适用于吠陀语言的学习。于是我在《梵语语法初阶》（以下简称《梵语语法》）的第二版（1911）中，承诺会尽快满足这一要求。本书则兑现了这一承诺。

在规划这本书的时候，经过深思熟虑，我决定让它逐段与《梵语语法》相对应，这是能帮助学生比对早期和后期语言的每一现象的最好方法。在这一程度上，本书以另一本书为前提，但它也可以很好地独立使用。然而，多年的教学经验使我劝告初学者不要用目前的语法开始学习梵语。在我看来，学生们应永远从古典梵语开始学习，因为它更有规律、更明确，且其变化形式的数量也更有限。因此，在学习吠陀语法之前，为便于快速学习，应先对关于较后的语言的知识有良好的掌握。

在使这种语法和另一种语法平行时，我在给相应段落进行令人满意的编号时遇到了很大的困难。因为某些材料组只存在于吠陀语言中，如许多虚拟语态的形式，或更繁复的地方，如十几种不定式，而在梵语中只有一种；而一些梵语的形式，如迂回将来时，在更早的语言中并不存在。尽管如此，我认为我已经成功地编排了这些数字，使两种语法的对应段落总是可以很容易地被比对。唯一的例外是第一章，它由15个段落组成，在《梵语语法》中涉及的是城体字母。由于这部著作通篇仅使用转写，因此重复那部语法中对字母的描述似乎是多余的。相应地，我用吠陀发音的一般语音概貌来代替，使学生能够清楚地理解梵语的语言历史。采用转写是必要的，因为只有通过这种方式，通过连字符和重音来分析才能充分显示出来。如果像《梵语语法》那般，重复地使用城体字符，会增加书的体积和成本，而没有任何额外的好处。关于重音的论述，因为在吠陀语法中至关重要，自然应在本书的正文中占有一席之地，但由于《梵语语法》中完全没有该主题，而且对它的论述处理要求很充分，所以无法在书中加以介绍。因此，该重音在附录三中进行了处理，以替代《梵语语法》末尾的“吠陀语法的主要特点”。

在此，“吠陀”一词不仅用于理解颂诗的格律语言，而且还用于理解梵书及《阿婆达吠陀》中梵书式部分与《夜柔吠陀》多种编辑本中的散文部分。晚期阶段的语法材料主要是用小号字体给出的，且在任何情况下，都会加上字母B（以表示梵书）。除此之外，所呈现的早期语言阶段是《梨俱吠陀》的阶段，它既是最古老的，又提供了最丰富的材料。但是来自其他吠陀的形式如果符合《梨俱吠陀》的标准，通常情况下也不会给出区别标记。然而，如果这些形式有任何异常，或者似乎应该指出它们并非来自《梨俱吠陀》，则在括号中加上一个缩写，如“(AV.)”代表“(《阿达婆吠陀》)”。另一方面，有时添加“(RV.)”是为了表明出于某种原因，某种形式仅限于《梨俱吠陀》。当然，在一部实用语法著作中不可能如此详细；但任何特定形式的确切来源总是可以通过参考大《吠陀语法》来确定的。当其他吠陀的语法用法不同于《梨俱吠陀》时，通常会给出解释。当句法的例子来源于《梨俱吠陀》时，会给出精确的数字，但当它们来自其他出处时，仅使用缩写(例如TS.表示Taittirīya Saṃhitā或ŚB.表示Śatapatha Brāhmaṇa)。句法的引用在韵律上并不总是完整的，因为不需要说明相关用法的词语经常被省略。在吠陀文本中偶然出现的没有重音的动词形式，如果它的位置是毫无疑问的，就会带上重音，但如果有任何不确定的地方，它就会被省略。在动词表中(附录一)，第三人称单数经常作为典型形式给出，即使实际上出现的只有其他人称。否则，仅列举被明确界定的形式。

我应该提到的是，在变形后的词中，词尾尾音s、r和d是以其历史的形式给出的，而不是按照可被允许的尾音法则(§27)；例如，dūtás，不是dūtáḥ；tásmād，不是tásmāt；pitúr，不是pitúḥ；但当被使用于句法上时，它们是按照连音规则出现的；例如，devā́nāṃ dūtáḥ；vṛtrásya vadhā́t。

在很大程度上，这本书是基于我的大《吠陀语法》。然而，本书绝不仅仅是简单地对前者的删减与摘录。除了为便于与《梵语语法》的框架相一致，它还包含了很多必须被大《吠陀语法》排除在外的内容，因为后者作为布勒(Bühler) *Encyclopaedia of Indo-Aryan Research*的其中一卷而受到限制。因此，它增加了对吠陀句法规则的全面处理和对吠陀韵律的说明。此外，附录一包含一个吠陀动词表(类似于《梵语语法》)，尽管它们的所有形式都出现在《吠陀语法》正文中的适当位置，但彼处没有以字母顺序的形式再次呈现，这里主要是方便学习者。在对所有的动词形式进行修订后，我对一些有疑问的或含糊不清的形式进行了更好的分类，并增加了一些在大《吠陀语法》中被无意遗漏的其他形式。此外，为了与《梵语语法》§180相对应，该书还添加了一份完整的、按字母顺序排列的连词和副词小品词列表及对这些词的句法用途的描述，共40页。因此，本书构成了对《吠陀语法》的补充与删减，因此，实际上，本书在该主题的阐述整体上比前者更加完整，尽管是以相对简短的形式。我想补充的是，在这本语法之后，很快还会出现一个吠陀读本，它由《梨俱吠陀》的精选颂诗组成，并为初学者提供需要了解的每一点的微观解释。我希望这两本书能让他在短时间内去独立学习古印度神学文献。

基于本书的目的，我主要利用了拙作《吠陀语法》(1910)，除此之外，Delbrück, *Altindische Syntax*（1888）中的句法材料、惠特尼*Roots*（1885）中梵书文献的动词形式也让我受益颇多。在描述韵律时（附录二），我发现Oldenberg, *Die Hymnen des Rigveda*（1888）及Arnold, *Vedic Metre*（1905）相当有用。

我很感激James Morison博士和我以前的学生A.B. Keith教授认真仔细地校正了我的初稿，因此让我避免了许多自己没有留意到的印刷错误。Keith教授对我的一些语法陈述提出了宝贵的修改意见。最后，我必须祝贺Clarendon出版社的东方学校对J.C. Pembrey先生（Honour M.A.），在1847年校对H.H. Wilson教授的《梵语语法》之后的七十年，他又完成了阅读这本语法的最终校样这一任务。这是东方学历史上的一个记录，也很可能是任何一个为出版社进行专业校对的记录。

A. A. MACDONELL.

Chadlington路6号，牛津

1916年3月30日

（郝梓彤译，笔者修订）

译者小序

工欲善其事，必先利其器。吠陀梵语是了解吠陀文献的钥匙，而吠陀语法又是吠陀梵语的基石。在笔者的学习及科研过程中，发现 Arthur Anthony Macdonell 的这部 *A Vedic Grammar for Students*（《吠陀梵语语法初阶》）特别适合想学习吠陀梵语的读者，因为它在语法条目编排及讲解上都特别清晰。

如作者自序，这部吠陀语法与其《古典梵语语法初阶》是姊妹篇。作者采用平行比对的方法，对吠陀语法进行介绍，尤其适合已经有一定古典梵语语法基础的读者使用。正因为作者想把它与古典梵语语法进行比对，所以把吠陀梵语的最大的独特之处，即重音部分放在了附录中。

动词是一门语言的骨架，梵语尤其如此。吠陀梵语形式又比古典梵语繁复，所以作者在附录一附上了常见的吠陀语词根及其各种变位，方便读者翻检，笔者将其置于书末（即附录二）。为了方便读者与古典梵语进行比对以及快速定位与翻检，笔者制定了详细的目录，故文末不再提供术语检索。原文中对后期吠陀语法现象做出的补充，笔者也标以五号字，若读者嫌繁复，可以跳过此部分而不会影响理解。考虑到原著的篇幅，笔者先将原著前四章及附录三重音部分（本书的附录一）先行译出（故对书名根据内容加以改定），以飨读者。虽说是语法初阶，但是由于时代变迁，书中所附的古希腊语以及拉丁语对于缺乏西方古典学基础的读者来说，可能还起不到辅助的作用，需要读者自行“充电”。

在回国工作期间，笔者要特别感谢山东大学文学院杜泽逊教授一直以来的教诲与无私支持，尤其是慷慨地将此书纳入“山东大学中文专刊”系列，留德学人刘震研究员的审稿及十分宝贵的修改建议，中国人民大学佛教与宗教学理论研究所张风雷教授及惟善法师等诸位师长的教导与鼓励。同时也衷心感谢浙江大学文学院伍海欣对附录二的辛勤录入及山东大学文学院胡彦的文字校对、哲学院郝梓彤君对作者前言部分的翻译。最后还要衷心感谢中西书局将此书纳入出版计划。由于笔者学识有限，翻译中恐怕难免会出现一些错误，祈请读者批评指正，伺他日再版时加以修正完善。

徐美德　山东大学文学院

癸卯年（二〇二三）春识于山东大学兴隆山寓所

几点说明

1. 为了便于读者翻检，保留原文的西文标目，虽然不符合汉语习惯。

2. 译名一般采用国内学界的习惯，尤其是遵照季羡林译《梵文基础读本》(北京大学出版社2009)。但为了简洁，将augment译为“增音”，不采用“前加元音a”。此外将reduplication译为“重叠”，以便与其他近似词汇区别。

3. 梵语词汇的意义，只有在影响理解的情况下，才加上括号或引号或采用小号字以标识。

4. 本文将saṃprasāraṇa译为“互换”，指半元音音节变为对应的元音。

5. 由于部分表格与原书所载不同，所以在脚注中也有所调整。

6. 原文在每个词根之后都有英译，为了简洁，本书中很常见的单一词根只在它首次出现时才附上汉译。若一个词根有多种形式，在不太常见的那个上附上汉译。

7. 在长音符上加一个短音符似为作者独创，它表示适用于长、短两个元音。

8. 吠陀语重音与古希腊语类似，即udātta，anudātta，svarita分别对应acute（锐音）、grave（钝音）、circumflex（折音），笔者按照音调高低，分别译为高、低、中音。但是在《梨俱吠陀》中的发音方法与其性质不一样，参看附录一。

9. 按照大部分吠陀诗文一节两行的特点，本文将hemistich译为“诗行”，pāda译为“音步”。

10. 本文将past passive participle译为“过去被动分词”，而perfect passive participle则译为“完成被动分词”。

11. injunctive在古典梵语中几乎消失，但在吠陀梵语中完整保存。在表意上，近似于命令。但学界一般习惯于将imperative译为“命令式”，故本书将injunctive译为“训诫式”。

缩略表

一、类别名

A. Āraṇyaka	森林书
B. Brāhmaṇa	梵书（ŚB Śatapatha《百道梵书》PB Pañcaviṃśa《廿五梵书》KB Kauṣītaki《乔氏梵书》）
S. Saṃhitā	本集（《黑夜柔》: Taittirīya, Kāṭhaka, Maitrāyaṇī《白夜柔》: Vājasaneyi）
V. Veda	（RV 梨俱吠陀、AV 阿达婆吠陀、SV 娑摩吠陀）

二、版本

A. Aitareya	爱氏 Itarā 之子 Mahidāsa
K. Kāṭhaka	卡氏 Kaṭha
M. Maitrāyaṇī	迈氏 maitrāyaṇa > maitra
T. Taittirīya	泰氏 Tittiri
V. Vājasaneyi	瓦氏 Vājasaneya，仙人 Yajñavalkya 之父名

三、语法标识

m. 阳性

n. 中性

f. 阴性

sg. 单数

du. 双数

pl. 复数

pr. 现在时

ft. 将来时

impf. 未完成时

pf. 完成时

aor. 不定过去时

mid. 中(动),中间语态

ind. 直陈式

subj. 虚拟式

inj. 训诫式

impr. 命令式

更多语法缩写参看附录二卷首

四、其他

希：古希腊语

拉：拉丁语

第一章　语音导论

1. 吠陀，或吠陀文学的语言，由两个主要的语言层代表。在每个语言层中，同样可以区分出早期和后期。较早的阶段是包含在各种本集中的曼陀罗，即对诸神的赞颂诗和咒语。其中，《梨俱吠陀》中的颂诗最重要，代表了最早的阶段。后来的阶段是被称为“梵书”的散文神学论著。从语言上看，即使是最古老的梵书也比本集的大部分最新部分要晚，接近于古典梵文的阶段。但它们仍然保留了虚拟式的使用，并采用了许多不同类型的不定式，而前者在古典梵语中已经消失，而后者中只保留了一个单一类型。然而，这些作品的散文在某种程度上比颂诗的语言能更好地体现吠陀句法的正常特征，而后者则在一定程度上受到了诗节要求的干扰。

构成“梵书”附录的作品，即《森林书》和《奥义书》的语言，形成了向吠陀经的过渡，而吠陀经的语言实际上与古典梵语相同。

《梨俱吠陀》的语言材料比其他本集的语言材料更古老、更广泛、更真实，所有的本集都在很大程度上借鉴了它，因此被作为这个语法的基础。然而，它又从其他本集中得到了相当大的补充。如果梵书的语法形式与古典梵文不同，则在注释中予以说明，而它们的句法则得到了充分的处理，因为它比吠陀的韵律颂诗更能说明句子的结构。

2. 吠陀颂诗在印度引入文字之前的许多个世纪被创作，几乎不可能早于公元前600年。它们通过口头传统一直流传到很久以后，且一直持续到今天。除了这种传统外，本集的文本还保存在手稿中。由于印度的气候条件恶劣，最早的手稿也不超过五个世纪。它们最初是在多长时间内被写成文字，以及《梨俱吠陀》的颂诗是否借助文字的形式被编辑成本集和韵文，似乎还没有足够的证据来决定；但像梵书这样的大量散文作品，特别是《百道梵书》，在没有这种帮助的情况下还可以创作和保存，这几乎无法想象。[1]

吠陀语言的发音

3. 吠陀梵语总共有五十二个音，其中十三个是声母，三十九个是辅音：

a. 九个单元音：a ā i ī u ū ṛ ṝ ḷ；四个双元音：e o ai au

b. 22个塞音分为五组，每组有一个对应的鼻音，形成了27个字母组：

(α) 五个喉音：k kh g gh ṅ；

(β) 五个腭音：c ch j jh[2] ñ；

(γ) 七个卷舌音[3]：ṭ ṭh，ḍ 及 ḷ，ḍh 及 ḷh，[4] ṇ；

(δ) 五个齿音：t th d dh n；

(ε) 五个唇音：p ph b bh m；

---

[1] 吠陀文本，除了Theodor Aufrecht和Albrecht Weber的《梨俱吠陀》及《泰氏本集》的转写本外，都以天城体印刷。我在*Sanskrit Grammar for Beginners* (§§ 4-14)中对天城体已作了充分描述，因此没有必要再重复那里的内容。这里只需对吠陀语言的所有音声作一个总结。

[2] 这个音很少见，在《梨俱吠陀》中只出现过一次，在《阿达婆吠陀》中根本没有出现。

[3] 这是最罕见的一类塞音，甚至连腭音的一半都没有。

[4] 这两个音在《梨俱吠陀》中分别取代了元音之间ḍ ḍh的位置；例如íḷe（但íḍya），mīḷhúṣe（但mīḍhvā́n）。

c. 四个半元音：y（腭音），r（卷舌），l（齿音），v（唇音）；

d. 三个咝音：ś（腭音），ṣ（卷舌），s（齿音）；

e. 一个送气音：h；

f. 一个纯鼻音：ṃ（ṁ），也叫Anusvāra（随韵）。

g. 三个清咝音：ḥ（Visarjanīya止韵），ẖ（Jihvāmūlīya），ḫ（Upadhmānīya）。

元音

a. 单元音

4. ă通常代表一个原始的短元音（印欧语ă ĕ ŏ）；但它也经常取代一个原始的鼻音节（sonant nasal），即代表无重音音节an和am的缩减形式，如sat-ā́及sánt-am（是）；ga-tá（走）及á-gam-at（已走）。

ā代表一个简单的长元音（印欧语ā ē ō）和缩合；例如，mātár（拉māter，母）；ā́sam = á-as-am（我是）。它也经常代表无重音音节an；例如khā-tá源于√khan（挖）。

i通常是一个原始元音；例如div-í（διFί在天堂）。它也经常是e和ya的基础级；例如vid-má（*ἴδμεν*我们知道），以及véd-a（*οἶδα*我知道）；náv-iṣṭha（最新）及náv-yas（更新）。它也代替根元音ā的基础级；例如śiṣ-ṭá（教过的）及śā́s-ti（他教）。

ī是一个原始元音；例如jīv-á（生活）。但是它也经常代表yā的基础级；例如aś-ī-máhi（我们将获得）及aś-yā́m（我将获得）；或者是一个缩合；例如īṣúr（他们快速= i-iṣ-úr，√iṣ的三复完成时）；matī́（= matíā通过思想）。

u是一个原始元音；例如mádhu（希μέθυ蜂蜜）。它也是o及va的基础级；例如yugá（n. 牛轭）及yóg-a（m. 结对）；sup-tá（入睡）及sváp-na（m. 睡眠）。

ū是一个原始元音；例如bhrū́（ὀ-φρύ-ς）f. 眉毛。它也是au及vā的基础级；例如dhū-tá（动摇）及dhau-tárī（f. 摇晃）；sūd（使甜）及

svād（享受）；而且经常代表一个缩合；例如ūc-úr = u-uc-úr他们说了（√vac的三复完成时）；bāhū́双臂 = bāhú-ā。

ṛ是元音性的r，是ar及ra的基础级；例如kṛ-tá（已做）及ca-kár-a（我已做）；gṛbh-ī-tá（被扣押）及grábh-a（m. 扣押）。

ṝ只出现在ar词干的阳、阴性复数业、属格（其中，它是延长的基础级）；例如，pitṝ́n，mātṝ́ḥ；pitṝṇā́m，svásṝṇām。

ḷ是元音性的l，是al的基础级，只出现在几个形式中或为√kḷp（kalp有序）的派生动词：cākḷpré的三复完成时；cīkḷpāti的三单不定过去时虚拟式；kḷpti（VS.）f.（安排）及kalpasva的二单命令中间，kálp-a m. 虔诚工作。

b. 双元音

ē及ō代表原来真正的双元音ăi ău。他们代表（1）基础级元音i及u对应的二合音；例如séc-ati（他浇灌）及sik-tá（已倒入）；bhój-am及√bhuj的不定过去时bhúj-am；（2）在外部和内部连音中，a与i和u聚合在一起的结果；例如，éndra = ā́ indra；ó cit = ā́ u cit；padé = padá ī（双足，中性双数）；bháveta = bháva īta的三单祈愿；maghón（= maghá un）maghávan（丰饶）的弱词干；（3）在d，dh，h前面的几个词e = az；例如，e-dhí及ás-ti，√as的二单命令式及三单现在时直陈式；在格尾bh及派生后缀y、v前的o = az；例如dvéṣo-bhis，dvéṣas n.（仇意）的复数具格；duvo-yú想给（除了duvas-yú）；sáho-van（强大的）及sáhas-vant。

ai及au词源上代表āi及āu，正如它们在连音中变为āy和āv这一事实所表明的那样；例如gā́v-as及gáus奶牛；而a与e（= ăi）及o（= ău）的连音分别为ai和au。

元音变级

5. 单元音在派生及动词和名词变形中与较完整的音节互换，或者如果是短元音，它也与长元音互换。这种变化取决于重音的转移：当它带有重音时，较完整或较长的音节保持不变，但当重音转移时，就会降为一个简单的或短的元音。这种互换被称为元音变级。这种变级可以区分为五个不同的系列。

a. 二合音系列

此处带重音的高阶音节e、o、ar、al构成了基本阶层，并被本土语法学家称为“二合音”(Guṇa，参见17a)，分别与无重音的低阶音节i、u、ṛ、ḷ互换。除了二合音音节，还出现了ai、au、ār(āl没有出现)等音节，但频率要低得多，这些音节被同一权威称为“三合音”(Vṛddhi)，可被视为二合音节的一个延长种类。示例如下：didéś-a已指出：diṣ-ṭá指出；é-mi我走：i-más我们走；āp-nó-mi我得：āp-nu-más我们得；várdhāya：vṛdhā́ya推进。

α. 二合音、三合音二者的低一级元音可能是ī，ū，ĭr，ŭr；如bibháy-a“我害怕”及bibhā́y-a“他害怕”：bhī-tá惊恐的；juhā́v-a他喊：hū-tá援引的；tatā́r-a他跨越：tir-áte“跨越”及tīr-ṇá跨越的。

b. 互换(Samprasāraṇa)系列

此处带重音高等级音节ya，va，ra(相当于二合音层面的e，o，ar)与无重音的低等级元音i，u，ṛ互换；例如i-yáj-a我祭祀了：iṣ-ṭá被祭祀的；váṣ-ṭi他想要：uś-mási我们想要；ja-gráh-a我已经抓住：ja-gṛh-úr他们已经抓住。

α. 长音节yā，vā，rā类似地缩减为ī，ū，ĭr；例如，jyā́ f. 强权：jī-yá-te被克服；brū-yā́-t想说：bruv-ī-tá会说；svād-ú甜蜜：sūd-áya-ti使变甜；drā́gh-īyas更长：dīrgh-á长。

c. ă系列

1. 在其基础级层面，a通常会消失，但它通常仍然存在，因为在大多数情况下，它的消失会导致无法发音或晦涩难懂的形式；例如ás-ti它是：s-ánti它们是；ja-gám-a我已走：ja-gm-úr他们已走；pád-ya-te他走：pi-bd-aná坚守；hán-ti他杀戮：ghn-ánti他们杀戮。

2. 三合音ā的基础级要么是a，要么完全脱落；例如pā́d m. 足：

pad-ā́用双足；dadhā́-ti他放置：dadh-mási我们放置；pu-nā́-ti他净化：pu-n-ánti他们净化；da-dā́-ti他给：devá-t-ta神授。

3. 当ā代表二合音层面，其基础级通常是i；例如，sthā́-s你已站：sthi-tá站着。

a. 有时由于类比的关系，它的基础级是ī；例如pu-nā́-ti他纯净：pu-nī-hí净化。有时候，特别是当基础级的音节有次要重音时，它是a；例如gā́h-ate它暴跌：gáh-ana n. 深度。

d. ai及au系列

ai的基础级是ī（它在元音前出现为āy，在辅音前是ā）；例如gā́y-ati唱，gā-thá m. 歌：gī-tá已唱。

au的基础级是ū（它与vā平行：5bα）；例如dhā́v-ati他洗：dhū-tá洗过；dhau-tárī f. 摇晃：dhū́-ti m. 振动器，dhū-má m. 烟。

e. ī、ū、ṝ的二级缩短

基础级音节ī、ū、ĭr和ŭr（= ṝ）被进一步简化为i、u、ṛ，原因是在复合词、重叠形式和呼格中的重音从单词的正常位置转移到它的开头；例如ā́-huti援引：-hūti呼叫；dī́di-vi闪耀：dī-páya点亮；cár-kṛ-ṣe你已纪念：kīr-tí f. 赞扬（源于√kṝ）；pi-pṛ-tā́m 第三人称双数：pūr-tá充满（√pṝ）；dévi呼格：deví主格，女神；śváśru呼格：śva-śrū́-s主格，岳母、婆婆。

辅音

6. 喉塞音代表印欧语的软腭音（即q音组）。在k-ṣ的组合中，喉音是在s前腭音的常规语音修饰；例如√dṛś：不定过去时ádṛk-ṣata；√vac：将来时vak-ṣyáti。

7. 腭音形成两个系列，早期的和晚期。

a. ch和ś代表原始腭音，在一定程度上j和h也代表。

1. 送气音ch源于印欧语中的双辅音，即s + 送气腭塞音；例如√chid切断 = 希σχιδ。但在起动（inchoative）后缀cha中，它似乎代表s+不送气腭塞音；例如gáchā-mi = 希 βάσκω。

2. 咝音ś代表印欧语的腭音（似乎在教学上被读成咝音或塞音）；例如śatám 100 = 拉 centum，希 ἑ-κατόν。

3. 古老的腭音j（最初是ś的媒介，等于印度伊朗语的ź，法语的j）可以通过它在末尾或在塞音前变为卷舌音来识别；例如yáj-ati（他祭祀），不定过去时á-yāṭ他已祭祀，yáṣ-ṭṛ祭司，iṣ-ṭá祭祀的。

4. 气音h代表古老的腭音、印度伊朗语的送气音źh。当它作为尾音或在t前被卷舌音取代时，它就可以被当作一个古老的腭音；例如váh-ati（他扛）及á-vāṭ（他已扛）。

b. 新腭音是c以及在某种程度上是j和h。它们来自喉音（软腭音），在大多数词根和变形中可以与喉音互换；例如śóc-ati（照耀）及śók-a m.（火焰），śúk-van燃烧的，śuk-rá灿烂；yuj-e（我套轭）及yug-á轭，yóg-a m. 结对，yuk-tá已连接，-yúg-van结对；du-dróh-a（已伤害）及drógh-a有害的。

α. 原来的喉音被紧随其后的腭音i、ī、y同化为腭音；例如cit-tá（注意到）及két-a m. 意志，来自√cit觉察；ój-īyas（更强）及ug-rá强；druh-yú（专名）及drógh-a有害的。

8. 卷舌音完全是派生性，且是专门的印度产物，在印度伊朗时期尚不为人知。它们可能是由于原住民语系的影响，特别是达罗毗荼语系。它们在《梨俱吠陀》中仍然很罕见，在那里，它们从未出现在词首，只在词中和词尾。一般来说，它们由紧随卷舌音ṣ（等于原始的s，ś，j，h）或r音（r，ṛ，ṝ）之后的齿音引起；例如duṣ-ṭára（= dus-tára）无敌；váṣ-ṭi（= váś-ti）他愿望；mṛṣ-ṭá（= mṛj-tá）清洗过；nīḍá（= niẓdá）[1]巢；dū-ḍhī́（= duẓ-dhī́）病态；dṛḍhá[2]（= dṛh-tá）坚定；nṛ-ṇā́m（= nṛ-

[1] ẓ（= s或古腭音źh），ṣ的浊音形式，在将d或dh卷舌化并延长其前的元音后，自身总是消失。

[2] 虽然写为短元音，但ṛ在诗律上为长。

nā́m）众人的。

词尾的卷舌塞音代表古老的腭音j，ś，h；例如rā́ṭ（= rā́j）m. 君王，单数主格；vípāṭ（= ví-pāś）f. 河流名；ṣā́ṭ（= sā́h）克服；á-vāṭ（= á-vāh-t）已转达（√vah的三单不定过去时）。

9. a. 齿音是原始音，代表相应的印欧语中的齿音。然而，塞音t和d有时会分别在s和bh之前取代原始的s；例如á-vāt-sīs（AV.），√vas（住）的不定过去时；mād-bhís，mā́s（月）的复数具格。

b. 唇音通常代表相应的印欧语中的语音。但b很少被继承；不过，含有这个音的词的数量已经通过各种方式大大增加。所以它在连音中经常取代p或bh，在重叠中取代bh；例如pi-bd-aná（坚定）及pad-á n. 地点；rab-dhá（已拿）及rábhante他们拿；√bhū三单完成时ba-bhū́va。还有许多含有b的词似乎有外来语来源。

10. 鼻音。在属于相应五类塞音的五个鼻音中，只有齿音n和唇音m可以独立出现在一个词的任何部分，即词首、词中和词末；例如mātṛ́ f. 母，nā́man n. 名字。其余三个鼻音总是依附于一个辅音组合。喉音ṅ、腭音ñ和卷舌音ṇ从来不在词首，后二者也从来不在词末。只有当后面的k或g被去掉时，喉音ṅ才会出现在词末，如以ñc或ñj结尾或与dṛ́ś复合的词干中；例如pratyáñc（面向）的单数主格pratyáṅ；kī-dṛ́ś（什么样的）的单数主格kī-dṛ́ṅ。

a. 词中的ṅ一般只出现在喉音之前；例如aṅká m. 钩；aṅkháya拥抱；áṅga n. 肢节；jáṅghā f. 腿。在其他辅音之前，只有当k或g被去掉时，它才会出现；例如yuṅ-dhi代替yuṅg-dhi（= yuñj-dhi），√yuj的二单命令式。

b. 腭鼻音只出现在c或j之前或之后，以及ch之前；例如páñca五；yaj-ñá m. 祭祀；vā́ñchantu让他们想要。

c. 卷舌音ṇ只出现在一个词内，要么出现在卷舌塞音之前，要么在ṛ、r或ṣ之后取代齿音n（要么紧挨着前面，要么被某些中间的字母隔开)；例如daṇḍá m. 职员；nṛ-ṇā́m众人的；várṇa m. 色；uṣṇá热；krámaṇa n. 阶梯。

d. 齿音n是最常见的鼻音；它比m还要频繁，大约是其他三个鼻音总和的三倍。一般来说，它代表印欧语的n；但它也会出现在某些后缀前，代替齿音d或t以及唇音m。它在后缀-na前代替d；在以m开头的派生后缀前代替d或t；例如án-na n. 食物（来自√ad切）；vidyún-mant熠熠生辉（vidyút f. 闪电）；mṛ́n-maya土制（mṛ́d f. 土）。它在t之前代替m；在后缀m或v之前；在后缀s或t之前，被作为最终结果而放弃；例如yan-trá n. 缰绳（√yam限制）；á-gan-ma, gán-vahi（√gam的不定过去时）；á-gan（= á-gam-s, á-gam-t），√gam的不定过去时二、三单；á-yān（= á-yam-s-t），√yam的三单不定过去时；dám（屋）的属格dán（= dam-s）。

e. 唇音m照例代表印欧语的m；例如nā́man，拉nomen。这是迄今为止最常见的唇音，比四种唇塞音加起来还要频繁。

f. 纯鼻音。与五类鼻音不同的是纯鼻音，分别叫作随韵（Anusvāra）和随鼻音（Anunāsika），它总是跟在元音后面，由气息通过鼻腔形成，不受任何辅音的影响。前者通常在辅音前写一个点，后者在元音前写为ँ。随韵的正确用法不是在塞音，而是在咝音和h之前（因它没有类鼻音）。若在词尾，随韵通常代表m，有时代表n（66A2）。词中的随韵经常出现在咝音和h之前；例如vaṃśá m. 芦苇；havī́ṃṣi提供；māṃsá n. 肉；siṃhá m. 狮子。它通常出现在s之前，此处它总是代表m或n；例如máṃsate，√man的三单虚拟不定过去时；√piṣ（粉碎）的piṃṣanti及pináṣṭi；√kram的将来时kraṃsyáte。当随韵出现在ś或h（等于印欧语的喉音或腭音）之前时，它代表相应的类鼻音。

11. 半元音。半元音y、r、l、v的特点是各有一个元音与之对应，即i、ṛ、ḷ、u。它们在*Prātiśākhyas*[1]中被称为anta(ḥ)sthā，即“中间”，因

[1] 译者按，此即吠陀支中的《音韵学》，后文简称为《音韵学》。

为它们处于元音和辅音的中间位置。

a. 在吠陀经中，半元音y在其他元音之前经常被写成i。它有时也会在没有语源学理由的情况下出现，特别是在以-ā结尾的词根之后，在元音后缀之前；例如dā́-y-i，√dā的三单不定过去被动式。其他场合，它以印欧语的i̯为基础（等于希腊语的送气符h）或腭浊擦音y（等于希腊语的ζ）；例如yá-s谁（希ὅ-ς），√yaj祭祀（希ἅγ-ιος）；但是√yas沸腾（希ζέω），√yuj轭（希ζυγ-）。可能是由于这种起源的不同，√yas沸腾、√yam在完成时中以ya重叠，但√yaj却以i来重叠。

b. 吠陀经中，半元音v在其他元音之前经常写成u。在其他场合，它似乎总是基于印欧语的u̯，即基于可与u互换的v，但从未基于不可与u互换的印欧语的擦音v。

c. 半元音r一般与印欧语的r对应，但也经常与印欧语的l对应。由于古伊朗语无一例外地将r用于这两种情况，因此在印度伊朗语时期，似乎有一种r化音（rhotacism）的趋势。为了解释吠陀时期r与l的关系，似乎有必要假定三种方言的混合：一种是印欧语的r和l分开的方言；另一种是印欧语l变成r的方言（吠陀方言）；第三种是印欧语的r完全变成了l（后来的摩揭陀语）。

当r取代is和us词干在以bh开头的格尾前的语音ḍ（= ẓ）时，r为派生；例如，havír-bhis和vápur-bhis。这种替换是由于外部连音的影响，此处is和us会变成ir和ur。

α. 当ăr后面有ṣ或h+辅音时，r的音位变换就会发生。它发生在√dṛś（看）及√sṛj（发出）的变形中；例如drá́ṣṭum看，sáṃsraṣṭṛ参战者；还有brahmán m. 祭司，bráhman n. 虔诚及barhís n. 祭祀品（源于√bṛh或√barh做大）；还有其他一些词汇。

d. 半元音l代表印欧语的l，在少数情况下代表印欧语的r。它比任何同源语言都要罕见，除了古伊朗语，因为它在其中根本就没有出现。它比r要少得多，而r的频率是它的七倍。在《梨俱吠陀》中，l的数量逐渐增加；因此在第十章中发现了动词√mluc和√labh，以及名词lóman和lohitá，它们在早期的各章中出现的是√mruc下沉、√rabh抓取、róman n. 头发、rohitá红。该字母在《梨俱吠陀》的最新部分出现的频率是最古老部分的八倍；而且在《阿达婆吠陀》中是《梨俱吠陀》中的七倍。有记载的吠陀方言很可能是印度伊朗语的分支，在这种方言中，r音便取代了所有的l；但肯定还有另一种吠陀方言，印欧语中的r和l在其中保持差异，还有一种方言，印欧语中的r完全变成了l；从后两种方言中，l肯定越来越多地出现在文学语言中。《梨俱吠陀》的最古老部分没有保留印欧语中l的动词形式，只有少数名词：(u)loká m. 自由空间、śloka m. 呼叫、-miśla混合的。

α. 在后来的本集中，l偶尔会出现在词中及词末的位置，以代替ḍ；例如ī́le（VS. Kaṇva）= ī́ḍe（RV. ī́ḷe）；bā́l íti（AV.），参考《梨俱吠陀》中的báḷ itthá。在很多词中，l可能是源于外来语。

12. 咝音都是清音，但有各种痕迹表明早期存在浊咝音（参看7a3，8，15.2k）。咝音之间存有相当大的互换，主要是同化的结果。

a. 腭咝音ś代表印欧语的腭音（塞音或擦音）。除了在清腭音之前的外部连音中作为齿音s的常规替代外（如índraś ca），它偶尔也通过同化作用在词中代表该咝音；例如śváśura（拉socer）岳父；śaśá（印欧语kasó）m. 兔子。有时这种替代发生在没有同化的情况下，而在同类词的影响下发生，如kéśa m.（头发）及késara（拉caesaries）。在本集中，它也在一定程度上与其他两个咝音混淆，但在此处它与s的互换比与ṣ的互换多得多。在s之前，在词中的腭音ś通常变成k，有时在词末；例如，二单不定过去时虚拟式中间语态dṛ́k-ṣ-a-se，dṛś的单数主格-dṛ́k[s]。

b. 卷舌音ṣ和卷舌塞音一样，完全为派生，总是代表原始腭音或原始齿咝音。在词中，它代表腭音ś（=印度伊朗语的ś）和j（=印度伊朗语的ź)，以及在卷舌清音不送气的ṭ ṭh之前(其本身是由这个ṣ产生的齿清音不送气)的组合kṣ；例如naṣ-ṭá，源于√naś(丢失)；√mṛj(擦拭)的三单未完成mṛṣ-ṭa；taṣ-ṭá，源于√takṣ(砍伐)。在词中除ă以外的元音和辅音k、r、ṣ之后，ṣ经常取代齿音s，当它在词首，则非常频繁；例如tiṣṭhati，源于√sthā；√svap的三复完成时su-ṣupur；ṛṣabhá m. 公牛；ukṣán m. 犍牛；varṣá n. 雨；havíṣ-ṣu祭祀中；ánu ṣṭuvanti他们赞扬；go-ṣáṇi获胜的牛；diví ṣán在天上。

因为同化的结果，ṣ偶尔代表齿音s；例如ṣáṣ(拉sex)；√sáh(战胜)的单数主格ṣā́ṭ。

c. 齿音s一般代表印欧语中的s；例如áśva-s马，拉equo-s；ás-ti，希ἔσ-τι。它在连音中经常被腭音ś取代，而被卷舌音ṣ取代则更频繁。

13. 气音h为派生音，通常代表原始喉或腭送气音的后半部分，但偶尔也代表齿音dh和唇音bh。它通常代表腭化的gh，这种起源可以通过在同源形式中出现的喉音来识别；例如，hán-ti(他打击)及ghn-ánti，jaghā́na；dudróha(他伤害)及drógha有害的。它有时代表一个古老的腭送气音(= 印度伊朗的źh)，这可以从它被替换为末音或在t之前被一个卷舌音替换而识别出来；例如，váh-ati(他扛)及á-vāṭ他已扛，ūḍhá(= uẓ-ḍhá)代替vah-tá。它也代表dh，例如，gā́h-ate(他投入)及gādhá n. 涉水；hi-tá(放置的)及dhi-tá，来自√dha。它在动词√grah及√grabh中代表bh。h的不同起源一定程度上导致含有此音词根形式组的混乱。因此，√muh(迷惑)语音上的过去分词除了mugdha，还出现了mūḍhá(AV.)。

14. 共有三个**清咝音**代表原始尾音s或r。止韵(Visarjanīya)在停顿中有其适当的位置。舌根音(Jihvāmūlīya)是舌擦音，适合出现在词首的清喉音(k，kh)之前。吸气音(Upadhmānīya)是双唇擦音f，出现在清唇音(p，ph)之前。止韵可以取代后两者的位置，而且在本集的印刷文本中总是如此。

古代发音

15. 对关于公元前500年左右流行的发音我们有足够准确的知识，它们来自梵语单词在外语特别是希腊语中的转录；来自古老的语法学家波你尼和其学派所包含的信息；特别是来自涉及本集的这些古代语音学著作，即《音韵学》的详细陈述。由文本本身语言发生的语音变化提供的内部证据和比较语言学的外部证据使我们有理由得出结论，即本集时期的发音实际上与波你尼时代的发音相同。唯一可能的例外是极少数有疑问的地方。因此，关于发音的主题，下面的几句补充就足够了：

1）a. 单元音

单元音ĭ、ŭ、ā和在意大利语中的发音是一样的。但在《音韵学》时代，ă的发音已经是一个非常短的、封闭中元音，就像英语but中的u。然而，从《梨俱吠陀》中e和o后面几乎不允许省略ă的事实来看，虽然书面文本中约有75%的地方被省略，但在创作颂诗的时候，ă的发音仍然为开放式，但在本集文本形成的时候，封闭式发音已经变得普遍。

元音ṛ现在通常读作ri（古代铭文和手稿中ṛ和ri的混淆显示了早期的发音），在本集中读作一个元音r，有点像法语chambre尾音节中的音。《梨俱吠陀音韵学》描述它为中间含有一个r。这与古伊朗语中ṛ的等价ərə一致。

非常罕见的元音ḷ现在通常读作lri，在本集中是一个元音l，在《梨俱吠陀音韵学》中被描述为与代表原始r的l相对应。

b. 在《音韵学》时代，双元音e和o已经被当作简单的长元音ē和ō来发音；甚至在本集中也是如此，因为他们在a之前的连音不再是ay和av，而且a在e和o之后开始被省略。但它们代表了最初的真正的双元音ăi和ău，这一点可以从它们在连音中由a与i和u的合并而产生的这一事实中看出。

双元音ai和au在今天的发音是ăi和ău，甚至在《音韵学》时代也是如此发音。但它们在词源上代表āi和āu，这一点从它们的连音中可以看出。

c. 延长的元音。元音i和u经常在后缀y之前发为长音；例如sū-yá-te被挤压（√su）；janī-yánt想要一个妻子（jáni）；在r前且有一个辅音跟着时也如此；例如gīr-bhís（但是gír-as）；a，i，u在v前经常延长；例如ā́-vidh-yat他受伤（a为增音）；ji-gī-vā́ṃs已征服（√ji）；ṛtā́-van观察秩序（ṛtá）；yā́-vant有多大；还作为后续辅音脱落的补偿；例如gū-ḍhá代替guh-tá（15，2k）；由于韵律的原因，它们也经常被读成长音；例如śrudhī hávam聆听我们的祈祷！

d. 元音补入（Svarabhakti）。[1]当一个辅音与r或鼻音连在一起时，韵律显示，在它们之间往往必须发一个很短的元音；[2]例如índra = índᵃra；yajñá = yajᵃná祭祀；gnā́ = gᵃnā́女人。

e. 元音脱落。除了极少数例外，唯一丢失的元音是首字母a，它在《梨俱吠陀》中的出现率为1%，在《阿达婆吠陀》和《夜柔吠陀》的诗律部分约为20%，连音中在e和o之后被删除。在一些词中，首音a的消失是史前的；例如ví鸟（拉avi-s）；sánti他们是（拉sunt）。

f. 停顿。在本集的书面文本中，虽然通常只容忍双元音，但在连音中，当尾音s、y、v在后面的元音之前脱落时，当双数格尾末音ī、ū、e被元音跟随时，以及当a在尾音e和o之后被保留时，都会出现停顿。

停顿虽然没有写出来，但在本集的其他地方也常见：y和v必须经常读作i和u，一个长元音或双元音必须读作两个元音，收缩的原始

[1] 《音韵学》中的一个术语，意思是“元音部分”。

[2] 被《音韵学》描述为长度上等于音拍（mora）的1/8、1/4或1/2。一般来说，在声音上相当于a。

元音必须经常在一个词内和连音中恢复；例如jyéṣṭha（最强）当读作jyá-iṣṭha（= jyā́-iṣṭha，来自√jyā）。

2）辅音

a. 送气音是双音，由塞音和随后的气音组成；所以k-h要读如'ink-horn'；t-h如'pot-house'；p-h如'top-heavy'；g-h如'log-house'；d-h如'mad-house'；b-h如'Hob-house'。

b. 喉音无疑是软腭音，即由舌背抵住软腭发出的声音。《音韵学》描述它们是在"舌根"和"颚根"形成的。

c. 腭音c，j，ch读如'church'的ch，j如'join'，ch如'Churchill'后部。

d. 卷舌的发音有点像英语中所谓的齿音t、d、n，但舌尖要向后转，靠在顶腭。[1]它们包括卷舌的ḷ和ḷh，在《梨俱吠陀》文本中取代元音之间的ḍ和ḍh的位置。后者只出现在词中；前者也出现在词末。示例：íḷā提神；turā-ṣā́ḷ abhi-bhūtyójāḥ；á-ṣāḷha无敌的。

e. 齿音在《音韵学》时代是后齿音，根据其描述，由舌头在"齿根"（danta-mūla）处产生。

f. 类鼻音是在呼吸通过鼻腔时，用语言器官在形成相应塞音的相同位置产生。当纯鼻音被称为"随鼻"（Anunāsika）时，与前面的元音结合，形成一个单一的音，即鼻化元音，如法语的'bon'；当被称为"随韵"（Anusvara）时，它与前面的元音结合，形成两个连续的声音，一个纯元音紧接着纯鼻音，虽然看起来形成一个声音，如英语'bang'（然而此处的鼻音是喉音，不是纯鼻音）。

g. 半元音y是浊腭擦音，与腭元音i产生在同一位置。半元音v被《音韵学》描述为浊唇齿擦音。它像英语中的v或者德语的w。半元音r最初肯定是一个卷舌音，这可以从它对随后的齿音n的语音效

[1] 译者按，这就是为什么这个音以前被译作"顶音"的原因。

果看出。到了《音韵学》时代，它也被发在其他位置。因此，《梨俱吠陀》的《音韵学》说，它要么是后齿，要么是产生在更远的地方（但不是卷舌音）。

在《音韵学》中，半元音l被描述为在与齿音相同的位置发音，这意味着它是一个后齿音。

h. 咝音都是清音。齿音s听起来像英语sin中的s；卷舌音ṣ听起来像英语shun中的sh（但舌尖更靠后）；而腭音ś在这两者之间产生，是与德语‘ich’擦音相同位置的咝音。虽然浊咝音z、ź（腭音=法语j）、ẓ、ẓh（卷舌音）已经完全消失，但在它们产生的语音变化中一般都留下了它们以前存在的痕迹。

i. 声音h在本集中无疑是作为浊气音来发音的。《音韵学》将其描述为浊音，并与浊送气音的第二要素（g-h, d-h, b-h）相同。这一点可以从拼写ḷ（= ḍ）及ḷ-h（= ḍh）得到证实。

j. 有三个清擦音只作为尾音出现。常见的一个在《音韵学》中被称为止韵（Visarjanīya），根据《泰氏本集音韵学》的说法，它与前面的元音末尾在同一位置发音。在清喉音初音k, kh之前，它的位置可以由舌根音（Jihvāmūlīya）取代；在清唇音初音p, ph之前，由吸气音（Upadhmānīya）取代。《梨俱吠陀音韵学》认为这两个音分别构成了清送气音kh和ph的后半部分（就像h构成gh, bh等后半部分一样）。因此，它们分别是喉擦音（希腊语）χ和双唇擦音f。

k. 辅音的脱落。这几乎完全局限于辅音组合。当这组辅音是末音的时候，除了第一个音之外，所有的音通常在停顿和连音（28）中都脱落。在词首辅音组中，咝音在一个塞音前往往脱落；例如candrá（照耀）及ścandrá；stanayitnú m. 及tanayitnú雷鸣；tāyú m. 及stāyú贼；tṛ́及stṛ́ m. 星；páśyati及spáś m. 间谍，-spaṣ-ṭa已看。词中的咝音s及ṣ在塞音之间一般会消失；例如á-bhak-ta，即á-bhak-ṣ-ṭa及á-bhak-ṣ-i的三单不定过去时。塞音在鼻音和塞音之间可以消失；例如yuṅ-dhí代替

yuṅg-dhí。

α. 词中的浊咝音、齿音 z、卷舌音 ẓ 和腭音 ź，在浊齿音 d、dh 和 h 前已经消失，但几乎总是留下它们以前存在的痕迹。只有在含有 ā 的两个词根√ās 及√śās（命令）中，咝音消失得无影无踪：ā́-dhvam，śa-śā-dhi。但当 a 在 z 前面时，咝音的消失由 e 取代 az 来表示；例如√as 命令式 e-dhí（代替 az-dhí）；√sad 完成时词干 sed 代替 sazd；类似地，dad-dhí 及 de-hí（代替 daz-dhí）。当除 ă 之外的其他元音在前时，z 被卷舌化，并使随后的齿音卷舌化和前面元音延长后自身消失；所以 2. pl. aor. á-sto-ḍhvam（= á-stoẓ-ḍhvam，代表 á-sto-s-dhvam）及 á-sto-ṣ-ṭa；类似地，mīḍhá n. 奖励（希 μισθό-ς）。同样，在使后面的 d 或 dh 舌音化并拉长前面的元音后，古浊腭音 ź 也消失；例如 tā-ḍhi 代替 taź-ḍhi（= tak̍-ṣ-dhi），源于√takṣ 成型；ṣo-ḍhā́ 代替 ṣaṣ-dhā́（= sak̍-ṣ-dhā́），另外一个形式是 ṣaṣ-ṭhá 第六。更常见的是由 h 代替的古送气腭音 źh 的消失，它在使随后的 t 卷舌并送气及延长前面的元音后，自身消失；例如 sā́-ḍhṛ 代替 sáh-tṛ 征服者，源于√sah；gūḍhá 代替 guh-tá（源自 guźh-tá）隐蔽的。

l. 叠音脱落。当两个相同或相似的音节并列在一起时，其中一个有时会被删除；如 tuvī-rá[va]-vān（大声叫）及 tuvī-ráva；√iradh 的不定式 ir[adh]ádhyai 求胜；ma-dúgha m.（酿蜜的植物）及 madhu-dúgha 脱甜；śīrṣa-[sa]ktí f. 头疼。

第二章　连音规则

16. 虽然句子自然是言辞的单元，因为它形成了一个由音节组成的不间断的音节链，但它只在《阿达婆吠陀》和《夜柔吠陀》的散文部分如此严格。由于吠陀大部分内容都有韵律，所以本集文本的编辑者将诗行（一般由两个音步或小节组成）作为语音单位，在构成诗行之间特别严格地应用连音规则。但由重音支持的韵律证据表明，音步才是真正的音韵单元。一个词的末尾形式因它出现在音步末尾的停顿，或与音步中的随后一个词结合在一起而不同。前者涉及停顿中的尾音法，后者涉及连音规则。**避免停顿**和**同化**是连音规则所依据的主要原则。

虽然二者在总体上都建立在相同的语音规律上，但由于某些差异，有必要将外部连音与内部连音区分开来，前者决定了单词末音和首音的变化，后者适用于当动词词根和名词词干后面有某些后缀和词尾时的尾音。

a. 除了少数例外（即早期外部连音阶段的遗留问题），外部连音的规则适用于构成复合词的词及名词词干的尾音，当它们在以辅音（-bhyam，-bhis，-bhyas，-su）开头的格尾前或以除 y 以外的任何辅音开头的派生后缀（182.2）[1]之前。

---

[1] 原著还有后面三章，涉及 175 节之后，此次未一并翻译出版，但前文所引节号予以保留。后文同。

A. 外部连音

元音分类

17. 元音分为

A. 1. 简单元音：a ā; i ī; u ū; ṛ ṝ; ḷ. 2. 二合音：a ā; e; o; ar, al.

3. 三合音：ā; ai; au; ār.[1]

a. 二合音看起来是单元音根据外部连音规则（19a）与前面的a结合而得到加强（除开a本身保持不变）；三合音是二合音与另一个a结合而得到加强。[2]

B. 1. 可变为半元音的元音，即辅音性元音：i, ī; u, ū; ṛ[3]及双元音e, ai, o, au（它们的后半部分是i或u）。

2. 不可变为半元音的元音，即非辅音性元音（只能够自身聚合）：a, ā：。

词末和词首元音的结合

18. 如果同一个简单的元音（短或长）出现在一个词的末尾和下一个词的开头，它们缩合而形成长元音[4]，这是本集书面文本中的规则。所以，ihā́sti = ihá asti; índrā́ = índra ā́; tvāgne = tvā agne; vī̀dám = ví idám; sūktám = su uktám。

[1] 没有出现ḷ的三合音（应该是āl）。

[2] 在这种元音分级中，正如比较语言学所显示的，二合音代表正常阶段，从这个阶段开始，因失去重音而降级为简单元音，而三合音是二合音的一个延长品类（5a）。将音节ya、va、ra（与二合音阶段平行）降为相应的元音i、u、ṛ（5b）被称为Samprasāraṇa（互换）。

[3] ṝ从来没有出现在使它有可能变成r的条件下（参见4，原文第4页）。

[4] 因为在本集中ṛ ṛ从未相遇，所以没有出现ṝ，尾音ṛ甚至没有出现在《梨俱吠陀》中。

a. 即使在《梨俱吠陀》的书面文本中，ā + a和ŭ + ŭ的缩合偶尔也不会发生，在诗行的音步之间和音步内部均如此；因此manīṣā́ | agníḥ; manīṣā́ abhí; vīḷū́ utá; sú ūrdhváḥ; 以及在复合词内su-ūtáyaḥ。

b. 另一方面，韵律要求书面文本中缩合的元音在发音上得到恢复。在这种情况下，恢复的首音因其性质或位置为长音，而前面的尾音如果是长音，则必须缩短。[1]因此cāsā́t被读作ca āsā́t; cārcata读为ca arcata; mā́péḥ读为mā́ āpéḥ（代替mā́ āpéḥ）; mṛḷatī́dṝ́śe读作mṛḷati īdṝ́śe; yántī́ndavaḥ读作yánti índavaḥ; bhavantū́kṣáṇaḥ读作bhavantu ukṣáṇaḥ。当首词是单音节（尤其是ví或hí）时，书面的缩合词ī和ū通常要发成停顿音；因此hī́ndra读为hí índra。

a及ā

19. a. 二者与单元音ĭ[2]和ŭ分别聚合为e和o;[3]例如ihéha = ihá iha; pitéva = pitā́ iva; ém = ā́ īm; óbhā́ = ā́ ubhā́。[4]在《梨俱吠陀》或《瓦氏本集》的书面文本中，它们从未缩合为ar;[5]但韵律表明，这个组合有时会读作ar。例如复合词sapta-ṛṣáyaḥ七贤 = saptarṣáyaḥ。

b. 与二合音聚合为三合音；例如áibhiḥ = ā́ ebhiḥ。[6]

c. 被三合音吸收；例如sómasyauśijáḥ = sómasya auśijáḥ。

20. 在本集的书面文本中，异质元音或双元音前的辅音性单元

---

[1] 因为诗律法则，长元音在另一个元音之前总是被缩短，参考注[5]。

[2] 在《梨俱吠陀》的书面文本中，偶尔会有ā + i未被缩合的情况，如jyā́ iyám，pibā imám，raṇayā ihá。

[3] 这种缩合是一个存留，因为ē和ō是简单的长元音，但它们最初是ăi，ău。

[4] 但在许多写成缩合词的例子中，必须用停顿恢复原来的单元音；因此subhágoṣā́ḥ = subhágā uṣā́ḥ。

[5] 在书面文本中，ā在ṛ前一直缩短或鼻音化；如tátha ṛtúḥ（代替táthā）; vipanyā́m̐ ṛtásya（代替vipanyā́）。

[6] ă 在e前有时变成鼻音而非缩合：aminantam̐ évaiḥ（代替a e）; upásthām̐ ékā（代替ā e）。同样，ă在e和o之前有时被省略；如úp 'eṣatu（代替a e），yáth'ohiṣe（代替ā o）。

音 ĭ 和 ŭ 一般分别变为半元音 y 和 v；例如 práty āyam = práti āyam; jánitry ajījanat = jánitrī ajījanat; ấ tv étā = ấ tú étā。但韵律的证据表明，这个 y 或 v 几乎总是具有 ĭ 或 ŭ 的音节价值。[1]因此 vy ùṣấḥ 必须读作 ví uṣấḥ；vidátheṣv añján 读为 vidátheṣu añján。

a.（在《梨俱吠陀》中并未出现）的尾音 ṛ 在异质元音前变为 r；一个例子是 vijñātr ètát = vijñātṛ́ etát（ŚB.）。

二合音 e 及 o

21. a. 二者在 a 之前保持不变，[2]而 a 在本集的书面文本中通常[3]被省略，但根据韵律的证据，在《梨俱吠陀》中几乎无一例外，在《阿达婆吠陀》和《夜柔吠陀》中一般也是如此，即无论书写与否，[4]都必须读出。[5]在 deváso aptúraḥ（I.3.8）中，a 被写出且要读出；在 sūnávé 'gne（I.1.9），它必须还原为 sūnáve | ágne。

b. 在其他单元音（或双元音）之前，它们自然[6]会变为 ay 和 av（它们在一个词中出现的形式），但前者在整个过程中都会脱落半元音，而后者只在 ŭ 之前这样做；例如 agna ihá（替代 agnay）；vấya ukthébhiḥ（替代 vấyav）；但是 vấyav ấ yāhi。

三合音 ai 和 au

22. 二者在每个单元音（包括 a）或双元音前的处理方式与 e 和

[1] 因为诗律上，ī 和 ū 在随后的元音前会被缩短。

[2] 在 stótava ambyàm 替代 stótave ambyàm 中，e 的特殊处理方式是一种存留，即表明 e 和 o 在 a 前的连音与在其他元音前起初是一样的。

[3] 在《梨俱吠陀》中，约有 75% 的情况下它被省略，在《阿达婆吠陀》中约有 66%。

[4] 出现在《梨俱吠陀》的 99% 的例子中，它必须发音，在《阿达婆吠陀》和《夜柔吠陀》的韵文部分，约为 80%。

[5] 在书面文本中，a 经常被省略，而在《梨俱吠陀》的原始文本中则几乎无一例外地被保留，这表明在《梨俱吠陀》和后吠陀时期完全省略之间有一个过渡时期。

[6] 因为 e 和 o 起源上是 ăi 及 ău。

o在除a以外的元音前完全相同。所以ai全部变为ā（通过āy），但是au只在 ŭ 前如此[1]（通过āv）；例如tásmā akṣī́（替代tásmāy），tásmā índrāya；sujihvā́ úpa（替代sujihvā́v），但是tā́v ā́，tā́v indrāgnī。

a. 在上述情况下（21b和22），由于y和v的脱落而造成的（次要）停顿，作为一项规则仍然存在。但在本集中有时确实写了进一步的缩合；例如sártavā́jáu代替sártavā́ ājáu（通过sártavā́y取代sártavái）；vā́sáu代替vā́ asáu（通过vā́y代替vái）。有时，虽然缩合没有被写出，但又为韵律所要求。所以ta indra必须读作tendra，goṣṭhá úpa（AV.）代替goṣṭhé úpa（通过goṣṭháy）成为goṣṭhópa。

不规则的元音连音

23. 以下的缩合导致三合音取代二合音：

a. 前置词ā́（在《阿达婆吠陀》及《瓦氏本集》）与首音ṛ：ā́rti = ā́ ṛti，ā́rchatu = ā́ ṛchatu。在后一个动词的情况下，《泰氏本集》将这个缩合扩展到以a结尾的前置词：úpārchati = úpa ṛchati，avārcháti = ava ṛcháti。

b. 前置词prá（在《梨俱吠陀》中）与首音i：práiṣayúr = prá iṣayúr。

c. 增音a与首音i，u，r；[2] 例如√iṣ（愿望）的二单未完成时áichas；√ud（湿润）的三单未完成时áunat；√ṛ（走）的三单不定过去时ā́rta。

元音连音的缺失

24. 小品词u尽管通常在辅音后写成v，[3]但在元音前的发音不可改变；[4]例如bhā́ u aṃśáve，但是ávéd v índra。当它与一个小品词的

[1] 这也是《爱氏梵书》及《乔氏梵书》中的连音。

[2] 这也许是ā（增音的原始形式）与i、u、r史前时期缩合的存留，变成āi、āu、ār。

[3] 偶尔也会不作改动地写作延长的形式，甚至在辅音后面，如tám ū akṛṇvan。

[4] 本土语音学家对不可改变的元音所使用的术语是pragṛhya（分离的）。这些元音在韵文中以附加的iti表示。在那里u总是以其延长和鼻化的形式写成ūṃ̐ iti。

尾音 ă 相结合时，则变成o，如ó = ấ u，átho = átha u，utó = utá u，mó = mấ u，即使是在书面文本中，它也保持不变；例如átho índrāya。

25. a. 双数格尾ī和ū（主、业格）从不变为y和v。这个ī从不读为短音，但ū有时候如此；例如hárī (⏑––) ṛtásya，但是sādhū (––⏑) asmai。这个ī在i前可能保留，如hárī iva中，但是在几个例子中，这个缩合被写出，如ródasīmé = ródasī imé，而在其他几个例子中，虽然没有写下来，但是它需要被读出。

b. 在《梨俱吠陀》中，罕见的单数依格ī和ū的写法一般也不变，[1]但它们似乎在诗节中总是被当作短音来处理。

c. 代词asáu阳性复数主格amī́中的ī在诗节文本中总是保持不变（amī́ iti），但在《梨俱吠陀》中，它从未发生在元音之前。

α. 在元音前，单数主格pṛthivī́，pṛthu-jráyī，samrā́jñī中的ī很少、具格suśámī一次、具格ūtī́经常保持不变；[2]例如samrā́jñī ádhi，suśámī abhūvan。

26. 双元音e在几个名、动词形式中保持不变。

a. 元音a词干的阴、中性双数主、业格的e（= a+ī）无连音；[3]例如ródasī ubhé ṛghāyámāṇam。

b. 现在及完成中间语态二、三双数动词形式中的e[4]从不合并，即使它几乎从来都是诗节短音；例如parimamnā́thĕ asmā́n。

c. 下列代词依格形式中的e保持不变：[5]tvé，asmé，[6]yuṣmé；例如tvé ít; asmé ā́yuḥ; yuṣmé itthā́。

---

[1] 除了védy asyā́m，读作védī asyā́m。

[2] 这里的元音不可改变性只是偶尔在韵文中没有用iti表示。

[3] 除了dhíṣṇyemé代替dhíṣṇye imé，因为它也可能需要发音。

[4] 在名词双数e的影响下；因为这个双数e和中间语态形式的任何其他的e之间原本没有区别，例如双数语尾vahe，单数te及复数ante。

[5] 在韵文中，它们一直与iti写在一起。

[6] 在《梨俱吠陀》中也作为为格。

词尾及词首辅音的结合

27. 辅音的外部连音主要而且几乎完全涉及词尾与后词首音的同化。由于词尾辅音的连音通常始于它们在停顿时的形式，[1]因此有必要在一开始就说明允许出现的尾音规则。该规则可表述如下：只有不送气清塞音、鼻音和止韵被允许作为末音，而腭音则被排除。根据这一法则，在 § 3 中被分类的39个辅音减少到以下8个作为允许出现的停顿式：k，ṅ; ṭ; t，n; p，m; ḥ。

送气及浊塞音（3b）被排除，只留下不送气的清塞音来代表它们。腭音（3bβ），包括ś（3d）及h（3e）被k或ṭ取代（ñ由ṅ）。ṣ（3d）被ṭ，s（3d）及r（3e）由ḥ取代。尾音ṇ（3bγ）及三个半元音y，l，v（3c）没有出现。

28. 规则规定，只有单辅音可以是尾音。因此，一组辅音中除了首音，其他的都必须脱落；例如ábhavan三复未完成时（代替ábhavant）；tā́n复数业格（代替tā́ns）；tudán撞击（代替tudánts）；prā́ṅ向前（通过prā́ṅk，代替prā́ñc-s）；áchān三单不定过去时，高兴（代替áchantst）。

a. 当k，ṭ或t在r后并属于词根时，允许保留；[2]例如várk（代替várk-t），√vṛj（弯曲）的三单不定过去时；ū́rj（力量）的单数主格ū́rk；√mṛj的á-mārṭ三单未完成时；√vṛt的三单不定过去时ā́-vart；suhā́rd（朋友）的单数主格su-hā́rt。

α. 在本集中，有七种情况保留后缀s或t，而非前面的基础辅音：（1）因此s出现在以下四个单数主格中：sadha-mā́s及sadha-mā́t（代替sadha-mā́d-s）；ava-yā́s（代替ava-yā́j-s）f. 祭祀品份额；ā́vayās（代

---

[1] 然而，尾音n和r在很大程度上不是根据它们的停顿形式，而是根据其词源来处理。

[2] 保留 r后面后缀的唯一例子是√dṛ（劈开）的三单不定过去时dar-t及二单不定过去时á-dar（代替á-dar-s）。

替 ā́vayāj-s）m. 一种祭司；puro-dā́s 祭饼（代替 puro-dā́ś-s）。[1]（2）s 或 t 同样出现在以下四种动词不定过去时单数形式中：√yaj 的二单不定过去时 á-yā-s（代替 á-yaj-s）及 a-yāṭ；√sṛj 的二单不定过去时 á-srās（代替 á-sraj-s）；√bhañj（断裂）的二单未完成时 á-bhanas（代替 á-bhanak-s）；√sras（掉）的三单不定过去时 á-srat（代替 a-sras-t）[2]。

辅音分类

29. 同化有两种情况，它们组成了辅音连音规则的应用。它要么涉及辅音发音位置的改变，要么涉及辅音性质的改变。因此，有必要从这两个方面来充分理解辅音的分类。在 § 3b c d（参看 15.2b–h）中，根据发音位置给出了所有辅音的排列，但有四个辅音除外，即气音 h 和三个清擦音，它们在 § 15.2 i j 中作了语音上的描述。

a. 舌尖与喉咙接触产生喉音，与上颚接触产生腭音，与口腔顶部接触产生卷舌音，与牙齿接触产生齿音，而嘴唇之间的接触则产生唇音。

b. 在形成五类鼻音时，呼吸部分通过鼻子，而舌头或嘴唇则处于相应清塞音的发音位置。真正的鼻音（随韵）只在鼻子里形成，而舌头则处于形成随韵所伴随的特定元音的位置。

c. 半元音 y、r、l、v 分别属于腭音、卷舌音、齿音和唇音，与相应的元音 i、ṛ、ḷ、u 的发音位置相同。在前三个音，舌头与发音位置有部分接触；在第四个，双唇有部分接触。

d. 这三个咝音是清擦音，由舌头分别与上颚、腭顶和牙齿部分地接触产生。没有相应的软咝音（英语 z，法语 j），但它们的史前存在可以从连音的各种现象推断出来（参见 15.2kα）。

---

[1] s 可能是由于名词的类比，如 mā́s 月，draviṇo-dā́-s 财富给予者。

[2] 这里出现的 s 或 t，是由于开始出现了将语尾正常化的趋势，以便在二单中出现 s，三单中出现 t。在梵书中这方面的例子已经有半打；例如 √vid（知）的二单未完成 ā́-ves（= á-ved-s）。

e. h和ḥ分别是没有任何接触而产生的浊和清擦音，与其前或后的元音发音位置相同。h只出现在浊音之前，ḥ只在元音之后和某些清音之前。

辅音的性质

30. 辅音1. 或清：k kh，c ch，ṭ ṭh，t th，p ph；ś ṣ s；ḥ ẖ ḫ（3）；或浊：（3）其他剩下的（及所有的元音及双元音）。

2. 或送气：kh gh，ch jh，ṭh ḍh ḷh，th dh，ph bh，h ḥ ẖ ḫ，ś ṣ s；或不送气：所有剩下的。

因此，由c到k的变化是发音位置的变化（腭音到喉音），c到j是一个性质的变化（清到浊）；而c到g的变化（清腭音到浊喉音）或t到j（清齿音到浊腭音）是兼有发音位置及性质的变化。

31. 必须记住，只有尾音被减少到八个可允许的音之一（27），才能应用辅音连音规则。然后不考虑其词源上的价值（除了n和ḥ的部分情况），对尾音进行调整。这些可允许的尾音中只有六个经常出现，即k、t、n、p、m和ḥ，而卷舌音ṭ及喉音ṅ则很罕见。

I. 辅音性质的变化

32. 尾辅音（即塞音或ḥ）在性质上与随后的首音同化，在浊首音前变浊，在清首音（辅音）前保持清音。

所以，尾音k，ṭ，t，p在元音及浊辅音前分别变为g，ḍ，d，b；例如arvā́g rā́dhaḥ（通过arvā́k替代arvā́c）；havyavā́ḍ juhvā̀syaḥ（通过-vā́ṭ替代-vā́h）；ṣā́ḷ urvī́ḥ（通过ṣā́ṭ替代ṣā́ṣ；参考3bγ）；gámad vā́jebhiḥ（代替gámat）；agníd ṛtāyatáḥ（通过agnít代替agnídh）；triṣṭúb gāyatrī́（通过triṣṭúp代替triṣṭúbh）；abjā́（代替ap-jā́）。

33. 尾音k，ṭ，t，p在n或m前可能变成同类的鼻音，且在实践中经常出现；例如práṇaṅ mártyasya（通过práṇag代替práṇak）；virā́ṇ mitrā́váruṇayoḥ（通过virā́ḍ代替virā́ṭ）；ṣáṇ-ṇavati（TS.）（通过ṣáṭ代替ṣáṣ-navati）；āsīn nó（通过āsīd代替āsīt）；tán mitrásya（代替tád）；trikakúm nivártat（通过trikakúb

代替trikakúp，来自trikakúbh）。

34. 尾音t通过d变为l；例如áṅgāl lómnaḥ（代替áṅgāt）。

35. 由于鼻音没有相应的清音，它们在词首清音之前性质保持不变。喉音ṅ[1]很罕见，在其他方面也保持不变（参见52）；但它可能在咝音前插入一个过渡性的k，例如pratyáṅk sá及pratyáṅ sá。尾音m在所有辅音前都有可能改变发音位置（42）。尾齿音n在元音（42，52）、腭音、齿音、半元音l前有可能发生变化，有时候在p（40）之前。

36. 齿类鼻音n在下列音前保持不变：（1）舌音k、kh、g、gh；（2）唇音p[2]、ph、b、bh、m；（3）浊齿音d、dh、n；一般也在t之前（40，2）；（4）半元音y、r、v和气音h；（5）卷舌音和齿咝音ṣ和s。

a. 在ṣ和s之前可以插入一个过渡性的t，例如áhan-t sáhasā；tā́n-t sám。

II. 发音位置的改变

37. 只有四个尾辅音（27）有可能改变位置，即齿音t和n，唇音m，及止韵ḥ。

a. 两个齿音在腭音前变为腭音。[3] b. ḥ及m自身适应后面辅音的语音位置。

1. 尾音t

38. 在腭音（c、j、ch、ś）前变为腭音（c或j）；例如tác cákṣuḥ代替tát cákṣuḥ；yātayáj-jana代替yātayát-jana；rohíc chyāvā́代替rohít śyāvā́。[4]

2. 尾音n

39. 在元音前改变，在长元音后变为随韵：如果前面的元音是ā，变为

---

[1] 如前所述，腭类及卷舌类鼻音不出现在词尾。

[2] 在p前，它有时候变为ṃḥ；参看40.5。

[3] 在本集中，尾齿音从未与词首卷舌音接触。词首卷舌塞音没有出现在《梨俱吠陀》中，甚至卷舌咝音ṣ也只出现在ṣáṣ（六）和其复合词中，有一次在代替sā́ṭ（源自sā́h）而出现的ṣā́ṭ中。

[4] 关于ś在c后变为ch，参看53。

m̐，如果是ī，ū，ṝ，则变为m̐r；[1]例如sárgām̐ íva代替sárgān；vidvā́m̐ agne代替vidvā́n；paridhī́m̐r áti代替paridhī́n；abhī́śūm̐r iva代替abhī́śūn；nṝ́m̐r[2] abhí代替nṝ́n。

40. 1. 尾音n在所有的腭音前变为ñ；例如ūrdhvā́ñ caráthāya代替ūrdhvā́n；tā́ñ juṣethām代替tā́n；vajriñ śnathihi代替vajrin；但由于在ś之前可以插入一个过渡性的t，vajriñ śnathihi可能（通过vajriñc[3] śnathihi）变为vajr̥ñ chnathihi。[4]

a.《梨俱吠陀》中，在c之前有时插入腭咝音，[5]前面的n则变为随韵。这种插入只有当咝音在词源上合理的情况下才会发生，[6]在ca和cid前几乎完全如此（尽管此处并非没有例外[7]）；例如，anuyājā́ṃś ca，amenā́ṃś cit。插入的咝音在后来的本集中变得更加普遍，即使在词源上不合理。[8]

2. 尾音n在齿音t前通常保持不变，[9]例如tvā́vān tmánā；但在《梨俱吠陀》中，有时会插入齿咝音，前面的n则变为随韵。这种插入只有当咝音在词源上是合理的时候才会发生；例如，āvádaṃs tvám（代替āvádan）。在后来的本集中，插入的咝音变得更加普遍，甚至在没有词源学理由的情况下。

---

［1］ 这里的m̐和m̐r都通过m̐ḥ代表原来的ns，此处ḥ的连音与元音前的āḥ īḥ ūḥ ṝḥ相同。音步末尾的ān īn ūn在元音前保持不变（如在停顿中）；例如devayā́nān | átandraḥ（I.72.7）。

［2］ ṝm̐r只出现一次，其他情况下作为ṝn保持不变，因为在同一个音节中避免出现两个r（参考*Vedic Grammar*，§79）。

［3］ 也就是说，t在ś之前变为c（38）。

［4］ 也就是说，词首ś在c之后可能变成ch（53）。

［5］ 在本集中没有在ch前插入咝音的例子。

［6］ 也就是说，在阳性单数主格、复数业格，它最初以ns结尾。

［7］ 例如paśū́ñ ca sthātṝ́ñ carátham（I.72.6）。

［8］ 如三复未完成时，例如ábhavan（代替ábhavan-t），以及n-词干的呼、依格，如rā́jan（它从不以s结尾）。

［9］ 在《梨俱吠陀》中没有出现词首th。

3. 尾音n在词首l前总是变成鼻音化的 l̐；例如，jigīvā́l̐ lakṣám。

4. 尽管尾音n在y、r、v、h之前一般保持不变（36.4），但有时像在元音之前一样，ān，īn，ūn会变为ām̐，īm̐r，ūm̐r（39）；例如devā́n havāmahe；但svávām̐ yātu（代替svávān）；dadvā́m̐ vā（代替dadvā́n）；pī́vo-annām̐ rayivṛ́dhaḥ（代替annān）；paṇī́m̐r hatam（代替paṇī́n）；dásyūm̐r yónau（代替dásyūn）。

5. 当尾音n在词源上代表ns时，在p前有时会变成ṃḥ（36.2）；所以nṝ́ṃḥ pāhi（代替nṝ́n）；nṝ́ṃḥ pā́tram；svátavāṃḥ pāyúḥ（代替svátavān）。

3. 尾音m

41. 尾音m在元音前保持不变；例如agním īḷe我歌颂阿耆尼（火神）。

a. m在极少数情况下脱落，元音随之缩合。这种连音大多只由韵律来表示：因此rāṣṭrám ihá必须读作rāṣṭréhá。它很少被写出，如durgáhaitát代替durgáham etát。然而，音步文本（durgáhā etát）在此处和其他地方都没有以这种方式分析缩合的情况。

42. 辅音前的尾音m

1. 在半元音r、三个咝音ś，ṣ，s及气音h之前变为随韵；例如hótāraṃ ratnadhā́-tamam（代替hótāram）；várdhamānaṃ své（代替várdhamānam）；mitráṃ huve（代替mitrám）。[1]

2. 在y，l，v前，它变为鼻音化的y̐，l̐，v̐；但是印刷文本一般使用随韵[2]来代替；例如sáṃ yudhí；yajñáṃ vaṣṭu。[3]

---

[1] 随韵最初似乎只用在咝音和h之前。像sam-rā́j这样的复合词显示出m在r之前最初保持不变（49b）。

[2]《泰氏本集音韵学》允许在这些半元音之前选择性地使用随韵。

[3] 像yam-yámāna和ápa-mlukta带有内部m的这些形式表明，m在y和l之前的外部连音中最初保持不变；而像jagan-vā́n（√gam）这样的形式则表明，它在v之前的连音中曾一度变为n。

3. 在塞音前，它变为同类鼻音，[1]在n前，它变为n；[2]例如bhadráṅ karişyási；tyáñ camasám；návan tváṣṭuḥ；bhadrán naḥ。然而，大多数写本和印刷文本都使用随韵来代替这个已同化的m；[3]例如bhadráṃ karişyási；tyáṃ camasám；návaṃ tváṣṭuḥ；bhadráṃ naḥ。

a. 该连音与n在腭音c、j、ch（40）浊齿音d、dh、n（36.3）前及t在n前（33）一致。

4. 词尾止韵

43. 止韵是指清音s和对应的浊音r在停顿中降级而成的擦音。如果它前面有一个清音，

1. 若是腭（c，ch）或齿塞音（t），它变为相应的咝音；例如devā́ś cakṛmá（通过devā́ḥ替代devā́s）；pū́ś ca（通过pū́ḥ ca替代pū́r ca）；[4]yás te（替代yáḥ）；áṇvībhis tánā（代替-bhiḥ）。

a. 如果前面有 ĭ 和 ŭ，止韵在齿音t之前往往变为卷舌音ṣ，这使随后的首音t变成卷舌音ṭ。在《梨俱吠陀》中，这主要发生在代词之前，而在后来的吠陀中，它只出现在代词之前；例如agníṣ ṭe；krátuṣ ṭám；nákiṣ ṭanū́ṣu亦同。在复合词中，这个变化出现在所有的本集中；例如dúṣ-ṭara很难通过。[5]

2. 若是喉（k，kh）或唇塞音（p，ph）；它要么保持，要么在喉音前变成舌根音（ẖ），在唇音前变成吸音（Upadhmanīya）（ḫ）；例如víṣṇoḥ kármāṇi（代替víṣṇos）；índraḥ páñca（代替índras）；púnaḥ-punaḥ（代替

---

［1］在唇音之前，它当然保持不变。

［2］在n之前的这种同化与在d前的同化相同，导致了某些情况下的模糊性及*Padapāṭha*（吠陀吟颂本）由此产生的错误分析。

［3］马克斯·缪勒在他的版本中自始至终都印有随韵，甚至在唇音之前；Theodor Aufrecht则使用随韵，除了在唇音之前保留m。

［4］这种组合（其中止韵代表原始的r）与词源相悖，但在句子连音中很普遍，在复合词中只有两个例外：svàr-cakṣas及svàr-canas。

［5］《梨俱吠陀》中唯一的例外是cátus-triṃśat 34。

púnar）；dyáuḥ pṛthivī́。

a. 在《梨俱吠陀》中，它在 ă 后经常变为s，在 ĭ，ŭ，ṝ后变为ṣ；[1]例如divás pári；pátnīvatas kṛdhi；dyáuṣ pitā́。在复合词中，这个变化在所有的本集中都经常出现；例如paras-pā́ 远远地保护；haviṣ-pā́饮祭；duṣ-kṛ́t恶行，duṣ-pád邪恶。

3. 若是一个简单的嘘音，它要么不变，要么被同化；例如vaḥ śivátamaḥ或vaś śivátamaḥ；dévīḥ ṣáṭ或dévīṣ ṣáṭ；naḥ sapátnāḥ或nas sapátnāḥ；púnaḥ sám或púnas sám。[2]同化无疑是原始连音；但写本通常用止韵，欧洲编辑本也经常这样。

a. 当嘘音后紧跟清塞音时，嘘音之前的词尾止韵脱落；例如mandíbhi stómebhiḥ（通过mandí-bhiḥ代替mandíbhis）；du-ṣṭutí f. 谬赞（代替duṣ-ṣṭutí）。《梨俱吠陀》《瓦氏本集》和《泰氏本集》的《音韵学》规定了这种脱落，Aufrecht在其《梨俱吠陀》版本中也采用了这种方式。

b. 当嘘音后紧跟鼻音或半元音时，嘘音之前的词尾止韵可以选择脱落；例如kṛta śrávaḥ（代替kṛtaḥ）；ni-svarám（通过niḥ-代替nis-）。

44. 在（除了a或ā后）的止韵在浊音（元音或辅音）前变为r；例如ṛ́ṣibhir ī́ḍyaḥ（通过从ṛ́ṣibhiḥ代替ṛ́ṣibhis）；agnír hótā（通过agníḥ代替agnís）；paribhū́r ási（通过-bhū́ḥ代替-bhū́s）。

45. 1. 尾音节āḥ（= ās）在元音或浊辅音前脱落其止韵；例如sutā́ imé（通过sutā́ḥ代替sutā́s）；víśvā ví（通过víśvāḥ代替víśvās）。

2. 尾音节aḥ（= as）

a. 在除了a之外的元音前脱落其止韵；例如khya ā́（通过khyaḥ

---

[1] 在喉音和唇音之前的这种处理方式与t（43.1a）之前相对应，无疑是句中连音的原始处理方式。

[2] 这种（止韵代表原始的r）组合，虽然与词源学相反，但在外部连音中普遍存在；但在复合词中，原始的r经常保留；例如vanar-ṣád，dhūr-ṣád等。这种遗留表明，句子连音中的r在嘘音前最初是保留的。

代替khyas）。

b. 在浊辅音及a前，它变为o，其后的a可以被省音（21a）；例如índavo vām（通过índavaḥ代替índavas）；no áti（通过naḥ代替nas）或nó 'ti。

46. 在相对较少的止韵代表词源上r的例子中，[1]尾音节aḥ（= ar）及āḥ（= ār）对一般规则（44）并没有形成一个例外（45）；例如prātár agníḥ；púnar naḥ；svàr druháḥ；vā́r avāyatī́。

47. r后的r总是脱落，前面的短元音延长；例如púnā rūpā́ṇi代替púnar。[2]

48. 三个代词（阳单主）sáḥ彼，syáḥ彼，eṣáḥ（此）在所有的辅音前脱落止韵；[3]例如sá vánāni，syá dūtáḥ，eṣá tā́m。此处止韵一般都被规则处理；[4]在音步结尾，如padīṣṭá sáḥ | cakra eṣáḥ，以及在元音前，例如só apáḥ，eṣó asura，eṣó 'mandan（代替amandan）；sá óṣadhīḥ，eṣá índraḥ。

a. 然而，在《梨俱吠陀》中，sá一般与随后的元音融合；例如sā́smai代替sá asmai；séd代替sá íd；sáuṣadhīḥ代替sá óṣadhīḥ。

复合词中的连音

49. 复合词成分交界处的音声组合总体上也使用外部连音的规则。因此，韵文的证据表明，当后部首元音为韵律长时，缩合元

---

[1] r是原始的：dvā́r门，vā́r保护者，vā́r水；áhar白天，uṣár朝霞，ū́dhar乳房，vádhar武器，vánar木，svàr光；antár内，avár下，púnar又，prātár早；ṛ词干的呼格，例如bhrā́tar；以ṛ结尾的词根的二、三单不定过去时，例如āvar，源自√vṛ（覆盖）。

[2] 在少数例子中，aḥ作为以as为结尾的中性词的停顿形式，在其影响下，o代替ā（= ar）出现；例如ū́dho romaśám（代替ū́dhā = ū́dhar）；也在复合词aho-rātrá中，代替ahā-。

[3] 然而，在《梨俱吠陀》中sáḥ两次保留了它；sáḥ páliknīḥ（v. 2.4）及sás táva（viii. 33.16）代替sáḥ。

[4] syáḥ在《梨俱吠陀》中从未出现在元音之前或某一音步之末。

音往往要用停顿来发音(参见18b);例如yuktá-aśva套辕的马(代替yuktā́śva),devá-iddha诸神点燃(代替devéddha),ácha-ukti(代替áchokti)邀请。

然而,复合词保留了在句子连音中已经消失的许多连音古老特征。

a. ś在viś-páti(家主)及viś-pátnī(女主)中保留,而非由外部连音要求的ṭ。[1]

b. 在sam-rā́j(君主)中出现的是m,而不是在r前要求的随韵(42,1),如saṃ-rā́jantam。

c. 一组以dus(恶,难)作为前部而形成的复合词将该副词与后面的d和n结合起来,成为dū-ḍ(= duẓ-d)及dū-ṇ(= duẓ-n),而不是dur-d及dur-ṇ:[2]dū-ḍábha难骗(代替dus-dábha),dū-ḍā́ś不祭祀(代替dus-dā́ś),dū-ḍhī́恶毒(代替dus-dhī́);dū-ṇáśa难求(代替dur-náśa),dū-ṇā́śa(代替dus-nā́śa)难求,难灭。

d. 在《梨俱吠陀》中,前部尾音(词源上的)r在清音之前保留,而外部连音规则在此处则要求止韵或咝音(43):vār-kāryá产水;svàr-cakṣas像光一样亮;pū́r-pati堡垒之主,svàr-pati天主;vanar-sád及vanar-ṣád坐在树林中,dhūr-ṣád身负枷锁;svar-ṣā́胜利之光;svàr-ṣāti获得光。[3]《瓦氏本集》中也有ahar-páti日主,dhūr-ṣā́ḥ负轭。[4]

e. 以ir,ur结尾的根词干在辅音前大多延长其元音(正如它们在单词中所做的那样);例如dhūr-ṣád负轭,pūr-yā́ṇa通往堡垒。[5]

50. 复合词还经常包含古语,虽然在外部连音中仍然存在,但在该语言的后期已经过时并完全消失。

---

[1] viś-páti在后吠陀时代的梵语中变为viṭpati。

[2] 但在《梨俱吠陀》中,后来的外部连音所要求的形式已经比较普遍;例如dur-dṛ́śīka,dur-ṇā́man。

[3] 以根音r结尾的名词在复数依格格尾su前保留r;例如gīr-ṣú,dhūr-ṣú,pūr-ṣú。

[4] 在后来的本集中,外部连音逐渐进入此处;例如《娑摩吠陀》中的svàḥ-pati。

[5] 但是gir在下列词中保留其短元音:gír-vaṇas(喜欢赞)及gír-vāhas(歌中赞美)。

a. 在六个复合词中，ścandrá（明亮）在作为后部时保留其古老的词首咝音；例如áśva-ścandra擅长马，puru-ścandrá很精彩。作为独立词，除了在《梨俱吠陀》中出现过三次之外，其他的都是candrá。[1]

b. 前部尾音或后部首音s卷舌化；如duṣ-ṭára难跨越，duḥ-ṣáha难抵抗。[2]

c. 后部齿音n在前部中的ṛ，r，ṣ后卷舌化：

α. 当动词派生词与含有r的前置词复合时，无论它在词根中是开头、中间还是末尾，几乎无一例外；例如nir-ṇíj f. 靓丽衣服，pári-hṇuta否认的，prāṇ-á m. 气息；甚至在前缀中，如pra-yā́ṇa n. 进展（来自√yā走）。

β. 当后部是动名词时，主要是在其他复合词中；例如grāma-ṇī́ 村长，dur-gā́ṇi危险，pitṛ-yā́ṇa父辈到过的，rakṣo-háṇ除魔；但是puro-yā́van及prātar-yā́vaṇ早出。在-han的弱形式-ghn中从不发生卷舌化；在下列词中亦否：akṣā-náh绑在轴上，kravya-vā́hana驼尸，carma-mná皮匠，yuṣmā́-nīta由你们带领。

γ. 当后部是一个普通的（非动词性）名词时，就不那么经常；例如urū-ṇasá宽鼻，prá-ṇapāt重孙；但candrá-nirṇij有靓丽衣服的，púnar-nava又新。

d. 前部末元音经常延长，特别是在v前；例如annā́-vṛdh粮食丰收。这通常是由于一种古老的节奏感（它也出现在句子中），即在两个短音节之间的单辅音前的元音被延长；例如rathā-sáh能够拉车。

e. 前部末音ā或ī在一组辅音或长音节前被缩短；例如ū́rṇa-mradas软如羊毛（ū́rṇā）；pṛthivi-ṣṭhā́ 立于地上（pṛthivī́）；amīva-cā́tana躯病（ámīvā）。

---

[1] 作为一个独立的词，ścandrá几乎濒临灭绝，这一点从它的六个复合词的分析中可以看出，它在*Padapāṭha*中总是作为candra出现。

[2] 在后吠陀时代的梵语中只有dustara，duḥsaha。

辅音加倍

51. 腭音ch在词源学上代表一个双音，在韵律上延长前面的短元音。由于后者的原因，《梨俱吠陀音韵学》规定在短元音之后的ch（以cch的形式）加倍。至于长元音，只有在ā之后且其后有元音时。[1]马克斯·缪勒在其《梨俱吠陀》编辑本中也遵循了这一规则；例如utá cchadíḥ，ā-cchád-vidhāna，但是me chantsat。

52. 在元音前的尾音ṅ和n，如果前面有一个短元音，则鼻音加倍；例如kīdṛṅṅ índraḥ；áhann índraḥ。虽然鼻音总是双倍书写，但从韵律上看，由于考虑发音，这一规则只是部分地运用于《梨俱吠陀》中。

a. 复合词vṛṣaṇ-aśvá以马为坐骑（ṇ = n）是一个例外。

首音送气化

53. 在尾音c后，词首的ś一般变为ch；例如yác chaknávāma代替yád śaknávāma。

a. 同样的变化偶尔也会发生在ṭ之后；因此vípāṭ chutudrī́（代替śutudrī́）；turāṣā́ṭ chuṣmī́（代替śuṣmī́）。

54. 首音h在使其前的k、ṭ、t、p浊音化后，自身变成了该塞音的浊送气音；例如sadhryàg ghitā́代替hitā́；ávāḍ ḍhavyā́ni代替ávāṭ havyā́ni；sī́dad dhótā代替sī́dat hótā。

55. 若gh、dh、bh或h位于以g、d或b开头的（根本）音节的末尾，并且作为末音或因为其他原因失去了送气，那么词首辅音就会通过补偿的方式变为送气音；[2]例如，√dagh（到达）的三单虚拟式是dhak（代替dagh-t）；-búdh变为-bhút；dúh变为dhúk。

---

[1] 吠陀写本几乎无一例外地简单地写作ch，Aufrecht在其《梨俱吠陀》及L. von Schroeder在其《迈氏本集》版本中都使用了这种做法。本书亦同。

[2] 这并不是真正的补偿，而是因为这类词根词首原始送气音的存续，由于避免在同一音节的开头和结尾使用送气音，这种送气音已经消失。因此，当结尾送气音消失后，词首送气音又出现了。

B. 内部连音

56. 内部连音的规则适用于词根及名词和动词词干的末音，当它们在：a. 所有变格[1]和变位词尾之前；b. 原始后缀（182.1）及以元音或y为首音的派生后缀（182.2）之前。这些规则中有许多与外部连音规则一致。其中与外部连音最重要的不同规则是以下几点：

尾元音

57. 在很多例子中，ī在元音前变为iy；u及ū变为uv；例如dhī + e = dhiy-é单数为格（为了思想）；bhū + i = bhuv-í在地上；yu-yuv-é已加入（√yu）。

58. 尾音ṛ在y前变为ri（154.3）；例如√kṛ：kri-yáte三单现在被动态。尾音ṝ在辅音词尾前变为īr，在唇音后变为ūr；例如√gṝ吞：gīr-yáte被吞，gīr-ṇá吞下；√pṝ：pūr-yáte被填满，pūr-ṇá填满。

59. e，ai，o，au在以元音或y开头的后缀前分别变为ay，āy，av，āv；例如śe + u = śay-ú躺；rai + e = rāy-é为了财富；go + e = gáv-e为牛；nau + i = nāv-í在船中；go + ya = gáv-ya与牛相关。

尾辅音

60. 与外部连音最明显的区别是，在以元音、半元音和鼻音开头的后缀和词尾之前，词根和动词或名词词干的尾辅音（参看32）不变（而在其他字母之前，它们通常遵循外部连音的规则）；例如vā́c-ya需要讲的，duras-yú祭拜，yáśas-vat灿烂；vác-mi我说（但是vákti他说）；voc-am我想说，papṛc-yāt将混合；prā́ñc-aḥ复数主格，向前。

---

[1] 除了那些以弱词干的辅音为首的变位：73a。

a. 在原始后缀na前，d被同化；例如án-na n. 食物（代替ad-na），chin-ná切断（代替chid-na）；在派生后缀mant及maya前，t和d同化；如vidyún-mant伴有雷电（vidyút）及mṛn-máya由黏土组成（mṛ́d）。在ṣáṣ的属格形式ṣaṇ-ṇā́m（代替ṣaṭ-nā́m）中，尾音ṭ同化。

61. 以辅音结尾的名词或动词词干，其后是由单个辅音形成的词尾，会完全脱落该词尾，因为一个词的结尾不允许有两个辅音（28）。剩下的尾辅音将按照外部连音来处理。因此prāñc + s单数主格，变为prā́ṅ（首先去掉s，腭音通过第27条变为喉音，然后根据第28条k脱落）；例如a-doh + t = á-dhok他挤奶（55）。

62. 除元音、半元音或鼻音（60）外，其他任何音后面的送气音都会失去其送气部分；例如，二单不定过去命令式randh + dhí = rand-dhí[1]递交，臣服；三单将来时labh + sya-te = lap-syate（B.）将取；但是yudh-í战场上；ā-rábh-ya捕。

a. 如果可能的话，在dhv，bh，s之前（55），脱落的浊送气音将被"扔回"；例如√indh（点燃）的二复命令式ind-dhvam；bhud-bhís复数具格，bhut-sú复数依格。但在s之前，这一规则仅部分适用；因此√dabh伤害：愿望式díp-sa-ti想伤害，dip-sú伤害欲；√bhas：báps-a-ti他咀嚼；√guh：愿望式ju-guk-ṣa-tas及aghukṣat，√dah：分词dákṣat及dhákṣant；√duh：不定过去时á-dukṣat及á-dhukṣat。

b. 但它被扔向随后的t和th上，[2]且二者被浊音化；例如rabh + ta = rab-dhá抓住；ruṇádh + ti = ruṇád-dhi；rundh + tām = rund-dhām

[1] 因为吠陀语言既不允许在同一个音节的开头和结尾有两个送气音，也不允许在一个音节的结尾和下一音节的开头有两个送气音。另一方面，如果一个属于后缀或复合词后部（在元音之后）的送气音紧跟词根的送气音，则后者不会丢失；例如vibhú-bhis；garbha-dhí m. 饲养地。（两个命令式遵循这个一般原则：bo-dhí代替bho-dhí［是］，及ja-hí代替jha-hí［打击］。）

[2] 除了√dhā的情况，其弱词干dadh（按照62a的类比）在t和th前变为dhat（参看134Bb）。

让他阻挠，三单命令式。

腭音

63. a. 在辅音前，c经常变成喉音（参见61，27，7b），但j在某些情况下（大部分）变成喉音（k，g），[1]在其他情况下变成卷舌音（ṭ，ḍ，ṣ）；例如uk-tá说（√vac）；yuk-tá已连结（√yuj）；rug-ṇá折断（√ruj，参考65）；但是rā́ṭ（王），单数主格（代替rāj + s）；mṛḍ-ḍhi二单命令式，擦拭（代替mṛj-dhi）；rāṣ-ṭrá王国（代替rāj-tra：参考64）。

b. 腭音ś在bh（73a）前一般变为ḍ，[2]在s前一般变为k；[3]在t、th前一直变为ṣ（参考64）；例如paḍ-bhís（páś看），viḍ-bhís与部落（víś）；√viś（进入）的将来时vek-ṣyási；vik-ṣú复数依格（viś）；díś（方向）的单数主格dík；náś（晚）的单数主格nák；viṣ-ṭá已进入（√viś）。

c. c和j（不是ś）使随后的n腭音化；例如yaj+ na = yaj-ñá祭祀，但praś-ná（问题）。

d. √prach（问）的ch像ś一样处理：á-prāk-ṣīt三单siṣ-不定过去时，á-prāṭ三单s-不定过去时（= á-prach-s-t）；pṛṣ-ṭá已被问，práṣ-ṭum不定式。

卷舌音

64. 卷舌音使随后的齿音卷舌化（39）；例如iṣ + tá = iṣ-ṭá；av-iṣ + dhi = aviḍ-ḍhí，√av的iṣ-不定过去时二单命令式；ṣaṇ+nām（代替ṣaṭ-nām）= ṣaṇ-ṇā́m（参考33，60a）。

a. 由于卷舌咝音ṣ在变格时似乎总是[4]变为卷舌塞音（ṭ或ḍ），在变位中变为ḍ，所以在变位中，它在s之前经常变成k（参见63b和

---

[1] j在变位的s前一直变为k（参看144.4）；例如√mṛj的二单命令式mṛk-ṣva。

[2] 在díś及dṛś的例子中是g：dig-bhyás，dṛg-bhís。

[3] 但是在主格víṭ（víś），ví-pāṭ（ví-pāś）及spáṭ间谍（spáś）中，由于其他形式中的卷舌音是语音的，受此影响，卷舌音已经取代了语音k的位置。

[4] 在复数依格su前，没有出现这个音的例子。

67)；例如dviṣ + s = dvíṭ恨，单数主格，vi-prúṣ + s = vi-prúṭ（掉），vi-prúḍ-bhis复数具格；√av（最爱）的iṣ-不定过去时二单命令式av-iṣ + dhi = aviḍ-ḍhí；√dviṣ的sa-不定过去时三单训诫式dviṣ + sa-t = dvik-ṣat。

齿音

n变为卷舌音ṇ

65.（即使有元音、喉或唇塞音或鼻音、y、v或h介入），前面的卷舌音ṛ、ṝ、r、ṣ使齿音n（其后是元音或n、m、y、v时）变为卷舌音ṇ；例如nṛ + nām = nṛṇā́m众人的；pitṝ + nām = pitṝṇā́m父辈的；var + na=várṇa m. 颜色；uṣ + na = uṣṇá热；krámaṇa n. 步伐（插入了元音及唇类鼻音），arkéṇa（喉音及元音）；gṛbhṇā́ti他抓住（唇塞音）；brahmaṇyā́ 奉献（元音，h，唇类鼻音，元音；n后面是y）。[1]

图示如下：

ṛ,ṝ r,ṣ	即使中间插入有元音，喉音（包括h），唇音（包括v）及y	n变为ṇ	若其后是元音，n，m，y，v。

在一个词中，即使它所包含的ṣ是由连音产生的，也要始终遵循这一规则；例如uṣuvāṇáḥ（代替u suvānáḥ）。

a. 在与前置词prá前，párā远，pári围绕，nír 出（代替nís）复合的动词中，以及由这些复合派生的名词中，n的卷舌化几乎同样经常发生；例如parā-ṇúde（√nud推），pra-ṇetṛ́（√nī）；pári-hṇuta否认；prā́ṇiti他呼吸（√an）；nír haṇyāt（√han），但是带ghn的词形不遵守（例如abhi-pra-ghnánti）；prá hiṇomi，但pari-hinómi（√hi促使）。

b. 在名词复合词中，当n是后部首音时，在《梨俱吠陀》中通常卷舌化；例如dur-ṇā́man恶名，prá-ṇapāt重孙；但tri-nāká n. 第三重天。

[1] 在《梨俱吠陀》中，这一规则有两个例外：复数属格úṣṭrānām及rāṣṭrā́nām。

它在词中较少出现；例如pūrvāhṇá上午，vṛ́ṣa-maṇas雄性气概，但ṛ́ṣi-manas先知思想；nṛ-pā́ṇa给人的饮料，但pari-pā́na n. 饮料（参考50cβ）。

c. 卷舌化甚至扩展到紧密相连的后续词中的外部连音，最初最常见的是在后附词nas（我们）中，很少出现在其他单音节，如nú现在，ná如，偶尔也在其他词中；[1]如sahó ṣú ṇaḥ；pári ṇetā́...viśat。它有时出现在中间，在后附代词ena中最常见；例如índra eṇam。在尾音r后，它偶尔也出现在带重音的词中；例如gór óheṇa。

齿音n及s的其他情况

66. A. 1. 齿音n在y、v前保持不变；例如han-yáte被击杀；tan-vāná延伸，índhan-van有燃料（indhana），āsan-vánt有嘴。

2. n作为词根尾音在s前变为随韵；例如jí-ghāṃ-sa-ti想杀（√han）；当它被插在中性复数尾音s或ṣ之前时亦同（71注［4］，83）；例如énas（罪）的中性复数énāṃs-i；havís（祭祀）的中性复数havī́ṃṣ-i（83）。

B. 1. 齿音s作为词根或名词词干的尾音变为t

a. 在√vas住、√vas（照耀）及√ghas（吃）这三个动词（将来时，不定过去时，愿望式）的后缀s之前；因此a-vāt-sīs你住下了；vát-syati将闪耀；ji-ghat-sati想吃（171.5）及jighat-sú饥饿。[2]

b. 在重叠完成分词以bh开头的格尾和其他四个词前：因此jāgṛvád-bhis复数具格，已觉醒；uṣád-bhis（uṣás f. 朝霞）；mād-bhís，mād-bhyás（mā́s m. 月）；svátavad-bhyas（svá-tavas自强）。这种变化在没有语音理由[3]的情况下扩展到《梨俱吠陀》中的中性名词单数主、业格，

---

［1］ 在ṣáṭ（代替ṣáṣ六）的尾卷舌音ṭ之后，同化为随后的n（33），词首齿音被卷舌化：ṣáṇ-ṇavati 96（TS.）及ṣaṇ ṇiramimīta（B.）。

［2］ s在三单不定过去时的t之前变为t，如vi-vas的vy-àvāt（闪亮登场），可能不是一个语音上的变化，而是由于其他带t的三单不定过去时的影响；因此*á-vās-t变为á-vāt，代替*ávās。

［3］ 此处没有格尾s。在《梨俱吠陀》和《阿达婆吠陀》中没有出现vat-su的复数依格的例子。

如tatan-vát遥远。

2. 消失

a. 在塞音之间；例如√bhaj的s-不定过去时三单á-bhak-ta（代替á-bhak-s-ta）及á-bhak-ṣ-i；√cakṣ（说）的现在时三单caṣ-ṭe，代替cakṣ-ṭe（=原始的caś-s-te）；√ghas的过去分词a-gdha代替a-ghs-ta（未吃）。

类似的脱落发生在由前置词ud和√sthā及√stambh（支持）组成的复合动词中；例如út-thita及út-tabhita抬高。

b. 在dh前；例如√śās的二单命令式śā-dhi，代替śās-dhi；√ās的二复中间命令式ā-dhvam；在成为ṣ和使其后的齿音卷舌化后亦同；例如√stu的二复不定过去时á-sto-ḍhvam（代替á-sto-ṣ-dhvam）。

齿音s变为卷舌音ṣ

67. 齿音s前面是除了a及ā的其他元音（即使随韵介入[1]）以及k、r、ṣ，将s（其后是元音、s、t、th、n、m、y、v）变为卷舌音ṣ；[2]havís祭祀：havíṣ-ā单数具格，havī́ṃṣ-i复数主格，havíṣ-ṣu复数依格；cákṣus n. 眼睛：cákṣuṣ-ā单数具格，cákṣūṃṣ-i复数主格，cákṣuṣ-mant有眼的；sráj f. 花环：srak-ṣú复数依格；gír f. 歌：gīr-ṣú复数依格；√sthā：tí-ṣṭhati；√bhū的将来时bhavi-ṣyáti；√svap：su-ṣvā́pa已睡。但是sarpíḥ（尾音）；mánas-ā（前面是a）；us-rá[3]垫底。

图示如下：

前面是除a、ā的元音（即使插入了随韵），k，r，ṣ	s变为ṣ	若后面是元音，t，th，n，m，y，v。

［1］ 然而，在√hiṃs（伤害），√niṃs（吻）及puṃs（男）等形式中的s保留，可能是受比如hinásti，púmāṃsam等强形式的影响。

［2］ 一般跟在r或除ă以外任何元音之后的s的词可能是外来词，如bṛ́saya一种魔，bísa n. 根纤维，busá n. 蒸气。

［3］ 当后面直接是r或ṛ，s保留，例如tri的阴性主tisrás，具tisṛ́bhis，属tisṝṇā́m；朝霞，呼uṣar，属usrás，依usrí及usrā́m。

a. s的卷舌化经常发生在《梨俱吠陀》中，主要在以i和u结尾的前置词后的复合动词以及由这类复合动词产生的名词性派生词中；也在前置词nís（出）之后；例如ní ṣīda坐下，ánu ṣṭuvanti他们称赞；niḥ-ṣáha-māṇaḥ征服。[1]

b. 在名词性复合词中，当后部首音s前面有除 ă 以外的元音时，s通常会卷舌化而非不变；例如su-ṣóma（有足够的苏摩酒）。但在《梨俱吠陀》中，s经常保留，不仅在其后有ṛ或r，如 hṛdi-spṛ́ś（触动心灵），ṛṣi-svará（由先知唱），而且也在没有这种原因阻止该变化的情况下；例如gó-sakhi及gó-ṣakhi有牛。s在r后变为ṣ，svar-ṣā́赢得光，svàr-ṣāti f. 遮光。

c. 当两个词在句法上紧密相连时，在《梨俱吠陀》中，卷舌化甚至扩展到尾音为i和u、首字母为s的外部连音。这种变化主要发生在单音节的代词和小品词中，例如sá，syá，sīm，sma，svid，尤其是sú，例如ū ṣú。它也出现在很多动词形式及分词中；例如yūyáṃ hí ṣṭhā́（因为你们是），diví ṣán（在天上）。这个变化在其他词中很罕见；例如trí ṣadhásthā。[2]在后来的本集中，该形式的外部连音很罕见，除了在 ŭ ṣú这个组合中。

唇音m

68. 在y，r，l（参看60及42.1）前保持不变；例如yam-yámāna被指导，vam-rá m. 蚁，ápa-mlukta隐蔽的。但是它在以v开头的后缀前变为n；例如jagan-vā́n已走（√gam）。

气音h

69. a. 在s之前的所有词根中的h变为k；例如√dah、√sah的二

---

［1］ s保持不变，当其后有ṛ（即使t介入）或r时（即使有a介入，在smar［记住］和svar［发声］中还有m或v）。

［2］ 在《梨俱吠陀》中出现了连音yájuḥ ṣkannám（取代skannám），而没有使nn变成卷舌音（参考65）。

单现在时分别为 dhák-ṣi，sak-ṣi。

b. 在以 d 开头的词根中，它就像 gh 在 t，th，dh 前一样处理；例如 dah + tá = dag-dhá（62b），duh + tām = dug-dhām 三双现在时。√muh 的完成被动分词的最古老的形式同样处理：mug-dhá 迷惑的。

c. 在所有其他词根中的 h 作为送气卷舌音处理，在将随后的 t、th、dh 变为 ḍh 并延长前面的短元音后，自身脱落；例如 sah + ta = sā-ḍhá[1] 战胜；rih + ta = rī-ḍhá 舔过的；muh + ta = mū-ḍhá（AV.）迷惑的；vah + ta = ū-ḍhá；[2] vah + dhvám = vo-ḍhvám（VS.）。[3]

d. 对 c 条的一个例外是√nah（捆绑），其中的 h 视为 dh：nad-dhá（被约束）。b 和 c 这两条的一个例外是√dṛh：dṛ-ḍhá 坚定（以 d 开头且有一个短元音）。[4]

---

[1] 在所有这些过去分词中，ḍh 在《梨俱吠陀》中被写成 ḷh。

[2] 带有半元音转换。

[3] 通过 vaẓh-dhvam，此处 aẓh 成为 o，正如原始的 as（通过 az）变为 o（参看 45.2b）。

[4] 在该 ḍh 之前，元音 ṛ 从未延长，但它在诗律上作为长元音（参见原文第 8 页，注 2）。

第三章 变 格

70. 变格，即对名词词干进行变形，通过由格呈现出的、表达各种句法关系的词尾。由于形式、意义和用途的不同，最方便的处理方式是将它们分为(1) 名词(包括形容词)；(2) 数词；(3) 代词。

吠陀语里有：三性：阳性、阴性、中性；三数：单数、双数、复数；八格：主格、呼格、业格、具格、为格、从格、属格、依格。[1]

71. 加到词干后的一般格尾是：

<table>
<tr><th></th><th colspan="2">单</th><th colspan="2">双</th><th colspan="2">复</th></tr>
<tr><td></td><td>阳阴</td><td>中</td><td>阳阴</td><td>中</td><td>阳阴</td><td>中</td></tr>
<tr><td>主呼</td><td>s[2]</td><td rowspan="2">ø[3]</td><td rowspan="2">au</td><td rowspan="2">ī</td><td rowspan="2">as</td><td rowspan="2">i[4]</td></tr>
<tr><td>业</td><td>am</td></tr>
</table>

[1] 这是印度梵语语法学家使用的格的顺序，除了呼格，因为他们认为它不是一个格。因为这是可以将单、双或复数中形式相同的格归为一组的唯一安排，所以很方便。译者按，第一格一般又译作“体格”。

[2] 在不考虑重音的情况下，所有数的呼格与主格相同，除了以元音结尾的词干单数阳、阴性及 -an, -man, -van; -mant, -vant; -in; -as; -yāṃs, -vāṃs; -tar 等辅音结尾词干的阳性单数。

[3] 中性单数主、业格无词尾，除了以a结尾的词干后加m。

[4] 中性复数主、呼、业格在元音词干后，在单个塞音或咝音为尾音的辅音词干之前，在格尾i前插入n(n根据辅音的特点而改变，参考66A2)。

续　表

<table>
<tr><th></th><th colspan="2">单</th><th colspan="2">双</th><th colspan="2">复</th></tr>
<tr><th></th><th>阳阴</th><th>中</th><th>阳阴</th><th>中</th><th>阳阴</th><th>中</th></tr>
<tr><td>具</td><td colspan="2">ā</td><td colspan="2" rowspan="3">bhyām</td><td colspan="2">bhis</td></tr>
<tr><td>为</td><td colspan="2">e</td><td colspan="2" rowspan="2">bhyas</td></tr>
<tr><td>从</td><td colspan="2" rowspan="2">as</td></tr>
<tr><td>属</td><td colspan="2" rowspan="2">os</td><td colspan="2">ām</td></tr>
<tr><td>依</td><td colspan="2">i</td><td colspan="2">su</td></tr>
</table>

72. 变格中的一个重要区别在强、弱词干之间。它只在通过后缀-añc，-an，-man，-van; -ant，-mant，-vant; -tar; -yāṃs，-vāṃs形成的派生辅音词干中得到充分发展。在前四及最后一个后缀，弱词干在元音格尾之前进一步减弱。这里的词干有三种形式，它们可以分为强、弱、最弱词干。

重音转移是产生这个区别的原因。强词干有重音，此处自然保留了它的完整形式；但在弱词干的情况下，由于重音落在词尾上，词干被缩短。出于类似的原因，如果是长音，强词干末元音在呼格中经常被缩短，因为在这种情况下，重音总是转移到首音节。

73. 强词干出现在以下情况：阳性名词单、双数主、呼、业；复数主、呼格；[1]而中性名词只有复数主、呼、业格。

a. 当词干有三种形式，弱词干出现在辅音格尾前（bhyām，bhis，bhyas，su）；[2]在剩余弱词干的情况下，最弱词干出现在以元音开始的格尾之前；如pratyáñc-au双数主格；pratyág-bhis复数具格；pratīc-os

[1]　除了以-tar（101）结尾的亲属名，所有具有可变词干的名词几乎都用后缀-ī（100）构成其阴性。

[2]　在本语法中，可变词干是以强和原始形式来命名的，尽管中间形式更实用，因为那是可变词干作为复合词前部出现的形式。

双数属格（93）。

b. 在三词干的中性中，单数主、呼、业格是弱词干，双数主、呼、业格是最弱词干；如pratyák单数；pratī́c-ī́ 双数；pratyáñc-i复数（93）。其余同阳性。

名 词

74. 由于变形上的差异，名词词干最好划归为辅音和元音变格两大类。1. 以辅音为结尾的词干[1]可以分为不变、可变两类。2. 以元音为结尾的词干可以分为：a，ā; i，u; ī，ū三类。

I. A. 辅音不变词干

75. 这些词干大部分是原始或基本的，但也包含一些次要或派生的词。它们以各种类别的辅音结尾，除开喉音（因为喉音总是变为颚音，但在某些情况下，又恢复为原来的喉音）。在辅音格尾之前，它们只需按照连音规则进行改变（参见16a）。以同一辅音结尾的阳性词和阴性词的变格完全相同；中性词只在单数业格，双、复数主、呼、业格上有所不同。

76. 词干尾辅音在元音格尾（71）前保持原型；但是如果没有格尾（如在单数主格，阳、阴性格尾s脱落），以及在复数依格格尾su之前，它们必须变为k，ṭ，t，p或ḥ（27），在以bh开头的格尾前，它们分别变为g，ḍ，d，b或r。

a. 阳、阴性单数呼格同主格，除开以（派生的）-as结尾的词干（83）。

[1] 有些梵文语法从元音a变格（II. A）开始，因为它包含了梵语中所有变格词干的大部分。但我似乎更倾向于从辅音变格开始，因为它可以添加正常的格尾（71）而不用修改。

b. 在吠陀本集中没有出现中性复数主、呼、业格，[1]只有在-as，-is，-us衍生的词干中很常见，如ápāṃsī，arcī́ṃṣi，cákṣūṃṣi。

齿音词干

77. 阳、阴、中tri-vṛ́t（三倍）变格：

<table>
<tr><th></th><th colspan="2">单</th><th colspan="2">双</th><th colspan="2">复</th></tr>
<tr><th></th><th>阳阴</th><th>中</th><th>阳阴</th><th>中</th><th>阳阴</th><th>中</th></tr>
<tr><td>主、呼</td><td>trivṛ́t</td><td rowspan="2">trivṛ́t</td><td>trivṛ́t-ā</td><td rowspan="2">-ī</td><td rowspan="2">trivṛ́t-as[2]</td><td rowspan="2">-i</td></tr>
<tr><td>业</td><td>trivṛ́t-am</td><td>trivṛ́t-au</td></tr>
<tr><td>具</td><td colspan="2">trivṛ́t-ā</td><td colspan="2" rowspan="3">[trivṛ́d-bhyām]</td><td colspan="2">trivṛ́d-bhis</td></tr>
<tr><td>为</td><td colspan="2">trivṛ́t-e</td><td colspan="2" rowspan="2">[trivṛ́d-bhyas]</td></tr>
<tr><td>从</td><td colspan="2" rowspan="2">trivṛ́t-as</td></tr>
<tr><td>属</td><td colspan="2" rowspan="2">[trivṛ́t-os]
trivṛ́t-os</td><td colspan="2">trivṛ́t-ām</td></tr>
<tr><td>依</td><td colspan="2">trivṛ́t-i</td><td colspan="2">trivṛ́t-su</td></tr>
</table>

1. 以t为结尾的词干大部分源于词根，其中有近30个是在以短元音i，u，ṛ为结尾的词根上加一个修饰性的t形成的；如jí-t征服，śrú-t听，kṛ́-t做。然而，它们中的几乎全部出现为复合词后部，除了cít f. 思维；dyú-t f. 光彩；nṛ́t f. 舞；vṛ́-t f. 主人。《爱氏梵书》中出现了sarva-hunti“完整祭祀”，sarva-hu-t的中性复数主格的形式。还有一些派生词干由后缀-vat，-tāt，-it，-ut和次级-t形成；例如pra-vát f. 高度，devá-tāt f. 礼拜；sar-ít f. 河流；mar-út m. 风神；yákṛ-t n. 肝，śákṛ-t n. 粪。

2. 以th结尾的词干只有3个：kápṛth n. 阴茎，páth m. 道路，abhi-śnáth adj. 尖利。

[1] 但是在梵书中，我们发现-bhṛt态度，-vṛt转，-hu-t（祭祀）的中性复数主格形式-bhṛ́nti，-vṛnti，-hunti。

[2] 呼格：trívṛt-as。

3. a. 大约有100个词干以词根d结尾，除了少数几个，大部分作为复合词后部；如主格adri-bhíd劈山。只有八个出现为单音节名词：f. níd鄙视，bhíd驱逐者，víd知识，úd波浪，múd欢乐，mṛd泥土，n. hṛd心（只用于弱变化）及m. pád 足。后者在强变化中延长元音：

单数：主pā́t 业pā́d-am 具pad-ā́ 为pad-é 从属pad-ás 依pad-í

双数：主业 pā́d-ā 具从pad-bhyā́m 属依pad-ós

复数：主pā́d-as 业pad-ás 具pad-bhís 为pad-bhyás 属pad-ā́m 依pat-sú

b. 由派生的d（后缀-ad -ud）形成的词干也有六个，似乎都是阴性：dṛṣ-ád及dhṛṣ-ád下臼，bhas-ád后躯，van-ád渴望，śar-ád秋，kak-úd巅峰，kāk-úd腭。

4. 大概有50个单词或复合词的基本词干以dh结尾。它们几乎限制在阳、阴性，没有出现独特的中性形式（即双、复数主、业格），只有四个形式用作中性单数属、依格。七个词干出现为单音节名词：vṛ́dh（强化）作为阳性形容词，其余的是阴性名词：nádh纽带，srídh敌人，kṣúdh饥饿，yúdh战斗，mṛ́dh斗争，vṛ́dh繁荣，spṛ́dh战役。

5. 以n为结尾的基本词干由六个词根组成。其中四个是单音节名词：tán f. 继承；rán m. 欢乐；ván m. 木；sván adj. 听上去。[1]也有复合形容词tuvi-ṣván大声咆哮的，go-ṣán赢牛的。-han（杀戮）出现为至少35个复合词后部，但由于它在大多数情况下遵循“-an”词干的类比关系，将在下面（92）处理。

唇音词干

78. 只以p，bh和m结尾，这些词干的数量并不多。前二者没有中性词出现，后者只有一两个。

---

[1] 这些词干的重音不规则，因为它们停留在词干音节上（附录一11c1），除了tanā́（及tánā）和vanā́m。

1. 所有以p结尾的单音节词干都是阴性名词：áp水，kṛ́p美人，kṣáp晚，kṣíp手指，ríp欺骗，rúp地，víp竿。大概也有十几个形容词性的复合词，除了vi-ṣṭáp f. 顶峰。三个这样的形容词作为阴性，剩下的是阳性；如paśu-tṛ́p m. 以牛为乐的。

a. áp在复数主、呼格ā́p-as中延长词干，该形式有时候也用作业格。出现的形式如下：

单 具ap-ā́，从属ap-ás　双 主ā́p-ā

复 主呼ā́p-as，业ap-ás，具ad-bhís，为从ad-bhyás，属ap-ā́m，依ap-sú。

2. 六个以bh结尾的非复合词词干均为阴性名词：kṣúbh推，gṛ́bh夺取，nábh摧毁者，śubh华丽，stúbh赞美（形容词：赞美的）及kakúbh顶峰。还有十多个复合词，名词均为阴性，剩下的是阳或阴性形容词；无中性。tri-ṣṭúbh f. 三赞律（一种韵律）的变格如下：单主triṣṭúp，业triṣṭúbh-am，具triṣṭúbh-ā，为triṣṭúbh-e，从triṣṭúbh-as，依triṣṭúbh-i；复数业格triṣṭúbh-as。

a. nábh在复数主格nā́bh-as中延长其元音，业格nábh-as。

3. 有五六个以m结尾的单音节词干，有一个是复合词：śám n. 快乐，dám n.（?）屋子，kṣám，gám，jám f. 土，hím m.（?）冷；saṃ-nám f. 最爱。

a. gám和jám在单数具、从、属格中元音消失：gm-ā́，jm-ā́; gm-ás，jm-ás；kṣám在单数从、属格中元音脱落：kṣm-ás，而在双、复数主格中延长元音：kṣā́m-ā，kṣā́m-as。在表达pátir dán及pátī dán中的dám有单数属格dán（代替dám-s），相当于dám-patis家主，dám-patī家中的男、女主人。

颚音词干

79. 颚音（c，j，ś）在尾音和辅音格尾（参考63）前有一个器质性的变化。c一直变为喉音（k或g），j和ś几乎一直变为喉音，但是有时候变为卷舌音（ṭ或ḍ）。

1. 以c为结尾的不变词干[1]在未复合时是单音节，而且几乎都是阴性名词。然而，tvác（皮肤）两次作为阳性，krúñc（鹬）也是阳性。复合词作为形容词通常是阳性，但是只有一个形式作为中性出现在副词ā-pŕ̥k（以混合的方式）。vā́c（话语）将如下变格：

单：主呼 vā́k 业 vā́c-am（拉 voc-em）具 vāc-ā́ 为 vāc-é 从属 vāc-ás 依 vāc-í

双：主呼业 vā́c-ā，vā́c-au 具 vā́g-bhyā́m

复：主呼 vā́c-as 业 vā́c-as（vāc-ás 罕见）具 vāg-bhís 为从 vāg-bhyás 属 vāc-ā́m

类似变格：tvác 皮肤；[2] síc 下摆；rúc 光泽，śúc 火焰，srúc 勺；ŕ̥c 诗节，mŕ̥c 伤害；ni-mrúc（日落）及其他复合词。krúñc 形成其主格单 krúṅ，双 krúñcau。

2. 以ch结尾的词干只有一个，来自√pr̥ch：阳双主 bandhu-pŕ̥ch-ā 问亲人；不定式为、业格 pr̥ch-é，sam-pŕ̥ch-e 问候；vi-pŕ̥ch-am，sam-pŕ̥ch-am 问。

3. a. 以j结尾的非复合基本词干大部分是阴性名词；但是áj（司机），víj（赌注）是阳性，yúj，[3] rā́j，bhrā́j 既是阳性也是阴性。中性形式出现在复合形容词，但是从未出现双、复数主、呼、业格的独特的中性格尾。[4]

当j源于喉音时，它在单数主格及在辅音格尾前变为喉音；当它源于古老的颚音时，在单数主格[5]及辅音前变为卷舌音，但是在复数

---

[1] 以派生 añc 结尾的词干是可变的（93）。

[2] √vyac 出现强形式 uru-vyáñcam 远伸，√sac 只有强业格形式 -sā́c-am 及复数主格 -sā́c-as。

[3] 该词还有“伙伴”的意义，在单、双数主、业格也有一个鼻音化形式：yúṅ（代替 yúṅk），yúñj-am，yúñj-ā。

[4] 但是在梵书中，-bhāj（分享）形成中性复数主格形式 -bhāñji。

[5] 除了 r̥tv-ík，源自 r̥tu-íj m. 适时祭祀，祭司（√yaj）。

依格su前变为k。

所以主格：ū́rk（ū́rj）活力；nir-ṇík（nir-ṇíj）明亮的衣服；但bhrā́ṭ（bhrā́j）m. 闪耀，rā́ṭ m. 国王，f. 女主人；复数依格srak-ṣú（srā́j）花环，pra-yák-ṣu（pra-yáj）供品。

α. ava-yā́j f. "祭品的份额" 及 ā́vayāj m. "提供祭品的祭司" 的主格异常，它去掉j而加上主格格尾s：ava-yā́s，ā́vayās（参考28a）

b. 以后缀-aj及-ij形成的阳、阴性形容词或名词有七个：á-svapn-aj不眠的，tṛṣṇ-áj渴的，dhṛṣ-áj大胆的，san-áj老；uś-íj渴望，bhur-íj f. 臂，vaṇ-íj m. 商人。还有一个中性词ásṛj[1]血。

uśíj m. f. 将如下变格：

单：主uśík 业uśíj-am 具uśíj-ā 为uśíj-e 属uśíj-as

双：主uśíj-ā 属依uśíj-os

复：主业uśíj-as 具uśíg-bhis 为uśíg-bhyas 属uśíj-ām

4. 大约有60个以ś结尾的单音节及复合词词干，源于大约一打词根。九个单音节词干是阴性：dā́ś供奉，díś方向，dṛ̥́ś看，náś夜，páś视线，píś饰物，prā́ś争议，víś居点，vríś指甲。两个是阳性：ī́ś主人，spáś间谍。剩下的都是复合词（其中约20个来源于-dṛ̥́ś）。后者有五六个用作中性，但没有出现独特的中性形式（双、复数主、业格）。

由于ś代表一个古老的颚音，在bh前它一般变为卷舌音ḍ，但在díś及dṛ́ś中，它变为喉音。在复数依格su前，它在语音上有规律地变为k。在单数主格（原始格尾是s）它一般也变为k，即dík，nák；但在spáś，vi-spáś间谍，víś，ví-pāś（河流名）中是卷舌音ṭ。

víś（居点）出现的形式如下：

单：主呼víṭ 业víś-am 具viś-ā́ 为viś-é 从属viś-ás 依viś-í

双：主业víś-ā，víś-au

---

[1] 该词起源不详，但j可能代表一个缩减后的后缀。

复：主业 víś-as 具 viḍ-bhís 为 viḍ-bhyás 属 viś-ā́m 依 vik-ṣú。

a. 由 dṛś 组成的一些复合词的主格鼻音化，如 kī-dṛ́ṅ（kī-dṛ́ṅk 怎样的？），但 tā-dṛ́k 不变。

puroḍā́ś m.（祭祀蛋糕）单数主格不规则地出现了尾颚音（28a）：主 puroḍā́s，业 puroḍā́śam。

卷舌音词干

80. 唯一出现的卷舌词干以 ḍ 和 ṣ 结尾。前者只有两个，即 ī́ḍ f.（赞美，仅在单数具格中：īḍ-ā́），íḍ f. 茶点（仅有单数具格 iḍ-ā́ 及属格 iḍ-ás）。

约一打以 ṣ 结尾、前面是 i，u，ṛ 或 k 的词根形成一些词干。其中的七个未复合：形容词 dadhṛ́ṣ；阴性名词：íṣ 茶点，tvíṣ 兴奋，dvíṣ 恨，ríṣ 伤害，úṣ 黎明，pṛ́kṣ 饱足。剩下的是以上词干或者下述词干形成的复合词：miṣ 眨眼，sriṣ 倚靠，ukṣ 撒，muṣ 偷，pruṣ 滴，dhṛṣ 敢，vṛṣ 雨，ákṣ 眼。ṣ 在主格中变为 ṭ，在 bh 前变为 ḍ，但是在 k 后面当然要脱落；例如主格 dvíṭ，vi-prúṭ f. 水滴，an-ák 盲；复数具格 vi-prúḍ-bhis。

a. 当中性形式作副词，尾音变成 k：dadhṛ́k 大胆地。

以 h 结尾的词干

81. 大约有 80 个词干来自十多个词根。在它们的变格中出现了三性，但中性比较少见，仅出现在两个词干中，且从来不出现复数。单音节词干，阴性：níh 摧毁者，míh 薄雾，gúh 藏身处，rúh 发芽；drúh（恶魔）阳或阴性，sáh（胜利者）阳性，máh（大）阳、中性。剩下其他的都是复合词，其中 50 多个词干来自三个词根√druh 恨、√vah 扛、√sah 克服；其中又有 30 多个来自最后一个词根。[1] uṣṇíh f.（一种韵律）及 saráh（蜜蜂）这两个词干来源不清晰。

---

[1] upā-náh f.（鞋）只出现单数依格 upā-náh-i。根据古典梵语中的词类变形，h 在单数主格和辅音结尾前会变为齿音。

a. 由于h代表古喉音gh及颚音jh，在bh前语音上应该变为g或ḍ，但唯一在格尾bh前出现的两个形式是用颚音来代表的。在复数依格中唯一出现的anaḍút-su（源于anaḍ-váh）中，h非语音式地变为ṭ，而ṭ又异化为t。在主格，语音k出现在六个词形中：-dhak，-dhuk，-dhruk，-ruk，-spṛk，uṣṇík，非语音的ṭ在以下三个形式：-vāṭ，ṣā́ṭ，saráṭ。

b. 由vah[1]及sah形成的词干，前者一直、后者一般在强词干中延长根元音。

如果由sah（胜利的）变形，实际出现的形式将是：

单：主呼阳阴ṣā́ṭ[2]，业阳阴sā́h-am，具sah-ā́，为sah-é，从属sah-ás，依sah-í

双：主呼业阳阴sā́h-ā，sā́h-au，主业中sah-ī́

复：主呼业[3]阳阴sā́h-as，业阳sáh-as，sah-ás、阴sáh-as，为ṣaḍ-bhyás，属阳sah-ā́m，依阳ṣaṭ-sú。

以r结尾的词干

82. 主音为r[4]的词干有50多个。[5]前面的元音几乎都是i或u，只有两个词干是ā，三个是a。十二个词干是单音节（七个阴性，[6]三个阳性，[7]两个中性[8]），剩下的是复合词。r在复数依格su之前保留，词干元音在单数主格及辅音格尾前延长。如果由púr变格，出现的形式将是：

---

[1] anaḍ-váh作为一个有三种形式的可变化词干，在不规则可变词干中处理（96）。

[2] 当h变为ṭ，词首s卷舌化。

[3] 译者案：作者此处误加业格，与后文相悖，参考作者*Vedic Grammar*，1910，p.239。

[4] 没有出现以l结尾的词干；而五种可视为以半元音y或v结尾的词干被当作ai、o或au词干，在下文处理（102）。

[5] r是派生的词干（前面是a），后缀-ar和-tar将在后面作为ṛ词干处理（101）。

[6] gír赞扬，dvā́r门，dhúr负担，púr堡，tár星，spúr饮食，stár星。

[7] gír赞扬，vā́r保护者，múr摧毁者。

[8] vā́r水，svàr光。

单：主 pū́r 业 púr-am 为 pur-é 从属 pur-ás 依 pur-í

双：主业 púr-ā，púr-au

复：主呼业 púr-as 具 pūr-bhís 为 pūr-bhyás 属 pur-ā́m 依 pūr-ṣú。

a. dvā́r 有一个弱化的复数业格形式 dúras（有时候 durás，有时候 dvā́ras），这是唯一出现的弱形式。

b. tár 只出现一个（强）形式，即复数主格 tā́r-as，stár 只出现一个（弱）形式，即复数具格 stṛ́bhis。[1]

c. svàr n.（光）有两个缩略形式：为 sūr-é，属 sū́r-as[2]。它在单数依格[3]脱落格尾 súar。

以 s 结尾的词干

1. 以 s 结尾的原始词干

83. 约有 40 个。12 个是单音节，五个阳性：jñā́s 亲属，mā́s 月，vás[4]居住，puṃs 阳性，[5]śā́s 统治者；两个阴性：kā́s 咳嗽，nā́s 鼻子；五个中性：ā́s 脸，bhā́s 光，mā́s 肉，dós 臂，yós 福利。剩下的是复合词，例如 su-dā́s 善施、自由。

a. 在 bh 前，s 在两个词形中变为 d：具 mād-bhís，为 mād-bhyás，在唯一出现的另一个词形中变为 r：dor-bhyā́m。

b. 复数业格的重音在弱词干：mās-ás 及 jñās-ás。

2. 以 s 为结尾的派生词干

由后缀 -as，-is，-us 构成，除了少数例外，其他都是中性名词。它们在中性复数主、呼、业格延长尾元音，例如 mánāṃsi，jyótīṃṣi，cákṣūṃṣi。阳性、阴性大部分是以这些词干为后部的复合词。

[1] 带有不规则重音。
[2] 带有双音节的重音。
[3] 像 an 词干（90.2）。
[4] 该词有可能是阴性。
[5] 该词将在后面（96.3）作为不规则的可变词干来处理。

a. 以as结尾的词干

几乎完全由中性组成，其重音在词根上，如mán-as（意识），但是作为形容词复合词的后部，它们可以在三性上变格。还有一些重音在后缀上的原始阳性，或名词，如rakṣ-ás m. 魔鬼，或形容词（其中有一些也可以作为阴、中性），如ap-ás积极的；有一个是原始阴性uṣ-ás黎明。

阳、阴性单数主格延长后缀元音，如áṅgirās m.，uṣā́s[1] f.，su-mánās m. f.。在约一打复合词中，长元音也出现在中性（归于阳性的影响）；例如ū́rṇa-mradās柔如羊毛。

在以bh开头的格尾之前，后缀as变为o（45.2b）。如果由áp-as n.（拉ŏpus，劳作）及ap-ás m. f.（主动的）构成，实际出现的形式将如下：

单：主ápas; apā́s业ápas; apás-am具ápas-ā; apás-ā为ápas-e; apás-e从ápas-as; apás-as依ápas-i; apás-i呼ápas

双：主呼业ápas-ī; apás-ā，apás-au[2]为apó-bhyām属ápas-os

复：主ápāṃs-i; apás-as具ápo-bhis; apó-bhis为ápo-bhyas; apó-bhyas属ápas-ām; apás-ām依ápas-su; apás-su

类似的主格，中yáśas荣耀，阳、阴yaśā́s辉煌的；阴apsarā́s仙女。

α. 很多词形在阳、阴性单数业格及复数主、业格有缩略式：ām = asam，ās = asas；所以mahā́m大，vedhā́m任命者，uṣā́m黎明，jarā́m老，medhā́m智慧，vayā́m活力，án-āgām无罪，apsarā́m。复数主格，阳性：áṅgirās，án-āgās，ná-vedās认识的，sa-jóṣās联合的；阴性：medhā́s，á-joṣās贪得无厌，ná-vedās，su-rā́dhās美。复数业格，阳性án-āgās，su-medhā́s（?）聪明的；阴性uṣā́s。

b. 以is结尾的词干

约有一打，主要仅由中性组成。当它们构成复合词后部时，它们

[1] 该词元音在单数业格，双数主、业格，复数主、呼格可以选择延长：uṣā́s-am及uṣás-am等。

[2] 此处的词尾au非常罕见，主要出现在后来的本集中。

被从属地当作阳性变格；只有一个这样的形式被作为阴性，即单数主格svá-śocis（自己容光焕发）。

尾音s在元音格尾及复数依格su之前变为ṣ，在bh前变为r。中性变格在单数业格、双复数主、业格与阳性不同。如果由śocís n.（发热）及-śocis m.（当它与阳性不同时）来变格，实际出现的形式将是：

单：主śocís 呼śócis 业śocís 阳性为-śocíṣ-am 具śocíṣ-ā 为śocíṣ-e 从属śocíṣ-as 依śocíṣ-i

复：主业śocī́ṃṣ-i 阳-śociṣ-as 具śocír-bhis 为śocír-bhyas 属śocíṣ-ām 依śocíṣ-ṣu（67）

α. āśís f.（祈祷）来源于ā+śis（√śās的简化形式），并非真的是-is词干，故如下变格：主āśī́s 业āśíṣ-am 具āśíṣ-ā 复数主、业āśíṣ-as

c. 以us结尾的词干

除复合词外，至少有16个，还包括几个原始阴、中性词；若在复合词，后者中的三个也可以作为阴性变格。11个us词干是中性名词，除了janús（生），所有的词都在词干音节上有重音；这其中的四个（árus，cákṣus，tápus，vápus）也可以作为阳性形容词。三个专为阳性的us词干是重音在后缀上的形容词，而两个（náhus，mánus）是重音在词根上的名词。

尾音s在元音格尾前变为ṣ，在bh前变为r。中性与阳性变格一致，除了单数业格及双、复数主、业格。唯一的阴性形式（大约六种）出现在主、业格：如主格cákṣus看，双数业格tápuṣ-ā热。

如果由cákṣus n.（眼）及m.（看）变格，实际出现的形式将是：

单：主cákṣus 业cákṣus，m. cákṣuṣ-am 具cákṣuṣ-ā 为cákṣuṣ-e 从属cákṣuṣ-as 依cákṣuṣ-i

双：主业cákṣuṣ-ī; m. cákṣuṣ-ā 为cákṣur-bhyām

复：主业cákṣūṃṣ-i; m. cákṣuṣ-as 具cákṣur-bhis 为cákṣur-bhyas 属cákṣuṣ-ām

I. B. 辅音可变词干

84. 规则可变词干只出现在以齿音t, n, s或颚音c为结尾的后缀形成的派生名词中。以t结尾的那些后缀是-ant, -mant, -vant; 以n结尾的是-an, -man, -van及-in, -min, -vin; 以s结尾的是-yāṃs及-vāṃs; 以c结尾的是-añc(可能是意义为“弯曲”的一个词根)。以-ant(85–86), -in(87), -yāms(88)结尾的词干有两种形式,即强和弱; 以-an(90–92), -vāṁs(89), -añc(93)结尾的有三个: 强,弱和最弱(73)。

有两个词干的名词

1. 以-ant结尾的词干

85. 由现在、[1]将来和不定过去分词(156)主动(阳、中性)构成。[2]强词干是-ant, 弱词干是-at;[3]例如√ad的现在分词ad-ánt及ad-at。它们只有阳性和中性,阴性有一个特别词干ī。中性变格与阳性只在单、双、复数主、呼、业格不同。如果重音在后缀上,它在弱词干时移到以元音为开头的格尾上(加粗为强变化,下同——译者)。

	单		双		复	
	阳	中	阳	中	阳	中
主 呼	**adán**[4] **ádan**	adát	**adánt-ā -au**	adat-í́	**adánt-as**[5] **ádantas**	adánt-i
业	**adánt-am**				adat-ás	

[1] 除了那些重叠动词和遵循其类比的其他一些动词(85b)。

[2] 关于阴性词干的形成,参看§95。

[3] 在拉丁和希腊语中,这种区别因规范化而消失: 属格edentis, ἔδοντος。

[4] 代替原始的adánt-s,参看拉丁edens,希ἔδων。

[5] 希ἔδοντες。

续 表

<table>
<tr><th></th><th colspan="2">单</th><th colspan="2">双</th><th colspan="2">复</th></tr>
<tr><th></th><th>阳</th><th>中</th><th>阳</th><th>中</th><th>阳</th><th>中</th></tr>
<tr><td>具</td><td colspan="2">adat-ā́</td><td colspan="2" rowspan="3">adád-bhyām</td><td colspan="2">adád-bhis</td></tr>
<tr><td>为</td><td colspan="2">adat-é</td><td colspan="2" rowspan="2">adád-bhyas</td></tr>
<tr><td>从</td><td colspan="2" rowspan="2">adat-ás</td></tr>
<tr><td>属</td><td colspan="2" rowspan="2">adat-ós</td><td colspan="2">adat-ā́m</td></tr>
<tr><td>依</td><td colspan="2">adat-í</td><td colspan="2">adát-su</td></tr>
</table>

其他的例子是：árc-ant歌唱，sī́d-ant（√sad），ghn-ánt（√han），y-ant（√i），s-ánt（√as）；páśy-ant看；ich-ánt希望；kṛṇv-ánt做；sunv-ánt压；bhañj-ánt打破；jān-ánt知道；janáy-ant生；yúyuts-ant希望战斗；将来时kariṣy-ánt；不定过去时sákṣ-ant（√sah）。

a. 还有已经失去旧有分词意义的一些形容词也与这些分词类似：ṛhánt弱，pṛ́ṣant有斑点，bṛhánt大，rúśant杰出；名词dánt（齿）[1]亦同。形容词mahánt原来也是分词，[2]在强词干中延长了后缀的元音，这一点与分词变格有所不同：

单：主格，阳**mahā́n**；中mahát 业**mahā́nt-am** 具mahat-ā́

双：主业**mahā́nt-ā，-au** 为mahád-bhyām

复：主**mahā́nt-as** 业mahat-ás 具mahád-bhis 依mahát-su

b. 具有重复现在词基的动词分词不区分强词干，即来自第三类（127.2）及加强动词（172）的那些词干，[3]换句话说，始终是at；如bíbhyat害怕，ghánighn-at（√han）反复杀戮。还有由不重叠词基形成

[1] 有可能是√ad的一个古老的分词，且史前丢掉了词首a，如√as的分词s-ant。

[2] 源自√mah（原来是√magh），参考拉丁mag-nu-s。

[3] 它已被减弱，因为这里的重音经常在重叠音节上。

的一些分词可与这些分词类比：dā́ś-at崇拜，śā́s-at指导；也有√dah的不定过去分词dákṣ-at及dhákṣ-at燃烧。还有一些亦同，原本是分词，后来被用作名词，重音转移到后缀上。这其中三个阴性，两个阳性：vahát，[1] sravát f. 溪流；[2] vehát f. 瘦母牛；[3] vāghát m. 牺牲者；saścát追求者。[4]除了刚才提到的前三个名词外，没有一个阴性，形容词a-saścát（无与伦比）[5]用作阴性时除外。几乎没有出现任何中性形式，只有当古老的重叠分词jág-at（√gā"去"）主要用作名词且意思是"有生命的世界"时。以at结尾的这些重叠词干的变格与以基本音t为结尾的复合词（77）相同，重音从未转移到格尾。

如果以dádat（√dā）变格，出现的形式如下：

单：阳中主dádat 阳业dádat-am 具dádat-ā 为dádat-e 属dádat-as 依dádat-i

复：主业dádat-as 具dádad-bhis 属dádat-ām

以后缀-mant -vant形成的形容词词干

86. 意思都是拥有，变格与-ant结尾的词干同，不同点仅在于延长了阳性、单数、主格后缀中的元音。[6]这些词干的呼格规则地[7]由mas和vas组成；[8]例如hávis-mas来自havíṣ-mant；bhága-vas来自bhága-vant。

gó-mant（有牛的）将如下变格：

---

[1] 但是váh-ant（扛）作为一个分词。

[2] 但是sráv-ant流动。

[3] 这个词的派生词不确定。

[4] 但是sáśc-at作为一个分词（√sac）。

[5] 字面意思"无可比拟"；但á-saścant-ī是分词sáścat的阴性形式。

[6] 阴性通过弱词干加ī而形成：mat-ī，vat-ī（§95）。

[7] 在《梨俱吠陀》中，有16个是vas，而晚些的van只有3个（其中《阿达婆吠陀》中还有8个）。在《梨俱吠陀》中以mas结尾的呼格有六个，但没有以man结尾的例子。

[8] 也有来自van和vāṃs词干的呼格vas（参考以yāṃs结尾的词干呼格yas）。

单：主，阳 **gómān**; 中 gómat 业，阳 **gómant-am** 依 gómat-i 呼格阳性 gómas

复：主，阳 **gómant-as**；中 **gómānt-i**[1] 业，阳 gómat-as 依 gómat-su

2. 以后缀 -in，-min，-vin 形成的形容词词干

87. 意思是拥有。以 -in 结尾的那些词非常常见，以 -vin 结尾的约有20个，但是只有一个以 -min 结尾：ṛg-mín（赞美的）。它们只有阳、中性变格；[2] 但中性形式非常罕见，只出现在单数主、具、属格。这些词干有时候被用作阳性名词；如 gāth-ín 歌者。和以 n 结尾的所有派生词干一样，后缀元音在阳性单数主格中延长，n 在这种情况下（在中性中亦同）和在辅音格尾前消失。

如果以 hast-ín（有手的）来变格，实际出现的形式将如下：

单，阳：主 hastī́ 业 hastín-am 具 hastín-ā 为 hastín-e 从 属 hastín-as 依 hastín-i 呼 hástin 中：主 hastí 具 hastín-ā 属 hastín-as

双，阳：主业 hastín-ā，-au 具为 hastí-bhyām 属依 hastín-os

复，阳：主 hastín-as 具 hastí-bhis 为 hastí-bhyas 属 hastín-ām 依 hastí-ṣu

3. 比较级词干

88. 由后缀 yāṃs 构成，它几乎总是与连接元音 i 一起添加到重音词根上。只有两个词干由 yāṃs 形成：jyā́-yāṃs 更大，sán-yāṃs 更老；其他六个既由 yāṃs、又由 ī-yāṃs 构成，例如 bhū́-yāṃs，bháv-īyāṃs 更多。强词干通过脱落鼻音、缩短元音成为弱词干 yas。这些词干只有阳、中性变格。[3] 没有出现双数形式，复数只有主、业、属格。单数

---

[1] 出现的仅仅两个例子是 ghṛtávānti 及 paśumā́nti。*Padapāṭha* 将这些形式读为 vanti 和 manti，元音延长看上去是因为格律。

[2] 通过加 ī 形成阴性词干：aśvín 有马的；阴性 aśvín-ī。

[3] 通过在弱词干后加 ī 而形成阴性，例如 préyas-ī 更珍贵。

呼格以yas结尾。[1]如果以kán-īyāṃs（更年轻）变格，出现的形式将如下：

阳性 单：主**kánīyān**业**kánīyāṃs-am**具kánīyas-ā为kánīyas-e从属kánīyas-as依kánīyas-i呼kánīyas　复：主**kánīyāṃsas**业kánīyas-as属kánīyas-ām

中性 主、业 单kánīyas 复**kánīyāṃs-i**

中性单数具、为、从、属也出现，与阳性同。

带有三个词干的名词

1. 完成主动分词

89. 词干由后缀vāṃs构成。它在弱形式中有两种方式简化：在辅音格尾前（通过脱落鼻音及缩短元音）成为vas，然后又变为vat；[2]在元音格尾前（通过脱落元音，伴随着半元音互换）成为us，然后又变为uṣ。因此一共有三个词干：vāṃs，vat，uṣ。重音在非复合词的形式中一直落在后缀上，其变格限于阳、中性。[3]唯一出现的独特的中性形式是单数业格。单数呼格通常用vas构成。[4]如果以cakṛvā́ṃs（已做）变格，出现的形式将如下（粗体表示强词干，斜体表示弱词干，下同。——译者）：

阳：单，主**cakṛvā́n**业**cakṛvā́ṃs-am**具cakrúṣ-ā为cakrúṣ-e从属cakrúṣ-as呼*cákṛ-vas*　双，主业**cakṛvā́ṃs-ā**　复，主**cakṛvā́ṃs-as**业cakrúṣ-as具*cakṛvád-bhis*属cakrúṣ-ām 中：单，主业：*cakṛ-vát*

a. 在大概12个这样的分词里，后缀vāṃs前有i（要不作为词干尾元音ā的缩略形式或作为连接元音）：

jajñi-vā́n（√jñā），tasthi-vā́n（√sthā），papi-vā́n（√pā），yayi-vā́n

---

［1］ 参考mant，vant（86）及词干vāṃs（89）。

［2］ 关于s变为t，参考66B1b。

［3］ 通过在最弱词干后加ī而形成阴性，例如cakrúṣ-ī。

［4］ 参考mant，vant（86）及词干yāṃs（88）。

(√yā), rari-vā́n (√rā 给), īy-i-vā́n (√i), jagm-i-vā́n (√gam, 另有 jagan-vā́n[1]), papt-i-vā́n (√pat), proṣ-i-vā́n (pra+√vas 居住), viviś-i-vā́n (√viś), ok-i-vā́n[2] (√uc 不会)。i 在 uṣ 之前脱落；例如 tasth-úṣ-ā, īy-úṣ-as, jagm-úṣ-e。

2. 以 an, man, van 结尾的名词

90. 这组包括很多单词，迄今为止，以 -van 结尾的是最常见的，以 -an 结尾最罕见。它们几乎只限于阳性与中性；[3]但是形容词词干的一些形式可以当作阴性，而且还有一个专门的阴性词干 yóṣ-an 女人。

在强词干中，后缀中的 a 一般会延长，如 ádhvān-am；但是在 an 及 man 结尾的六个词干中，它不会变，例如 arya-mán-am。在弱词干中，a 在元音格尾前经常被省略，但当 man 和 van 前有一个辅音时，就不会出现这种情况，例如，grā́van（压石）的单数具格 grā́vṇā（但 áś-man-ā 石头），因为在辅音格尾前，尾音 n 消失，[4]例如 rā́ja-bhis。在《梨俱吠陀》中，元音省略在中性双数主、业格中从未发生，在单数依格中也无例外（śata-dā́vni）。

如同所有其他以 n 结尾的词干一样，鼻音在单数主格中脱落，例如阳性 ádhvā，中性 kárma。但有两个特殊的变形在这三组中相同，没有出现在其他的辅音变格中。在《梨俱吠陀》中，单数依格格尾脱落比不脱落常见得多，例如 mūrdhán-i（在头部）之外还有 mūrdhán；又，中性复数主、业格词干尾音 n 及格尾 i 在 19 个词干中脱落，如 kárma；[5]而它们在 18 个词干中保留，如 kármāṇi。

---

[1] 关于 m 变为 n，参考 §68。
[2] 返回为喉音，没有重叠，并延长词干元音。
[3] an 和 man 词干在其最弱形式上加 ī 形成阴性；van 词干则用 varī 代替。
[4] 也就是说，a 代表一个原始的鼻音节。
[5] 其中七个在本集文本中与 ā 一起出现，但在韵文中则与剩下的词一样带 ă。阿维斯塔的证据表明，本集中的 ā 形式更为古老。

1. 以an结尾的词干

除阴性yóṣan（女人）之外，既是阳性又是中性的-an词干[1]不是很多。在强词干中，ṛbhu-kṣán利普神之首，pūṣ-án道路神，yóṣ-an保留短音a；ukṣ-án牛，vṛ́ṣ-an（公牛）在a和ā之间波动。在这些词干的变格中（不同于那些以man和van为结尾），不避免出现连续三个辅音，例如śīrṣ-án的具格śīrṣṇ-ā́。

a. 六个词干词源学上属于这组，虽然它们看上去属于另外两个中的一个。阳性：yú-v-an青年，śv-án犬（参考91.3，4），ṛjí-śvan人名，mātarí-śvan半神（可能源于√śū长）；形容词ví-bhv-an深远（√bhū），pári-jm-an四处走动（√gam）。śīrṣ-án（中性）是śíras（头）的一个扩展形式，等于śir(a)s-án。

rā́jan（国王）变格的一般形式如下：

单：主**rā́jā**业**rā́jān-am**呼**rā́jan**[2]具rā́jñ-ā为rā́jñ-e从属rā́jñ-as依rā́jan(-i)

双：主业**rā́jān-ā**，**-au**具为rā́ja-bhyām属rā́jñ-os

复：主**rā́jān-as**业rā́jñ-as具rā́ja-bhis为rā́ja-bhyas属rā́jñ-ām依rā́ja-su

中性只在主、业格与阳性不同。没有单数主、业格的例子（参看91.2）。但áhan（日）的双数是áhan-ī，复数是áhān-i。

2. 以man结尾的词干

它们可以平分为阳、中性，前者主要是施动名词，后者是抽象动作。这些词干的约十来个形式作为复合词后部，且被当作阴性名词。[3]强词干arya-mán m. 一天神，t-mán m. 自我，jé-man（胜利的）保留了后缀中的短元音。在弱词干中，即使后缀前有一个元音，约有十

[1] 六七个形容词形式用作阴性。
[2] mātarí-śvan的呼格是mā́tari-śvas，就像以van结尾的词干一样。
[3] 在《梨俱吠陀》中没有发现从man词干加ī形成阴性词的确定例子，虽然《阿达婆吠陀》在复合词后部有五个这样的形式。

来个形式不会脱落a，例如bhū́-man-ā，dā́-man-e。在单数具格，七个词干不仅脱落元音，还要脱落m或n，例如prathi-n-ā́，pre-ṇ-ā́，bhū-n-ā́，mahi-n-ā́，vari-ṇ-ā́；drāghm-ā́，raśm-ā́。

若以áś-man m. 石头（希 ἄκμων）变格，正常的形式将如下：

单：主 **áśmā** 业 **áśmān-am** 具 áśman-ā 为 áśman-e[1] 从属 áśman-as 依 áśman(-i) 呼 áśman 双：主呼业 **áśmān-ā** 依 áśman-os

复：主 呼 **áśmān-as** 业 áśman-as 具 áśma-bhis 为 áśma-bhyas 属 áśman-ām 依 áśma-su

中性只在主、业格与阳性不同。kárman（行为）的这些格如下：

单：kárma 双：kármaṇ-ī 复：kármāṇ-i，kármā，karma

3. 以van结尾的词干

它们主要是动词性形容词，且几乎都按照阳性变格。约有十来个中性，只有五六个用作阴性。[2]在强词干中，只在一个例子中a保持短音：anarváṇ-am。在弱词干中，当后缀前有元音时，a在吠陀本集中一直被省略，除开下面这些词形：dā-ván-e，vasu-ván-e及ṛtā́-van-i。呼格经常是van，但是有四个是vas：ṛtā-vas，eva-yā-vas，prātar-it-vas，vi-bhā-vas。[3]

若由grā́-van m.（压石）变格，出现的一般形式将是：

单：主 grā́vā 业 grā́vāṇ-am 具 grā́vṇ-ā 为 grā́vṇ-e 从属 grā́vṇ-as 依 grā́vaṇ(-i) 呼 grā́van

双：主业呼 grā́vāṇ-ā，-au 具 grā́va-bhyām 属 grā́vṇ-os

复：主呼 grā́vāṇ-as 业 grā́vṇ-as 具 grā́va-bhis 为 grā́va-bhyas 属 grā́vṇ-ām 依 grā́va-su

---

[1] 当后缀前面是元音的时候，a一般脱落，如mahi-mn-ā́，也有mahi-n-ā́ 等。

[2] 这些词干的阴性用ī形成，但是它从未加在van上，而是经常加在一个附属的后缀vara上。在《梨俱吠陀》中发现了25个以varī结尾的词干。

[3] 参考mant，vant，yāṃs，vāṃs词干。

中性只在主、业格与阳性不同。从dhánvan（弓箭）变形的这些格（双数没有出现）是：单dhánva，复dhánvāni，dhánvā，dhánva。

以an为结尾的不规则词干

91. 1. pánth-an m.（道路）构成强词干pánthān，最好放在词干元音为ā的不规则词干下处理（97.2a）。

2. áh-an n. 天，补充的单数主格是áh-ar，[1]其他都规则。

3. śv-án m. 犬，总体上像rā́jan一样变格，只在最弱词干中采用半元音转换后的śún，[2]作为原来的双音节词干的代表[3]而保留重音：

单：主**śvā́**（κύων）业**śvā́n-am**具śún-ā属śún-as（κυνός）

双：主业**śvā́n-ā，-au**

复：主**śvā́n-as**业śún-as具*śvá-bhis*为*śvá-bhyas*属śún-ām

4. yú-v-an m.（青年）一般都规则，除了通过互换及缩合[4]（yú-un）而形成的最弱词干yū́n：

单：主**yúvā**呼**yúvan**业**yúvān-am**为yū́n-e[5]属yū́n-as

双：主业**yúvān-ā**

复：主呼**yúvān-as**业yū́n-as具yúva-bhis为yúva-bhyas

5. maghá-van丰饶[6]，因陀罗的一个称号，也可以通过互换与缩合形成最弱形式maghón（maghá-un）：

单：主**maghá-vā**呼**mágha-van**业**maghá-vān-am**属maghón-as

双：**maghá-vān-ā**属maghón-os

---

[1] 以a结尾的常规主格在an词干中好像被规避，在这种情况下，相临词干总是被替代，如ákṣi替代akṣán。

[2] 希腊语中也如此：κυνός = śún-as。

[3] 参考希腊语κύων。

[4] 参考拉丁语juven-is及jūn-ior。

[5] 词干保留重音，因为它代表了一个双音节；参看śván。

[6] 补充词干maghá-vant也用在以下的格中：主maghávān，复数具格maghávad-bhis，为maghávad-bhyas，依maghávat-su。

复：**maghá-vān-as** 业 maghón-as 属 maghón-ām

6. ū́dhan n. 乳房，对其单数主格的补充是 ū́dhar 及 ū́dhas；在辅音格尾前也出现后一个词干：复数依格 ū́dhas-su。

92. 在《梨俱吠陀》中，构成35个复合词后部的√han，在大多数情况下，遵循的是an派生词干的类比。强词干是-han（仅在单数主格中带一个长元音），中间词干是-há，最弱词干是-ghn。[1]在复合词 vṛtra-hán（击杀Vṛtra的）中出现的形式将如下：

单：**vṛtra-hā́** 呼 **vṛ́tra-han** 业 **vṛtra-háṇam** 具 vṛtra-ghn-ā́ 为 vṛtra-ghn-é 属 vṛtra-ghn-ás 依 vṛtra-ghn-í 双：主业 **vṛtra-háṇ-ā，-au**

复：主 **vṛtra-háṇ-as** 业 vṛtra-ghn-ás 具 *vṛtra-há-bhis*

3. 以 añc 结尾的形容词

93. 带有一般表示方向后缀[2]的一些词形成强词干 añc，中词干 īc 或 ūc[3]（因为ac前有y或v）。约有14个词干有以 īc 为结尾的最弱词干，大约6个是 ūc，如果它们是重音节的缩合，则将重音移到格尾。[4]它们只在阳、中性变格，阴性通过在最弱词干后加 ī 构成。在复数中仅出现主、业格，双数是主、业、依格。

若从 praty-áñc（向前）变格，实际上出现的形式将是：

单：阳主 **pratyáṅ**（61）业 **pratyáñc-am** 具 pratīc-ā́ 为 pratīc-é 从属 pratīc-ás 依 pratīc-í 中主业：*pratyák*

双：阳主业 **pratyáñc-ā，-au** 依 pratīc-ós 中主业：pratīc-ī́

复：主 **pratyáñc-as** 业 pratīc-ás

a. 其他类似变格的词如下：

---

[1] 此处h还原为原始送气喉音；该组合中的n从不齿音化。

[2] añc（弯曲）本来是词根，但它实际上已经获得了后缀的性质。

[3] 此处 ya 和 va 不规则地收缩为 ī 和 ū，而不是 i 和 u。

[4] 这是《梨俱吠陀》的一般规则，因此复数业格 pratīc-ás，但不是《阿达婆吠陀》的，对应的是 pratī́c-as。

	强	中	弱		强	中	弱
向下	ny-áñc	ny-ák	nīc[1]	向上	úd-añc	úd-ak	úd-īc[2]
联合	sam-y-áñc[3]	sam-y-ák	sam-īc	跟随	anv-áñc	anv-ák	anūc
横贯	tir-y-áñc[4]	tir-y-ák	tiráśc-	无处不在	víṣv-añc	víṣv-ak	víṣūc

b. 大约有12个词干，其中añc前是一个以a结尾的词，没有最弱词干。例如ápāñc向后，arvā́ñc向后，ávāñc向下，devā́ñc向天神，párāñc转向，prā́ñc向前。在双、复数中出现的形式只是阳性主、业格。这些词的变格可以用ápāñc来说明：

阳性单数，主 **ápāṅ**（61）业 **ápāñc-am** 具ápāc-ā依ápāc-i

双数主业：**ápāñc-ā，-au** 复数主 **ápāñc-as** 业ápāc-as

唯一独特的中性形式是单数主业prā́k。[5]阴性通过在弱词干后加ī：prā́c-ī。

关于可变词干需要说明的几点

94. 1. 后缀元音在阳性单数主格延长，除了-ant及añc词干：gó-mān，agni-vā́n; kánīyān; cakṛ-vā́n; rā́jā; áśmā，grā́vā，yúv-ā; hastī́，ṛg-mī́，taras-vī́；但ad-án，pratyáṅ。

2. 单数主格在所有可变词干中以鼻音结尾，除了以n结尾的那些词干而使之脱落。

3. 所有的可变词干在阳性单数主格中延长其元音，在呼格中缩

[1] 词干nīc像是保留了重音；因为阴性是nī́c-ī（不是nīc-ī́），具格nīcā́用于副词，可能有副词的重音转变。devadryáñc（向神）也在后缀上保留了重音：具格devadrī́cā。

[2] 虽然前面没有y，后缀中的a通过类比成为ī。

[3] 由于类比，此处插入了y。

[4] 此处tiri取代tirás（跨越），从它产生最弱词干tiraśc（= tirás + ac）。

[5] 在梵书中，出现了约半打中性复数主、业格形式：prāñci，praty-áñci，arvāñci，samyáñci，sadhryañci，anvañci。

短它。它们在主格中脱落n，在呼格中保留它，若在主格中有n（在ā之后），在呼格中使其脱落，然后加上s：

所以（括弧内为主格），rā́jan（rā́jā），[1] áśman（áśmā），grā́van（grā́vā），yúvan（yúvā）；[2] hástin（hastí）；háviṣmas（havíṣmān），márutvas[3]（marútvān）；kánīyas（kánīyān）；cákṛvas（cákṛvān）。

a. 在可变词干中，其呼格在形式上与主格相同（虽然重音不一样）的是ant及añc：ádan（主adán）；prátyaṅ（主pratyáṅ）。

95. 可变词干的阴性名词通过在弱词干（若有两个词干）或最弱词干（若有三个词干）前加上ī构成；例如（括弧内为阳性）：adat-ī́（adánt）；dhenumát-ī（dhenumánt），ámavat-ī（ámavant）；arkín-ī（arkín）；návyas-ī（návīyāṃs）；jagmúṣ-ī（jagm-i-vā́ṃs）；sam-rā́jñ-ī（rā́jan），maghón-ī（maghávan），-ghn-ī（-hán）；pratī́c-ī́（pratyáñc）；avitr-ī́（avitā́r）。

a. 第一类变位（125）的现在主动分词阴性通过以ant结尾的阳性强词干（参看156）构成；第二类变位通过弱词干at构成；例如bhávant-ī是，uchánt-ī[4]闪耀，púṣyant-ī获得丰厚的，codáyant-ī敦促；但是（括弧内为阳性）：ghnat-ī́（ghnánt）击杀，píprat-ī（píprat）促进，kṛṇvat-ī́（kṛṇvánt），yuñjat-ī́（yuñjánt）连接，punat-ī́（punánt）洁净。

b. 简单将来分词阴性与第一类动词变位的现在分词构成相同：sū́-ṣyant-ī将分娩，san-iṣyánt-ī将获得。

c. 以van结尾的形容词构成它们的阴性var-ī；例如pī́-van（πίων）肥，f. pī́-var-ī（πίειρα = πίϜερια）。不规则名词yú-v-an青年（91.4）的阴性是yuva-tí。

---

[1] 有一个an词干呼格以as结尾：mātari-śv-as（参看90.1）。

[2] 四个van词干形成以vas结尾的呼格：ṛtā-vas，eva-yā-vas，prātar-it-vas，vi-bhā-vas。

[3] 《梨俱吠陀》有三个以van结尾的呼格：arvan，śatāvan，śavasāvan。《阿达婆吠陀》中还有五个其他的，但均未以vas结尾。

[4] 在常规形式siñc-ánt-ī之外，这个弱词干在siñc-at-ī́中出现了一次。

带有可变词干的不规则名词

96. 1. ap f.（水）在双、复数的强词干中延长其元音，在bh前以t代替p。出现的形式如下：单，具ap-ā́ 从属ap-ás，双，主 ā́pā（在复合词中）复，主呼ā́p-as业ap-ás具ad-bhís为ad-bhyás属ap-ā́m依ap-sú。

2. anaḍ-váh m. 有三个词干（字面意义“拉车的”，即ánas + vah牛）：在强词干末音节中的元音延长anaḍ-vā́h；在最弱词干中通过互换而变为anaḍ-úh，中间词干是anaḍ-úd（被异化为anaḍ-úḍ）。主格的构成不规则，就像从以vant结尾的词干一样。出现的形式如下：

单：主 **anaḍ-vā́n** 业 **anaḍ-vā́h-am** 属 anaḍ-úh-as 依 anaḍ-úh-i

双：主业 **anaḍ-vā́h-au**

复：主 **anaḍ-vā́h-as** 业 anaḍ-úh-as 为 anaḍ-úd-bhis 依 anaḍ-út-su

3. pú-maṃs[1] m.（男人）有三个形式：a在强词干中延长，在最弱词干中脱落而成为puṃs，弱词干是pum。[2]出现的形式如下：

单：主 **púmān**（89.1）呼 **púmas** 业 **púmāṃs-am** 从属 puṃs-ás 依 puṃs-í

复：主 **púmāṃs-as** 业 puṃs-ás 属 puṃs-ā́m 依 *puṃ-sú*

II. *以元音为结尾的词干*

A. 以a（阳、中性）及ā（阴性）结尾的词干

97. 1. 以派生a（阳、中性）[3]及ā（阴性）[4]结尾的词干形成了最重要的变格，因为前者拥有所有名词词干的一半以上，而后者拥有比其他变格更多的阴性。这两个变格[5]也最不规则，因为与规则词尾相

---

[1] 或许是一个古老的复合词，在后部可能加入了拉丁语的mās“男性”。

[2] 关于辅音之间的s需要脱落，参考28及16a。

[3] 主格-as，-am = 希腊-ος，-ον；拉丁-us，-um。

[4] -ā = 希腊-α，-η；拉丁-a。

[5] 某些以-as -a -am结尾的形容词遵循了代词变格（110）。

比，此处格尾比其他变格更不规则。a变格是唯一在中性主、业格单数有格尾，且单数从格与属格相区分。中性与阳性变格只在主、呼、业格不同。若从priyá（亲爱）变格，实际上出现的形式将如下：

<table>
<tr><th></th><th colspan="2">单</th><th colspan="2">双</th><th colspan="3">复</th></tr>
<tr><th></th><th>阳、中</th><th>阴</th><th>阳</th><th>中、阴</th><th>阳</th><th>中</th><th>阴</th></tr>
<tr><td>主</td><td>priyás
priyá-m</td><td>priyā́</td><td rowspan="3">priyā́[1]
priyáu</td><td rowspan="3">priyé</td><td>priyā́s,
priyā́sas[2]</td><td rowspan="3">priyā́[3],
priyā́-ṇi[4]</td><td>priyā́s,
priyā́sas[5]</td></tr>
<tr><td>呼</td><td>príya</td><td>príye[6]</td><td>príyās(as)</td><td>príyās</td></tr>
<tr><td>业</td><td>priyá-m</td><td>priyā́-m</td><td>priyā́n[7]</td><td>priyā́s</td></tr>
<tr><td>具</td><td>priyéṇa[8],
priyā́[9]</td><td>priyáyā,
priyā́</td><td colspan="2" rowspan="3">priyā́bhyām</td><td colspan="2">priyáis[10],
priyébhis</td><td>priyā́bhis</td></tr>
<tr><td>为</td><td>priyā́ya</td><td>priyā́-yai[11]</td><td colspan="2" rowspan="2">priyébhyas</td><td rowspan="2">priyā́bhyas</td></tr>
<tr><td>从</td><td>priyā́t[12]</td><td>priyā́-yās</td></tr>
</table>

[1] 在《梨俱吠陀》中，双数中的ā是au的七倍多。

[2] 这种形式似乎由一个双重结尾组成：as-as。as的形式在《梨俱吠陀》中大约有两次，在《阿达婆吠陀》中有24次，与asas的形式一样频繁。

[3] 在《梨俱吠陀》中，ā的形式比āni更常见，比例为三比二。在《阿达婆吠陀》中，这个比例是相反的。

[4] 这种形式是由于-an词干的影响，ā和āni的形式都形成了它们的中性复数，例如，nā́mā和nā́māni。

[5] 这种形式在《梨俱吠陀》中很罕见，可能是由于许多阳性词的影响所致。

[6] amba的形式在《梨俱吠陀》中出现了三次，可能有一个呼格的意义“哦，母亲！”。《瓦氏本集》及《泰氏本集》有呼格ámbe，就像源于词干ámbā（母亲）。

[7] 格尾原本是-ns，这一点从连音（40.2）中可以看出；参看哥特语-ans，希腊铭文-ονς。

[8] 其中，ena，yā，sya这些格尾最初源于代词变格（110）。ena的尾音经常延长（enā）。

[9] 使用常规格尾ā形成的这个形式罕见。

[10] 该格尾在希腊语为格中保留下来，如ἵπποις。在《梨俱吠陀》中，它比priyébhis略微常见，但在《阿达婆吠陀》中则是五倍。在梵书中几乎一直使用这个词。

[11] 格尾yai（= yā-e），yās（= yā-as），yām是受以ī（原来是yā）结尾的阴性的影响，例如devyái，devyā́s，devyā́m（参考§100）。

[12] 该格尾保存在拉丁语o代替od中（例如铭文中的Gnaivod）及希腊（克里特）语副词τῶ-δε（因此）。

续　表

	单		双		复		
	阳、中	阴	阳	中、阴	阳	中	阴
属	priyásya	priyā́-yās	priyá-y-os		priyā́-ṇ-ām[1]		
依	priyé	priyā́-yām			priyéṣu		priyā́su[2]

α. 在梵书及吠陀经中，阴性单数为格格尾ai在这类变格以及其他地方（98a）可以用来代替从、属格格尾ās；例如jīrṇāyai tvacaḥ“死皮的”。

2. 根元音为ā的阳、阴性词干[3]在《梨俱吠陀》中很常见，来自约30个词根。它们中的大部分只出现在复合词后部，但是四个词干作为阳性单音节词使用：jā́小孩，trā́保护者，dā́给予者，sthā́站立；七个词干作为阴性：kṣā́居住，khā́井，gnā́神女，jā́小孩，jyā́弓弦，mā́量，vrā́部队。[4]在斜格中出现的形式很罕见，以至于比如单数依格，双数属、依格及复数属格的这些格尾根本就没有出现。阳性在单数主格一般加s，但是在阴性中经常脱落，毫无疑问，这归于派生ā词干的影响。词干元音在格尾e[5]及单数为、属格格尾as前脱落。若从jā́ m.f.（小孩）变格，实际上出现的形式将如下：

单：主jā́-s（阴性也有jā́）业jā́m具jā́ 为j-é属j-ás呼jā́-s

双：主业呼jā́，jáu具jā́-bhyām[6]

---

[1] n似乎是由于-n词干的影响而产生的。

[2] su的u几乎无一例外地要带上停顿来读，甚至在u之前。

[3] 没有独特的中性形式，因为该词性的词干元音总是缩短为a，然后该词干根据派生变格进行变形。

[4] 这些词干在后来的本集中变得罕见，它们通常将末元音缩短为a，然后像派生a词干一样进行变形。

[5] 但是在大多数的为格不定式中并非如此；例如parā-dái放弃，pra-khyái看，prati-mái模仿（参考§167）。

[6] 与适用于单音节词干的一般规则相反，重音自始至终保持在词干音节上。

复：主业jā́s具jā́-bhis为从jā́-bhyas依jā́-su

a. 五个异常形成的阳性派生词干ā沿用根元音为ā词干的类比。

在《梨俱吠陀》中，pathí m.（道路）的强词干只有pánthā：单数，主pánthā-s业pánthā-m复数主格pánthās。《阿达婆吠陀》除此之外还有词干pánthān: 单数主格pánthā业格pánthānam，复数主格pánthān-as。

从副词táthā（因此）形成单数主格á-tathā-s（不说是的）。

uśánā m.（一个先哲）的主格像一个阴性：uśánā，业格uśánā-m为格uśán-e。

mánthā（搅拌棒），mahā́（大）的业格：mánthā-m，mahā́-m。

3. 根元音为a的词干大概有20个，阳或阴性，几乎完全由已缩短为a的根元音ā的词干组成。它们只出现在复合词后部，除了kha n. 光圈；例如prathama-já头胎。-ha是√han的缩略形式；例如śatru-há（击杀敌人）。

B. 以i和u结尾的词干（阳、阴、中性）

98. 这两个变格包含所有三性的大量名词。但是相比较而言，i变格只有少数中性，除了单、复数主、业格，中性形式少见，而在一些格中根本就没有出现。u变格中，阳性词占大多数，大约是阴性和中性词干之和的四倍，而中性词的数量远超过阴性。在两组中密切平行的变格在所有词性中几乎都一致，除了中性单复数主、业格与阳、阴性不同，阳、阴性复数业格也不同。词干尾元音在三个单数弱形式（为，从，属）及呼格、阳阴性复数主格中是二合音，而在单数依格中却反常地被延长。单数从、属格的常规格尾简化为s，而单数依格格尾在i变格中一直被省略，在u变格中经常省略。n词干的变格只影响了i变格的单数具格，但是在u变格也影响了属、从及依格。当i和u变为y和v时，末尾重音词干的重音落在后面的元音上，不是作为中音，而是高音，甚至落在复数属格格尾nām上，尽管词干元音在那个变格中并没有失去其音节价值。

形容词śúc-i（明亮）、mádh-u（甜蜜）可以用来说明实际出现的形式：

<table>
<tr><th></th><th colspan="4">单</th><th colspan="4">复</th></tr>
<tr><th></th><th>阳、阴</th><th>中</th><th>阳、阴</th><th>中</th><th>阳、阴</th><th>中</th><th>阳、阴</th><th>中</th></tr>
<tr><td>主</td><td>śúci-s,</td><td>śúci</td><td>mádhu-s</td><td rowspan="3">mádhu</td><td rowspan="2">śúcayas[1]</td><td rowspan="3">śúcī[2]
śúci
śúcīni</td><td rowspan="2">mádhav-as[3]</td><td rowspan="3">mádhū[4]
mádhu
mádhūn</td></tr>
<tr><td>呼</td><td>śúce</td><td>[śúci]</td><td>mádho</td></tr>
<tr><td>业</td><td>śúci-m,</td><td>śúci</td><td>mádhum</td><td>śúcīn[5]
śúcīs</td><td>mádhūn,
mádhūs</td></tr>
<tr><td>具</td><td>śúcy-ā[6]
śúcinā
śúcyā[7]
śúcī, śúci</td><td>śúcinā</td><td>mádhvā[8]
mádhunā</td><td>mádhunā</td><td colspan="2">śúci-bhis</td><td colspan="2">mádhu-bhis</td></tr>
<tr><td>为</td><td>śúcay-e[9]</td><td>śúcaye</td><td>mádhav-e[10]</td><td>mádhune</td><td colspan="2">śúci-bhyas</td><td colspan="2">mádhu-bhyas</td></tr>
</table>

[1] 唯一不采用二合音的词干是arí（虔诚），它有复数主格ary-ás m. f.。对于阴性，在《梨俱吠陀》中大约有10个i词干根据派生的ī变格有复数主格形式；例如，除了avánayas，还有avánīs（水流）。

[2] 常见类型的śúcī（= śúci-i）与其缩短形式śúci的频率差不多，两者在《梨俱吠陀》中共出现了约50次。次要类型śúcīni出现了约14次。

[3] 复数主格阳性中没有二合音的只有一个例子：mádhv-as本身出现了四次。而阴性则有两个例子：mádhv-as和śatá-kratv-as“有一百种力量”。

[4] 无格尾类型由12个词干组成，带缩短元音的形式几乎是带ū形式的两倍。次要类型mádhūni比mádhū̆ 更常见。

[5] śúcīn和mádhūn中的原始词尾ns都保留在ṃs或ṃr的连音形式中（39，40）。

[6] 在《梨俱吠陀》中，五个词干像śúcyā形成它们的具格，但25个（在n变格的影响下）像śúcinā。

[7] 这是正常的构成，但在《梨俱吠陀》中，缩合形式ī出现了两倍以上。后者在大约十几个词中又进一步缩短为i。

[8] 在《梨俱吠陀》中，阳性词中只有四个词干形成正常的具格ā，但有30个词干在形成具格时使用nā；在中性词中，几乎只使用nā形式。

[9] ūtí（带援助）经常用作为格。《梨俱吠陀》有七个以ai结尾的为格，例如bhṛty-ái（为了给养），遵循ī变格的类比。

[10] 在《梨俱吠陀》中，这种类型出现在60多个词干中，而正常的形式（mádhv-e）只有三个。有一个中性词干也作mádhv-e。

续　表

	单				复			
	阳、阴	中	阳、阴	中	阳、阴	中	阳、阴	中
从	śúce-s[1]	[śúces]	mádho-s[2]	mádhunas	śúci-bhyas		mádhu-bhyas	
属	śúce-s[3]	śúce-s	mádhos[4]		śúcī-n-ām		mádhū-n-ām	
依	śúcā[5], śúcau[6]	śúcā, śúcau	mádhau	mádhavi[7] mádhuni	śúci-ṣu		mádhu-ṣu	

双数：主业呼 śúcī，mádhū[8]（中性 mádhvī[9]）具为从 śúci-bhyām 属依 śúcy-os，mádhv-os（中性 mádhu-n-os[10]）

a.《梨俱吠陀》中27个 -i 词干根据派生 ī 变格出现了阴性单数为、从、属、依格的形式：例如 bhṛtí f. 给养：为格 bhṛty-ái; bhū́mi f. 大地：从、属 bhū́my-ās，依 bhū́my-ām。在《阿达婆吠陀》中，ai，ās，ām 这样的形式更常见。在梵书中，ai 经常用来代替 ās（参看97.1α）。除了许多以 nā 结尾的单数具格，《梨俱吠陀》有六个 i 词干显示了 n 变格产生的影响，即开始使用中性双数主、业、呼格格尾 nī 及复数主、业格格尾 ni。

[1] arí m. f. 虔诚，ávi m.（羊）的形式分别是 ary-ás 及 ávy-as。

[2] 在《梨俱吠陀》中，有六个词干跟随正常形成的类型 mádhv-as，压倒的类型 mádho-s 则有70多个。在中性曾经也作 mádhv-as。

[3]《梨俱吠陀》根据 ī 变位的形式有六个，例如 yuvaty-ā́s。

[4] 也作 mádhv-as，vásv-as。

[5] védī（在祭坛上）这一形式出现两次，是 i 词干与正常格尾 i 形成的唯一依格（= védi-i）。

[6] 在阳性和阴性中，au 的形式比 ā 要常见两倍以上。

[7] 在《梨俱吠陀》中，有七个词干跟随这一类型，而有19个词干跟随 mádhau。中性只出现在 sā́nav-i 中。

[8] 派生 i、u 和 ī 是唯一在双数中不取 ā 或 au 的词干。

[9] 在《梨俱吠陀》中的唯一例子是 urv-ī́ 双地。《瓦氏本集》中有 jā́nu-n-ī 双膝。

[10] 唯一的例子是 jā́nu-n-os（AV.）。

在《梨俱吠陀》中，只有三个u变格形式遵循i派生变格的类比：íṣu f. 箭：为 íṣv-ai，属 íṣvās，su-vā́stv-ās河名（均在后期的章节中）。[1] 有一些形式遵循ū变格的类比：业格á-bhīrv-am来自ábhīru无惧，双、复数主格yuv-ā，yuv-as来自几个源自后缀yu的词干。除了诸多阳、阴性单数具格，还有很多其他中性形式在单数剩下的格及复数主、业格遵循n变格：单数，为mádhu-ne，kaśípu-ne；从 mádhu-nas，sā́nu-nas；属 cā́ru-ṇas，dā́ru-ṇas，drú-ṇas，mádhu-nas，vásu-nas；依 ā́yu-ni，sā́nu-ni，dā́ru-ṇi；复数主业 dā́rū-ṇi等。

b. 没有i词干中性单数呼格形式的例子，唯一u词干的例子是 gúggulu（AV.）。这似乎表明这些词干中的单数呼格与主格是相同的。

c. 以u结尾的形容词也经常用作阴性词干；例如cā́ru亲爱的；否则它们使用ū来形成阴性，如tanú m.，tanū́ f. 瘦（拉tenu-is）；或者使用ī，如urú m.，urv-ī́ f. 宽。

d. 约有十来个词干的尾音i在派生意义上似乎是根元音，代表以a结尾的词根的缩减形式。它们大部分是以-dhi形成的阳性复合词；例如ni-dhí宝库。还有大约8个由以u结尾的词根而形成的词干，除dyú（天）外，它们都是复合词后部；例如raghu-drú快跑；除此还有大约12个词根，其中u在派生意义上是根元音，代表三个ū词根的元音缩短形式；例如su-pú（澄清好的，来自√pú澄清），pari-bhú（围绕，来自√bhū）。

这些根元音为i和u的词干变格与上文给出的i和u的衍生词干变格完全相同。

不规则

99. 1. páti m. 丈夫（希 πόσι-ς）在单数为、属、依格不规则：páty-e，páty-ur，[2] páty-au；而在这个意义上，具格páty-ā是规则形式。当其意

[1] 在梵书中，单数为格阴性词尾ai此处经常用来代替从、属格ās。

[2] 这个反常的格尾似乎是由于以ṛ结尾的亲属名词（101）从、属格的影响所致，如pitṛ́（父）的属格pitúr。

义是“主人”时，不管是单词还是复合词后部，都规则变格：为pátay-e，bṛ́has-pátay-e，属páte-s，prajā́-pate-s，依gó-patau；而在这个意义上，具格由nā形成：páti-nā，bṛ́has-pátinā。阴性为pátnī（希πότνια）妻子及女士。

a. jáni f.（妻子）在属格中采用不规则词尾ur：jány-ur。[1]它有进一步的反常现象，即像派生的ī变格构成其主格jánī。

2. 除了像páti一样在单数弱词干不规则以外，sákh-i m. 还有三合音形成的强词干：单数，主sákhā 业sákhāy-am 具sákhy-ā 为sákhy-e 从、属sákhy-ur[2] 呼sákhe[3]；双数sákhāy-ā sákhāy-au；复数，主sákhāy-as 业sákhī-n 具sákhi-bhis 为sákhi-bhyas 属sákhī-n-ām。

a. 在《梨俱吠陀》中，sákhi是八个复合词的后部，它以同样的方式变格，也可用作阴性；例如阳、阴性主格marút-sakhā “以风神Marut为友的”。

3. arí “敬虔” 像基元音ī词干一样（除了重音）在几个变格形式上不规则：阳性，单数业格ary-ám（除了arí-m）、属ary-ás；阳、阴性复数主、业格ary-ás。

a. 除了《梨俱吠陀》中的arís，《瓦氏本集》中也有单数主格arī́-s。ávi（绵羊，拉ovi-s）也采用单数属格的规则格尾：ávy-as。在《梨俱吠陀》中，ví m.（鸟）的单数主格除了ví-s，还有vé-s。

4. 中性词ákṣi眼，ásthi骨，dádhi凝乳，sákthi大腿，从án词干形成其最弱形式；例如单数，具dadhn-ā́，sakthn-ā́；属akṣṇ-ás，asthn-ás，dadhn-ás。双数，主ákṣi-ṇī（AV.），具sákthi-bhyām属akṣṇ-ós，但sákthy-os（VS.）。在复数中，an词干也用于主、业格：akṣā́ṇ-i（AV.中还有ákṣī-ṇi），asthā́n-i（AV.中还有ásthī-ni），sakthā́n-i；具akṣá-bhis，asthá-bhis；为asthá-bhyas。

---

[1] 像pátyur，受亲属名词ṛ（101）的影响。
[2] 同上。
[3] 规则性形成，如śúci的呼格śúce。

5. dyú m. f. 天空（原形 di̯u̯, dyo 的弱级, 102.3）在辅音格尾前保留该词干（在单数主、呼格中采用三合音），但是在元音前将其改为 div：

单数，主 dyáu-s（Ζεύς = Δjεύς）业 dív-am[1] 具 div-ā́ 为 div-é 从属 div-ás（ΔιFός）依 div-í（ΔιFί）呼 dyàu-s[2]（Ζεῦ）

复数，主 dív-as 业，阳 dyū́n，阴 díṿ-as 具 dyú-bhis[3]

C. 以 ī、ū 结尾的词干

100. 它们若是名词，大部分是阴性，但有很多在复合词后部中用作阳性及阴性形容词。

I. ī 词干

该变格根据词干是（a）原始或（b）派生而不同。派生组（2）中约有80个多音节词干，虽然都是用派生的ī构成，但为了清晰起见，最好还是作为原始组的一个分支来处理。它在变格和重音方面都紧密遵循原始词根组的类比（1）。

a. 原始词干 ī

在整个变格中都采用辅音词干变格中出现的常见词尾。然而复数属格只在一个词形中保留正常格尾 ām（dhiy-ā́m），其他地方总是加上 nām。单数主格总是加 s。该变格的特点是重音在词干末音节上，除了单音节词干，锐音（acute）始终保持在该音节上。在单音节名词中，ī 在元音格尾前被分割为 iy，即使它们是复合词后部，[4]就像业格 dhíy-am，复数主格 nā́nā-dhiy-as "有不同的意图"；但在词根中，只有在前面有两个辅音的情况下才作为复合词后部，[5]如 yajña-príy-am "喜欢

[1] 词干 dív 是 dyáv 的互换形式，已经进入了单数业格和复数主格的强变格，因为弱变格 div-ás 等非常频繁，它们在《梨俱吠陀》中总共出现了350多次。

[2] 即 díau-s 要被读为双音节。主格中的 s 在这个形式中保留了下来。

[3] dyū́n 及 dyú-bhis 这两个形式只出现在《梨俱吠陀》或借用它的段落中，一直是"天数"的意思。

[4] 除了带重音的 -dhī́，如 ā-dhíam（但是 su-dhī́ 遵循通用规则，如 su-dhíy-as）。

[5] 在派生的词根组中，ī 只在 samudrī́ 中拆分、在 cakrī́ 中部分地拆分。

祭祀”，但yajña-nyàm（= yajña-níam）“主持祭祀”。在其他场合，ī一直写作y，但一律读为i，如nady-àm读作nadíam[1]溪流。

属于根元音组的单音节词干是阴性dhī́思想，bhī́害怕，śrī́神圣，阳性vī́接收者（仅在单数主格出现了一次）。头三个的复合词大部分是多财释（189），由√krī购买，√nī导引，√prī爱，√mī减弱，√vī移动，√śī躺，√śrī（混合）等词根形成的复合词大部分是阳、阴性业格依主释（187）。

第二组由八十多个尾音节带重音的多音节词干组成，可能是由于这个原因，它们遵循词根复合词的类比。除了大约五六个，它们都是名词，且几乎都是阴性。阳性是ahī́ 蛇，rathī́（车夫）以及大约八个复合词。

b. 派生词干ī

包括大量由后缀ī（原为ya）形成的词干，主要为阳性词提供阴性，重音通常不在后缀。[2]它还包括大量具有独立性质的、没有相应阳性词的多样阴性词干，例如śác-ī（可能）。它包含七个阳性词干，其中五个为专有名词：Tiraścī́, Námī, Pṛ́thī, Mā́talī, Sóbharī，加上rā́ṣṭrī君王，sirī́ 织工。

这些词干[3]的变格与根元音ī词干不同在三个方面：（1）阳性或阴性单数主格不加s；（2）格尾与一般的格尾有很大差别，单数业格加m，为格ai，从、属格ās，依格ām，复数主、呼、业格s；（3）在单数弱变化，双数属、依格，复数属格等变格中，重音在尾元音的词干将锐音

---

[1] 下面给出的分解形式用i拼写（而不是可能出现的发音iy），以避免与本集文本中用iy拼写的书面形式相混淆。被分解的元音同样也是用ĭ（而不是ī），因为长元音在元音前的发音经常被缩短（原文第22页，注释1和5）。

[2] 例外的情况主要是前面音节缩减后，重音前移的词干，如urú，f. urv-ī́ 宽；或作为专有名词，转移重音以表示意义的改变，如asiknī́ 一条河，但ásiknī黑色。

[3] 在后来的语言中，派生组（b）吸收了第二基本词干组（a2），同时从后者那里借用了双数主、业、呼及复数主、呼格的形式。

移到格尾。

a. 原始词干：1. dhī́ f. 思想 2. rathī́ m. f. 车夫 b. 派生词干 devī́ f. 女神

单数	dhī	rathī	devī	复数	dhī	rathī	devī
主/呼	dhī́-s	rathī́-s/ráthi	devī́/dévi	主/呼 业	dhíy-as	rathí-as	devī́-s（v. dévī-s）
业	dhíy-am	rathí-am	devī́-m				
具	dhiy-ā́	rathí-ā	devy-ā́	具	dhī-bhís	rathī́-bhis	devī́-bhis
为	dhiy-é	rathí-e	devy-ái	为		rathī́bhyas	devī́bhyas
属	dhiy-ás	rathí-as	devy-ā́s	属	dhīnā́m[1]	rathī́-n-ām	devī́-nām
依			devy-ā́m	依	dhī-ṣú	rathī́-ṣu	devī́-ṣu

双数主业：dhíy-ā, -au, rathí-ā, devī́（呼 dévī）具：dhī-bhyā́m, rathī́-bhyām 为从 devī́-bhyām 属依：dhiy-ós，rathí-os，devy-ós

α. 属于二级原始类（a2）的其他词有：kumārī́ 女（业 kumāríam），tandrī́ 疲惫（主 tandrī́s），dūtī́ 信使（主 dūtī́s），nadī́ 河流（业 nadíam），lakṣmī́ 标签（主 lakṣmī́s，业 lakṣmíam），siṃhī́ 母狮（主 siṃhī́s，业 siṃhíam）。

β. strī́（女人）原本是一个双音节词，在单数业格、复数主、业、具格中作为一个原始单音节词干来变格：stríy-am；stríy-as，strī-bhís（重音）；但是在单数中保留了它派生根源的痕迹：主 strī́（没有 s），为 striy-ái[2]（AV.），属 striy-ā́s，依 striy-ā́m（AV.）。

II. ū 变格

包括原始和派生词干，比 ī 变格更加同质。这两类词的变形完全

[1] 在《梨俱吠陀》中，dhī-n-ā́m 出现了七次，dhiy-ā́m 只有一次，后者是出现正常格尾的唯一例子。

[2] 在梵书中，这个形式被用作属格；例如 striyai payaḥ 女人的乳汁。

对应于原始ī变格中的两个分支。实际上，这个变格中的所有词干的重音都在末音节（包括词根复合词和派生词干）。

a. 原始类中有七个单音节词干，其中五个是阴性：dū́ 馈赠，bhū́ 地球，brū́ 眉，syū́ 线，srū́ 溪流；一个阳、阴性：sū́（生者，母亲）；一个阳性：jū́ 超速，骏马。还有两个重叠阴性名词及一个形容词：juhū́ 舌，juhū́ 祭勺；jógū 大声唱。最后，大约有60个复合词几乎全部由约11个词根构成，例如pari-bhū́ 围绕。

b. 派生词干分为两类：一类由约18个重音在尾音节的阴性名词组成，其中几个对应于以u结尾的、重音在首音节的阳或中性词干，例如a-grū́（阳性á-gru）女仆；另一个类别由重音在尾音节的阴性形容词组成，数量更多，对应重音在尾音节的阳性形容词，例如babhrū́ 褐色（阳性babhrú）。

α. 在整个（原始和派生）变格中都采用辅音词干变格中出现的正常格尾。[1]然而，复数属格只在非复合的原始词干中采用正常格尾ām，[2]而在所有其他的词干中都采用nām。单数主格总是加s。在单音节名词和一般以词根为后部的复合词中（即使前面只有一个辅音），ū被分割成uv。在少数这样的复合词中（《梨俱吠陀》中约有9个）和所有派生词干中，[3]它被写成v，但读作u。[4]所以业bhúv-am，ā-bhúv-am现在；但vi-bhú-am杰出，tanú-am。

若以bhū́（大地）及tanū́（身体）变格，其形式将如下：

---

[1] 派生词干显示出受派生ī变格变形影响的萌芽趋势。《梨俱吠陀》中只有一个这样的例子：śvaśruā́m；《阿达婆吠陀》至少有十个；《瓦氏本集》中有业格puṃścalū́-m花魁，为tanv-ái，属tanv-ā́s。在梵书中，阴性单数为格格尾ai被用作ās；例如dhenvái rétaḥ牛的种子。

[2] 从仅出现的两种形式来评判，即bhuvā́m及jóguvām。

[3] 但是，在派生词干a-grū́，kadrū́（苏摩酒容器）中，在当ū前面有y的形容词中，以及在bībhatsū́（厌恶）中，它是分开的。

[4] 因此，在这样的形式中，它在下面被写为u（短是因为在发音中，元音在另一个元音之前被缩短）。

原始	单	双	复	派生	单	双	复
主	bhū́-s	bhúv-ā	bhúv-as	主/呼	tanū́-s/tánu	tanú-ā	tanú-as
业	bhúv-am			业	tanú-am		
具	bhuv-ā́	bhūbhyā́m		具	tanú-ā		tanū́-bhis
为				为	tanú-e	tanū́bhyām	tanū́bhyas
从属	bhuv-ás		bhuvā́m	从属	tanú-as		tanū́-nām
依	bhuv-í	bhuv-ós		依	tanú-i, tanū́	tanú-os	

D. ṛ词干（阳、阴性）

101. 它们原本是派生辅音词干ar或tar，在变格中酷似an词干（90）。ṛ派生词干由两组词构成，一组由原本是ar的后缀构成，另外一组是tar。前者是一个只有八个词干的小组，后者是由150多个词干构成的大组。两组在区分强、弱词干上一致。强词干以ar或ār结尾，在弱词干中，它们在元音前简化为r，在辅音前是ṛ。两组还在阳、阴性单数主格中去掉词干尾音上一致，其形式总是以ā结尾。它们在阳性复数业格上加格尾n，在阴性复数业格上加s，[1]在复数属格ām前插入n，[2]这些与元音变格类似。它们在单数属格中有特殊格尾ur。[3]

1. 以ar结尾的词干

阳性，dev-ṛ́丈夫的兄弟，nṛ́[4]人；阴性，us-ṛ́黎明，nánāndṛ丈夫的姐妹，svásṛ[5]姐妹；中性，áh-ar白天，ū́dh-ar乳房，vádh-ar武器，它们只出现在单数主、业格。[6]前五个词干出现的形式如下：

[1] 除了usr-ás。

[2] 除了svásr-ām及nár-ām。

[3] 除了nár-as及usr-ás。

[4] 该词可能源于后缀ar。

[5] 在该词中，ṛ有可能是根元音：svá-sar。

[6] áh-ar及ū́dh-ar从-an词干形成它们的其他格áh-an及ū́dh-an。参看91.6。

a. 单，业 devár-am；复，主 devár-as，依 devṛ́-ṣu

b. 单，业 nár-am（ἀ-νέρ-α）为 nár-e 属 nár-as 依 nár-i（希腊铭文 ἀ-νέρ-ι）；双，主业 nár-ā 呼 nár-ā 及 nár-au；复，主呼 nár-as（希腊铭文 ἀ-νέρ-ες）业 nṝ́-n 具 nṛ́-bhis 为从 nṛ́-bhyas 属 nar-ā́m 及 nṛ-ṇ-ā́m[1] 依 nṛ́-ṣu

c. 单，属 usr-ás 依 usr-í 及 usr-ā́m[2] 呼 úṣar 复，业 usr-ás

d. 单，属 nánāndur 依 nánāndari

e. 单，主 svásā 业 svásār-am 具 svásr-ā 为 svásr-e 从属 svás-ur；双，主业 svásār-ā，-au 依 svásr-os；复，主 svásār-as 业 svásṝ-s 具 svásṛ-bhis 属 svásr-ām[3]，svásṝ-ṇ-ām。

2. 以 tar 结尾的词干

该组包括两个分支，其中一个分支形成了其强词干 tar，另一个是 tār（希 -τηρ，-τωρ；拉 -tor）。前者由五个亲属词组成一小类：三个阳性，pi-tár 父，bhrā́-tar 兄弟，náp-tar 孙，两个阴性，duh-i-tár 女儿，mā-tár 母，以及由这些词形成的阳、阴性复合词。第二个分支由 150 多个词干（包括复合词）组成，这些名词要么是重音主要在后缀的施动名词，要么是重音主要在词根的分词。这些词干从来都不是阴性，而且只有四个是中性。

在 tṛ 变格中，需要区分三个词干：强 tar 或 tār；弱 tṛ；最弱 tr。亲属名词采用二合音的形式，[4] 施动名词的强词干采用三合音。阳、阴性的变格只在复数业格上不同。单数主格通过 ur 形成，依格 ari，呼格 ar；复数阳性业格 tṝn，阴性 tṝs，属格 tṝṇām。

三个词干 dā-tṛ́ m.“给与者”（δω-τήρ，da-tor），pi-tṛ́ m.“父”（πᾰ-τήρ，pă-ter），mā-tṛ́ f.“母”（μή-τηρ，mā-ter）的变格如下：

---

[1] 经常读作 nṝṇā́m。

[2] 遵循派生 ī 变格的类比。

[3] svásr-ām 及 nar-ā́m 是 ṛ 变格中 ām 直接加到词干的唯一的两个形式。

[4] 在《梨俱吠陀》中没有出现强词干 náp-tar，nápāt 取代其位置。

<table>
<tr><td>单</td><td>dā-tṛ́</td><td>pi-tṛ́</td><td>mā-tṛ́</td><td>复</td><td>dā-tṛ́</td><td>pi-tṛ́</td><td>mā-tṛ́</td></tr>
<tr><td>主</td><td>dātā́</td><td>pitā́</td><td>mātā́</td><td>主</td><td>dātā́r-as</td><td>pitár-as</td><td>mātár-as</td></tr>
<tr><td>业</td><td>dātā́r-am</td><td>pitár-am</td><td>mātár-am</td><td>业</td><td>dātṝ́n</td><td>pitṝ́n</td><td>matṝ́-s</td></tr>
<tr><td>具</td><td>dātr-ā́</td><td>pitr-ā́</td><td>mātr-ā</td><td>具</td><td>dātṛ́-bhís</td><td>pitṛ́-bhis</td><td>mātṛ́-bhis</td></tr>
<tr><td>为</td><td>dātr-é</td><td>pitr-é</td><td>mātr-é</td><td rowspan="2">为从</td><td rowspan="2">dātṛ́-bhyas</td><td rowspan="2">pitṛ́-bhyas</td><td rowspan="2">mātṛ́bhyas</td></tr>
<tr><td rowspan="2">从属</td><td rowspan="2">dātúr</td><td rowspan="2">pitúr</td><td rowspan="2">mātúr</td></tr>
<tr><td>属</td><td>dātṝ-ṇ-ā́m</td><td>pitṝ-ṇ-ā́m</td><td>matṝ-ṇ-ā́m</td></tr>
<tr><td>依</td><td>dātár-i</td><td>pitár-i
πατέρ-ι</td><td>mātár-i</td><td>依</td><td>dātṛ́-ṣú</td><td>pitṛ́-ṣu</td><td>mātṛ́-ṣu</td></tr>
<tr><td>呼</td><td>dā́tar δῶτερ</td><td>pítar
Ju-piter</td><td>mā́tar
μῆτερ</td><td>呼</td><td>dā́tār-as</td><td>pítar-as</td><td>mā́tar-as</td></tr>
</table>

双数，主业 dātā́r-ā，-au pitár-ā，-au mātár-ā，-au 具为 dātṛ́-bhyām pitṛ́-bhyām mātṛ́-bhyām 属依 dātr-ós pitr-ós mātr-ós

a. 在《梨俱吠陀》中，náp-tṛ 只出现在弱词干：单，具 náptr-ā 为 náptr-e 属 nápt-ur；复，具 náptṛ-bhis。在强形式中，它由 nápāt（拉丁语 nepōt-）补充：单，主呼 nápāt 业 nápāt-am；双，主业 nápāt-ā；复，主呼 nápāt-as。在《泰氏本集》中出现了 náptār-am（像 ṛ 词干中的 svásār-am）。

b. 唯一出现的中性词干是 dhar-tṛ́ 支撑，dhmā-tṛ́ 铁匠铺，sthā-tṛ́ 固定的，vi-dhar-tṛ́ 判决，而其中只出现大约五六个形式。遇到的唯一斜格是属格 sthātúr 及依格 dhmātári。由于单数主、业格的稀有性，似乎从未在吠陀中获得固定性，但 sthātár 代表了正常的形式。在梵书中，ṛ 的主、业格开始用在形容词上：bhartṛ́ 支撑的，janayitṛ́ 有创造力的。

c. 以 tṛ 结尾的施动名词通过在阳性弱词干后加 ī 构成阴性，如 jánitr-ī 母亲（变格同 devī）。

E. 以ai，o，au结尾的词干

102. 以双元音结尾的词只有：rái m.，f. 财富（极少情况），gó m. 公牛 f. 母牛，dyó m. f. 天空，náu f. 船，gláu m. f. 块状。它们形成了从辅音到元音变格的过渡；因为它们虽然像普通的辅音变格一样采用正常的格尾，但它们在阳、阴性单数主格中加s，并在首字母为辅音的格尾前有元音。没有中性形式。

1. rái在元音前出现为rāy，辅音前为rā。出现的形式如下：单，业 rā́-m（拉 re-m）具 rāy-ā́ 为 rāy-é（拉 rē-ī）从属 rāy-ás；复，主 rā́y-as 业 rāy-ás[1] 属 rāy-ā́m。

2. go的强词干是gau，在单、复数业格中显示为gā。从、属格不规则，只加s，而不是as。[2] 出现的形式是：单，主 gáu-s（βοῦ-ς）业 gā́-m（βῶ-ν）具 gáv-ā 为 gáv-e 从属 gó-s 依 gáv-i；双，gā́v-ā，-au；复，主 gā́v-as 业 gā́-s 具 gó-bhis 为 gó-bhyas 属 gáv-ām gó-n-ām[3] 依 gó-ṣu 呼 gā́v-as。

3. dyó m. f. 天空（参考99.5）像gó一样变格。出现的形式是：单，主 dyáu-s[4]（Ζεύς）业 dyā́m（拉 diem）从属 dyó-s 依 dyáv-i 呼 dyáu-s，dyàu-s（Ζεῦ）[5]；双，主业 dyā́v-ā；复，主呼 dyā́v-as。

4. 从出现的几种形式来看，náu的变格很有规律：单，主 náu-s（ναῦ-ς）业 nā́v-am（νῆFα）具 nāv-ā́ 属 nāv-ás（νηF-óς）依 nāv-í（νηF-í）；复，主 nā́v-as（νῆF-ες，nāv-es）业 nā́v-as（νῆF-ας）具 náu-bhis（ναῦ-φι）。

5. gláu只出现了两个形式：单主 gláu-s，复具 glau-bhís。[6]

---

[1] rā́y-as罕见；rā́-s出现一次（《娑摩吠陀》）。

[2] 至于重音，这个词没有被当作单音节词干，从未将重音转移到词尾。

[3] 这种形式跟随元音变格，比gáv-ām少见得多，只出现在音步的末尾。

[4] 与dyu的主格（99.5）相同。

[5] 即díau-s带上合适的呼格重音，但是不正常地保留了单数主格。

[6] 在《爱氏梵书》中也出现了复数主格glā́v-as。

比较级

1. 派生后缀

103. 比较级tara[1](希 -τερο)及最高级tama(拉 -timo)一般加在名词性词干(单字及复合词)的弱或者中间词干,包括名词及形容词;例如priyá-tara更亲爱,tavás-tara更强,vápuṣ-ṭara更精彩,bhágavat-tara更宽裕,vṛtra-tára更坏的弗栗多;bhūri-dā́vat-tara奉献更丰盛;śaśvat-tamá最恒定;ratna-dhā́-tama至尊宝;híraṇya-vāśī-mat-tama金斧的最佳挥舞者;rathī́-tama最佳车夫。

a. 词干尾音n在这些后缀之前保留;例如madín-tara更令人高兴的,vṛṣán-tama最具男子气概的。有时候甚至插入一个n;例如surabhí-n-tara更加芬芳;rayín-tama非常富裕。

b. 在少数情况下,会使用现在分词的强词干;例如vrā́dhan-tama最强大,sáhan-tama最胜利的,以及完成分词的最弱词干:vidúṣ-ṭara更聪明;mīḷhúṣ-ṭama最恩慈的。

c. 这些派生后缀偶尔会添加到原始的比较级和最高级后,例如śréṣṭha-tama最美。

d. 它们也通过前置词úd(向上)形成比较级和最高级:út-tara更高,uṫ-tamá[2]最高。

e. 这些后缀[3]加上ā形成其阴性;例如mātṛ́-tamā最有母性的。

2. 原始后缀

比较级īyāṃs(希 -ιων,拉 -ior)及最高级iṣṭha(希 -ιστο)直接加在词根后,而后者往往带重音[4]且使 ĭ 和 ŭ 二合音化,但a保持不变,

---

[1] 这些派生比较级和最高级比原始的更常见,比例为三比二。

[2] 带有序数词后缀tamá的重音。

[3] 当用作序数词后缀时,tama通过带重音的ī形成其阴性(参见107)。

[4] 除了jyeṣṭhá、kaniṣṭhá分别意味着“最老”“最少”时。

除了在一些例子中有鼻音化。尾音ā与后缀首音融合成e，但是它一般还读作两个音节。例如：téj-īyāṃs更锋利，téj-iṣṭha非常锋利（√tij锋利）；jáv-īyāṃs更快，jáv-iṣṭha最快（√jū快速）；yáj-īyāṃs祭祀得更好，yáj-iṣṭha祭祀得最好；máṃh-iṣṭha最自由（√mah鼎力相助）；jyéṣṭha最大，jyeṣṭhá最老（√jyā）。

α. 在许多情况下，这些最高级在意义上依附于派生形容词，由后者包含的词根形成；例如áṇ-īyāṃs更小，áṇ-iṣṭha最小，áṇ-u微小；dáv-īyāṃs更远，dū-rá远；drā́gh-īyāṃs更远，drā́gh-iṣṭha最长，dīrgh-á长；lágh-īyāṃs更轻，lagh-ú轻；vár-īyāṃs更宽，vár-iṣṭha最宽，ur-ú宽；śáś-īyāṃs更频繁，śáś-vant稳固；óṣ-iṣṭha很快，óṣ-am快；bárh-iṣṭha很崇高，bṛh-ánt巨；yáv-iṣṭha最年轻，yúv-an年轻；vár-iṣṭha最杰出，vár-a选择；sā́dh-iṣṭha最直，sādh-ú直。

β. 在少数例子中，后缀加到出现在形容词中的词根的派生形式；所以ā́ś-iṣṭha（ὤκ-ιστο-ς），ā́ś-u（ὠκ-ύ-ς）快速（√aś到达）；tī́kṣṇ-īyāṃs更锋利，tīkṣṇá锋利（√tij）；náv-īyāṃs更新，náv-iṣṭha最新，náva新；svā́d-īyāṃs（ἡδίων, suāv-ior）更甜，svā́d-iṣṭha（ἥδ-ιστο-ς）最甜，svād-ú（ἡδ-ύ-ς, suāv-i-s）甜（√svad）。[1]

a. 除了īyāṃs中的常规形式外，还出现了五六个用后缀缩短形式yāṃs形成的替代比较级：táv-yāṃs（táv-īyāṃs）更强；náv-yāṃs（náv-īyāṃs）更新；pán-yāṃs（pán-īyāṃs）更精彩，bhū́-yāṃs[2]（bháv-īyāṃs）更多，更大；rábh-yāṃs（rábh-īyāṃs）更猛烈；sáh-yāṃs（sáh-īyāṃs）更强。还有六七个词除此之外没有替代形式：jyā́-yāṃs更大，更老；pré-yāṃs更亲爱，pré-ṣṭha最亲爱（priyá亲爱）；vás-yāṃs更好，vás-iṣṭha

---

[1] 在《泰氏本集》中，从基元素不确定的形容词pāpá（坏）直接形成比较级pā́p-īyāṃs。

[2] 此处元音保持不变。相应的最高级bhū́-y-iṣṭha也是这种情况，此外它还添加了带有插入音y的后缀。

最好（vásu好）；śré-yāṃs（κρείων）更好，śré-ṣṭha最好（śrī明亮），sán-yāṃs（拉sen-ior）更老（sána老），sthé-yāṃs最坚定（sthi-rá坚定）。

b. 一些比较词和最高级词仅在意义上属于其原始级；例如kán-īyāṃs[1]更少，更年轻，kán-iṣṭha最小[2]及kan-iṣṭhá最年轻（álpa小）；néd-īyāṃs（阿维斯塔nazd-yah）更近，néd-iṣṭha（阿维斯塔nazd-iṣta）最近（antiká近），várṣ-īyāṃs更高，várṣ-iṣṭha[3]最高（vṛddhá长大的）。

数　词

基数词

104. 图示

1	é-ka		6	ṣáṣ	ἕξ, sex	11	ékā-daśa[4]	16	ṣó-ḍaśa[5]
2	dvá	δύο, duo	7	saptá	ἑπτά	12	dvā́-daśa[6]	17	saptá-daśa
3	trí	τρί, tri	8	aṣṭā́[7]	ὀκτώ, octō	13	tráyo-daśa[8]	18	aṣṭā́-daśa
4	catúr	quatuor	9	náva	novem	14	cátur-daśa[9]	19	náva-daśa
5	páñca	πέντε	10	dáśa[10]	δέκα	15	pañcadaśa	20	viṃśatí[11]

[1] 参看kan-yā̀ 女孩（= kaníā），希καινό-ς（= κανιό-ς）。
[2] 在这个意义上出现在《泰氏本集》中。
[3] 参看várṣ-man中性，varṣ-mán阳性，高度。
[4] 在dvā́-daśa的影响下，此处ékā代表éka。
[5] 通过ṣaẓ-daśa代替ṣaṣ-daśa（参考69c）。
[6] 希δώ-δεκα。此处保留双数主格，而不是词干形式dva。
[7] 哥特语ahtau。aṣṭā́是一个古双数形式。
[8] tráyo是复数主格（105），代替tráyas（45.2）。
[9] catúr作为复合词前部，一般带重音为cátur-。
[10] 10到20的基数词是相违释复合词，通过在daśa前加上带重音的单元而形成。
[11] 拉丁语viginti。这个词及下面的基数词都是名词。20到90的那些词要不是古复合词（形容词及名词：2个10等等），要不是由-ti形成的派生词。

30. trim̩-śát 40. catvārim̩-śát[1] 50. pañcā-śát（πεντή-κοντα）60. ṣaṣ-ṭí[2] 70. sapta-tí 80. aśī-tí[3] 90. nava-tí 100. śatám（ἑ-κατόν, centum）

中 性：1,000. sahásra 10,000 a-yúta 100,000 ni-yúta 1,000,000 pra-yúta 10,000,000 árbuda 100,000,000 nyàrbuda

a. 介于20—100之间的数字是相违释复合词，通过将带重音的个位数前置于十位数而形成，例如aṣṭā́-viṃśati 28; éka-triṃśat 31; tráyas-triṃśat 33; náva-catvāriṃśat 49; náva-ṣaṣṭi 69; návāśīti 89; páñca-navati 95, ṣáṇ-ṇavati 96, aṣṭā́-navati 98; éka-śatam 101, cátuḥ-śatam 104, triṃśác-chatam 130。

α. 两位数也可以用个位和十位数相加的方式来表示，无论是否有ca；例如náva ca navatíṃ ca, navatiṃ náva 99。

β. 在《泰氏本集》中，一个带9的两位数也可以用ékān ná（负1）来表示；所以ékān ná viṃśatí 19；ékān ná catvāriṃśát 39; ékān ná ṣaṣṭí 59; ékān nā́śīti 79; ékān ná śatám 99。

b. 有两种形成倍数的方法。双数或复数中的大一点的数可以乘以用作形容词的小点的数；例如dvé śaté 200; saṣṭím sahásrā 60,000; trī́ṇi śatā́ trī́ sahásrāṇi triṃśác ca náva ca 3,339。否则大数前面的乘数就会与它形成一个重音在末音节的物主（形容词）复合词；例如，tráyastriṃśat tri-śatā́ḥ ṣaṭ-sahasrā́ḥ 6,333。

α. 100以下数字的倍数有时以这两种方式形成；例如navatī́r náva 9乘以90，即810；tri-saptá 21, tri-ṇavá 27。

基数词变格

105. 只有前四个基数词像其他形容词一样区分词性。éka主要

[1] catvārim代替catvāri，复数主格（105），像viṃśatí及triṃśát。
[2] 60到90是抽象阴性名词，源于简单基数词（除了aśī-tí），意思是“六个十”等。
[3] aśī-在根上与aṣ-ṭā是同源的。

作单数变格，在表达“一些”这个含义上也有复数形式；[1] dvá 当然只有双数变格。

1. éka 像代词性形容词 víśva, sárva[2] 变格（120b）。在本集中出现的形式如下：

阳，单，主 ékas 业 ékam 具 ékena 属 ékasya 依 ékasmin；复，主 éke 为 ékebhyas

阴，单，主 ékā 业 ékām 具 ékayā 属 ékasyās；复，主 ékās

中，单，主 ékam；复，主 ékā

2. dvá 按照双数规则性地变格，如 priyá（97.1）。出现的形式是：

主，阳 dvā́,[3] dváu 阴、中 dvé，具 dvā́bhyām，属依 dváyos

3. trí 按照阳、中性复数规则性地变格，如 śúci（98）。阴性词干是 tisṛ́,[4] 其变格与其他 ṛ 词干在主、业格上不同，[5] 是通过在未修改的词干上添加正常格尾。出现的形式如下：

阳，主 tráyas 业 trī́n 具 tribhís 为 tribhyás 属 trīṇā́m 依 triṣú　中，主业 trī́(ṇi)

阴，主业 tisrás 具 tisṛ́bhis 为 tisṛ́bhyas 属 tisṝṇā́m[6]

4. catúr 在阳、中性有强词干 catvā́r（参考拉丁 quatuor）。在复数属格中，虽然词干以辅音结尾，格尾前要插入 n。[7] 阴性词干是 cátasṛ，

---

[1] éka 的双数阴性主格形式在“一定”的这个意义上出现在 éke yuvatī́（AV.）“多对女仆”。

[2] 唯一出现的单数从格形式 ékāt 遵循名词变格；它被用来形成数词复合词 ékān ná triṃśát 29 等等（TS.）；同样方式使用的 ékasmāt 出现在属于《泰氏本集》的一个梵书段落。

[3] 双数形式保留在数词复合词 dvā́-daśa 中。否则在复合词 dvi-pád（双足）及派生词 dví-dhā “以两种方式” 等中，dvi 被用作词干。

[4] 有可能代替 tri-sṛ́，其构成如 svá-sṛ（101.1）。

[5] 除了 nar-ás（101.1c）。

[6] 曾被写作 tisṛṇā́m，虽然 ṛ 诗节上实际上为长元音。

[7] 像 ṣáṣ 的属格 ṣaṇ-ṇā́m，但好像并没有出现在任何一个本集中。

完全像tisṛ变格，且像páñca一样转移重音。出现的形式如下：

阳，主catvā́r-as业catúr-as具catúr-bhis为catúr-bhyas属catur-ṇā́m[1]

阴，主业cátasr-as具catasṛ́-bhis为catasṛ́-bhyas属catasṛṇā́m

中，主业catvār-i

106. 五至十九的基数词虽然用作形容词，但不区分词性，且在主、业格无格尾。[2]它们还有一个共同的特点，即在辅音格尾前[3]和属格末音节上有重音a。

a. ṣáṣ在本集中出现的形式如下：主业ṣáṭ(27)具ṣaḍ-bhís为ṣaḍ-bhyás依ṣaṭ-sú[4]

b. aṣṭā́的形式显示出它是一个古老的双数。[5]出现的形式如下：主业aṣṭā́,[6] aṣṭáu具aṣṭā-bhís依aṣṭā-sú

c. pañca与saptá及从九到十九的基数词变格像以an结尾的中性(90.2)，除了在属格遵循priyá(97)。出现的形式是：

主业páñca具pañcá-bhis为pañcá-bhyas属pañcānā́m依pañcá-su

主业saptá具saptá-bhis为从saptá-bhyas属saptānā́m

主业náva具navá-bhis为navá-bhyas属navānā́m

主业dáśa具daśá-bhis为daśá-bhyas属daśānā́m依daśá-su

主业ékādaśa为ékādaśá-bhyas 主dvā́daśa为dvādaśá-bhyas 主tráyodaśa具trayodaśá-bhis为trayodaśá-bhyas主páñcadaśa为pañcadaśá-bhyas主ṣóḍaśa为ṣoḍaśá-bhyas主saptádaśa为saptadaśá-bhyas主

[1] 尾音节带有重音，如páñca等的属格。
[2] 除了双数主、业格形式的aṣṭā́及aṣṭáu。
[3] 除了aṣṭā́，其重音在格尾。
[4] 译者按，原文如此，s似当同化为ṣ。
[5] 意思上有可能是“双四”(也许是指两只手的手指)。
[6] 在《梨俱吠陀》中，aṣṭā是作为复合词前部而使用的词干，但在《阿达婆吠陀》中开始使用aṣṭa。

aṣṭā́daśa 为 aṣṭādaśá-bhyas 主 návadaśa 具 navadaśá-bhis 为 ékān ná viṃśatyái（TS.）。

d. 二十到九十的整基数及其复合物都是阴性名词，几乎只在单数中变格，并根据词干尾音来决定其变格；例如，主 viṃśatí-s 业 viṃśatí-m 具 viṃśaty-ī́ 主 triṃśát 业 triṃśát-am 具 triṃśát-ā 依 triṃśát-i。如果意义上需要，这些数字可以用作复数；例如 náva navatī́s 9 个 90；属 navānā́ṃ navatīnā́m。

śatá 100 及 sahásra 1,000 是中性，可以在单、双、复数上变格；例如 dvé śaté 200；saptá śatā́ni 700；trī́ sahásrāṇi 3,000。

α. 在五至十九这组数词中，孤立词干的斜格可用于与实词匹配；例如 saptá hótṛbhiḥ 和七个祭祀（参看 194Ba）。

序数词

107. 所有的序数词都是以 a 为结尾的形容词，在阳、中性变格同 priyá。阴性通过加 ī 而构成（变格同 deví），除了前四个是加 ā。

从第一到第十的序数词通过多种后缀形成，即 (t)ī́ya，tha，thama，ma。前四个的形成有些不规范。从第十一到十九的序数词词干与相应的基数词词干不同的地方只是在末音节带重音；其变格与基数词不同，而是遵照 priyá。所以 ekādaśá（第十一）形成如下的形式：阳，单，业 ekādaśá-m；复，主 ekādaśā́sas 业 ekādaśā́n 具 ekādaśáis。

20 到 90 的序数词（及其复合词）也以带重音的 á 结尾，看上去是相对应基数词的缩略形；例如 catvāriṃśá 第四十。[1]

100 和 1,000 的序数词通过加重音在尾音节的后缀 tama 而形成：śata-tamá，sahasra-tamá[2]

[1] 在本集中大约只有三个例子是这种形式，在梵书中是四个。

[2] sahasra-tamá 只出现在梵书中。

1	pra-thamá[1] f. ā́[2]	7	saptá-tha sapta-má (septi-mu-s)	34	catus-triṃśá (B)
2	dvi-t-ī́ya[3] f. ā	8	aṣṭa-má	40	catvāriṃśá
3	tṛt-ī́ya[4] f. ā (tertiu-s)	9	nava-má	48	aṣṭā-catvāriṃśá
4	tur-ī́ya f. ā[5] catur-thá f. ī́[6]	10	daśa-má (deci-mu-s)	52	dvā-pañcāśá (B)
5	pañca-má f. ī́	11	ekā-daśá	61	eka-ṣaṣ-ṭá (B)
6	ṣaṣ-ṭhá (sex-tu-s)	21	eka-viṃśá		

数词派生词

108. 一些派生词，其中主要是副词，由基数词形成。

a. 次数副词：sa-kṛ́t 一次（字面意思：one making）；dví-s 两次（希 δί-ς，拉 bi-s）；trí-s 三次（希 τρί-ς，拉 tri-s）；catús 四次（代替 catúr-s）。其他的通过基数词及 kṛ́tv-as 这一形式来表达（次数，有可能是 kṛ́tu [做] 的复数业格），可以作为一个单独的词来使用，除了 aṣṭa-kṛ́tvas (AV.) 八次；例如 dáśa kṛ́tvas (AV.) 十次，bhū́ri kṛ́tvas 多次。

b. 用后缀 dhā 构成方式副词：dví-dhā 二分，trí-dhā，tre-dhā́，catur-dhā́，pañca-dhā́，ṣo-ḍhā́，sapta-dhā́，aṣṭa-dhā́，nava-dhā́，sahasra-dhā́。

c. 一些倍数形容词由意思是"倍"的后缀 a，taya，vaya 派生而来：tray-á 三倍，dvay-á 二倍；dáśa-taya 十倍；cátur-vaya 四倍。

---

[1] 可能是代替 pra-tamá "首要的"，th 归于 catur-thá 等的影响。

[2] 在《阿达婆吠陀》中，prathamā́ 及 tṛtī́yā 各有一个根据代词变格的格式：属 prathamásyās，依 tṛtī́yasyām。

[3] 源自一个古老一点的 dvi-tá 第二。

[4] 源自一个古老一点的 tṛ-tá 第三。

[5] 通过 k-tur-ī́ya，代替 catur-ī́ya。当用在四分之一等分数意义上时，重音在首音节上：túrīya (AV.)；在梵书中是类似的 cáturtha 1/4，tṛ́tīya 1/3。

[6] 希 τέταρ-το-ς，拉 quartu-s

代　词

109. 代词与名词在起源和变格上都有区别。代词来自一小类具有指示意义的词根，而且它们在变格上有几个明显的特点。这些特点在不同程度上也扩展到几组形容词中。

A. 人称代词

这一类词显示出最多的特殊性：对每个人称来说，它们都来自几个词根或词根组合；它们在变格上极不规则，不区分性别，在某种程度上也不区分数量。有些在形式上类似于中性词；少数没有独特格尾；在其中的两个词中，阳性复数业格也作为阴性使用。

<table>
<tr><th></th><th colspan="2">单</th><th colspan="2">双</th><th colspan="2">复</th></tr>
<tr><td>主</td><td>ah-ám</td><td>tv-ám</td><td>vā́m āvám[1]</td><td>yuvám</td><td>vay-ám</td><td>yū-y-ám[2]</td></tr>
<tr><td>业</td><td>mā́m</td><td>tv-ā́m</td><td>āvā́m[3]（ŚB.）</td><td>yuvā́m</td><td>asmā́n</td><td>yuṣmā́n[4]</td></tr>
<tr><td>具</td><td>má-y-ā</td><td>tvā́, tvá-y-ā</td><td rowspan="3">āvābhyām（KS.）
āvád（TS.）</td><td rowspan="3">yuvá(ā́)-bhyām
yuvád</td><td>asmā́-bhis</td><td>[yuṣmā́-bhis]</td></tr>
<tr><td>为</td><td>má-hya(m)</td><td>tú-bhyam[5]</td><td>asmá-bhyam</td><td>yuṣmá-bhyam</td></tr>
<tr><td>从</td><td>mád</td><td>tvád</td><td>asmád</td><td>yuṣmád</td></tr>
</table>

[1] vā́m（可能是āvā́m的缩略），在《梨俱吠陀》中出现过一次，似乎是本集中出现的唯一的双数主格形式。āvám出现在《百道梵书》中。

[2] 由原始的yūṣ-ám通过vay-ám的影响而形成。

[3] 通过yuvám及yuvā́m判断，主格āvám（ŚB）及业格āvā́m（KS. ŚB.）似乎是正常的形式。

[4] asmā́n和yuṣmā́n是根据名词变格的新形式。这些词干是代词元素的复合词a+sma及yu+sma。《瓦氏本集》两次有独特的新阴性形式yuṣmā́s。

[5] 参考拉丁语mihi及tibi。

续 表

<table>
<tr><th></th><th colspan="2">单</th><th colspan="2">双</th><th colspan="2">复</th></tr>
<tr><td>属</td><td>má-ma</td><td>táva</td><td rowspan="2">āváy-os（ŚB.）</td><td rowspan="2">yuv-ós[1]
yuváy-os</td><td>asmā́ka-m</td><td>yuṣmā́ka-m[2]</td></tr>
<tr><td>依</td><td>má-y-i</td><td>tvá-y-i tvé[3]</td><td>asmā́su[4]
asmé[5]</td><td>yuṣmé</td></tr>
</table>

a. 下面这些不允许出现在句首的、无重音的形式也在使用：单，业 mā, tvā 为属 me（Gk. μοι），te[6]（Gk.τοι）；双，业为属 nau（Gk. νῶι），vām；复，业为属 nas（Lat. nōs），vas（Lat. vōs）。

b. 这些代词在派生或作为复合词前部中使用时，一般的词干是：ma，asma；tva，yuva，yuṣma；所以 asma-drúh 恨我们；tvá-yata 由你提出；yuva-yú 渴望你俩；yuṣma-yánt 渴望你们。但是 mad，asmad，tvad 这些形式作为复合词前部时也出现过几次；所以 mát-kṛta 我所作；asmát-sakhi 与我们为伍；tvád-yoni 源于你。

B. 指示代词

110. 与名词的 a 变格相比，这些代词变格有下面的特殊性：

1. 在中性主、业格单数中的格尾是 d，而不是 m；在词根与阳、中性为、从、依格后缀之间出现元素 sma，在词根与阴性为、从、属、依格之间出现 syā；in（不是 i）是阳、中性依格格尾，在阳性复数主格以 e 结

[1] yuv-ós 出现在《梨俱吠陀》中，yuváy-os 在《泰氏本集》中。

[2] 正确地说，asmā́kam 及 yuṣmā́kam 是物主代词 asmā́ka（我们的）、yuṣmā́ka（你们的）的中性单数业格。

[3] 在《梨俱吠陀》中只有这种正常的形式（= tvá-i）。不规则形式 tváyi 出现在后来的本集中。

[4] asmā́su 是遵循 asmā́bhis 类比的一个新形式。

[5] asmé 也用作为格。

[6] 原是依格的 me 及 te 已被用作为、属格。

尾，而不是 ās；属格在格尾 ām 前是 s，而不是 n。

词干 tá 可以采用形容词性代词变格的类型：

	单			复		
	阳	中	阴	阳	中	阴
主	sá-s[1]	tá-d	sā́	té (τοί)	tā́, tā́ni	tā́-s
业	tá-m[2]		tā́-m	tā́n		
具	téna[3]		tá-y-ā	té-bhis, táis (τοῖς)		tā́-bhis
为	tá-smai		tá-syai[4]	té-bhyas		tā́-bhyas
从	tá-smād[5]		tá-syās			
属	tá-sya[6]			té-ṣ-ām[7]		tā́-s-ām[8]
依	tá-smin sá-smin[9]		tá-syām	té-ṣu		tā́-su

双数：主业，阳 tā́，táu 阴中 té；具从，阳阴 tā́-bhyām；属依，阳中 táy-os

α. 词干 tá 经常用于派生词，尤其是副词，例如 tá-thā 所以；中性形式 tád 经常作为复合词前部；例如 tád-apas 习惯于此工作。

a. 从 tá 衍生的指示代词还有其他三个：

[1] 关于 sás 的连音，参看 § 48；sá，sā，tá-d = 希 ὁ，ἡ，τό；哥特语 sa，sō，that-a（英语 that，拉丁 is-tud）。

[2] tá-m，tā-m，tá-d = 希 τό-ν，τή-ν，τό。

[3] 有时候是 ténā。

[4] 这些形式有常规格尾 e：即 tásma-e，tásyā-e。在梵书中，tásyai 用来代替属格 tásyās。

[5] 《歌者奥义书》出现一次 sasmād。

[6] 荷马希腊语 τοῖο（代替 τόσιο）。

[7] 参考拉丁语 is-tōrum。

[8] 希 τάων（代替 τάσων），参考拉丁语 is-tārum。

[9] sásmin 在《梨俱吠陀》中出现了 9 次，tásmin 22 次。

1. e-tá[1]（近指）变格完全像tá。出现的形式如下：

阳，单，主eṣá-s（67，48）业etám具eténa为etásmai从etásmād属etásya；双，主etā́，etáu；复，主eté业etā́n具etébhis，etáis为etébhyas

阴，单，主eṣā́ 业etā́m具etáyā依etásyām；双，主eté；复，主业etā́s具etā́bhis依etā́su

中，单，主etád；复，主etā́，etā́ni

2. tyá源于tá加后缀ya，意思是"那个"。它在《梨俱吠陀》中常见，但在后来的本集中罕见。[2]与tá不同的是，它只用于形容词，几乎不出现在没有名词的地方。它从来不在句首，除非后面有小品词u，cid，nú或sú。

出现的形式如下：

阳，单，主syá[3]业tyám属tyásya；双，主tyā́；复，主tyé业tyā́n具tyébhis

阴，单，主syā́ 业tyā́m具tyā́ 属tyásyās；双，主tyé；复，主业tyā́s

中，单，主tyád；复，主tyā́，tyā́ni

3. 一个比较少见的衍生词是ta-ká（this little），它在《梨俱吠陀》中只出现了两次，即两个单数业格形式：阳taká-m，中taká-d。

α. simá似乎有一个强调性的指示代词的意义。[4]出现的形式如下：单，主simás呼síma为simásmai（n.）从simásmād；复，主simé。

111. 在阳性单数主格中作为ayám（近指）出现的指示代词的变格中，使用了两个代词词根，即i（它几乎一直有双格尾）和a，[5]前者

---

[1] 用在派生及复合词中的词干是eta；例如etā́-vant如此大，etā-dṛ́ś这种。在梵书中有时候也这样使用：etad-dā́ 给予这，etan-máya由此组成。

[2] 它在梵书中也出现过几次。

[3] 参看§48。

[4] 它通常被赋予"每一个、所有"的意思，但上面是更可能出现的意义。

[5] 这两个词根经常用在派生词中；例如á-tra此处，á-tha彼处；i-dā́ 现在，ihá此处，í-tara其他。

在业格及主格（除阳性单数），后者在其他所有的格中。阳、阴性单数业格以i-m（i的业格）开始，它也出现在双、复数，因此所有这些格看起来都是由词干imá形成。[1]

<table>
<tr><th rowspan="2"></th><th colspan="3">单</th><th colspan="3">复</th></tr>
<tr><th>阳</th><th>中</th><th>阴</th><th>阳</th><th>中</th><th>阴</th></tr>
<tr><td>主</td><td>a-y-ám</td><td rowspan="2">i-d-ám</td><td>i-y-ám</td><td>i-m-é</td><td rowspan="2">i-m-ā́(ni)</td><td rowspan="2">i-m-ā́s</td></tr>
<tr><td>业</td><td>im-ám[2]</td><td>i-m-ā́m</td><td>i-m-ā́n</td></tr>
<tr><td>具</td><td colspan="2">enā́[3]</td><td>a-y-ā́[4]</td><td colspan="2">e-bhís</td><td>ā-bhís</td></tr>
<tr><td>为</td><td colspan="2">a-smái</td><td>a-syái</td><td colspan="2" rowspan="2">e-bhyás</td><td rowspan="2">ā-bhyás</td></tr>
<tr><td>从</td><td colspan="2">a-smā́d[5]</td><td rowspan="2">a-syā́s</td></tr>
<tr><td>属</td><td colspan="2">a-syá[6]</td><td colspan="2">e-ṣ-ā́m</td><td>ā-s-ā́m</td></tr>
<tr><td>依</td><td colspan="2">a-smín</td><td>a-syā́m</td><td colspan="2">e-ṣú</td><td>ā-sú</td></tr>
</table>

双数：主业，阳im-ā́，-áu阴，中im-é；为从，阳ā-bhyā́m；属依，阳a-y-ós

112. 与ayám相对应的指示代词用来表达遥指（that there，you），在单数主格中有罕见的形式，即阳、阴性a-s-áu，中性a-d-ás，在整个变格中使用词根a，但总是以扩展形式使用。在每个格（单数主格除外）

[1] 从这个词干形成了副词imá-thā所以。

[2] 此处i-m是i的业格，从它也产生了阴性业格ī-m及中性í-d，二者都用作小品词。

[3] 也有两次ena。当enā́及剩下的斜格用作名词和非重音词使用时，可能会失去其重音。

[4] 在《梨俱吠陀》中不是ayā́而是anáyā的形式出现了两次：它是本集中发现的唯一来自ana的形式。

[5] 根据名词变格，从格ā́d被用作连接词。

[6] 当asya和asmai为音步之首被强调时，都可以是带重音的ásya和ásmai。imásya的形式在《梨俱吠陀》中出现一次，而不是asyá；imasmai在《爱氏森林书》中替代asmai。

中使用的基本词干是a的阳性业格a-m。这是通过在amu中加入小品词u来扩展，[1]除了主格，它出现在整个单数中（阴性业格中与ū一起）。在复数中，amū́是阴性、amī́是阳性词干（除了业格）。

出现的形式如下：

阳，单，主a-sáu[2] 业a-m-ú-m具amú-n-ā为amú-ṣmai从amú-ṣmād属amú-ṣya[3]依amúṣ-min；复，主amī́ 业amū́n为amī́-bhyas属amī́-ṣām

阴，单，主a-sáu业a-m-ū́-m具amu-y-ā́[4] 为amú-ṣyai属amú-ṣyās；双，主amū́；复，主、业amū́s

中，单，主a-d-ás[5]；复主amū́

a. 无重音的不完整第三人称代词e-na[6]除了单数具格及双数属格，还有三数的业格：

业，单，阳ena-m阴enā-m中ena-d；双，阳enau阴ene；复，阳enān阴enā-s

具，单enena；属，双en-os（RV.），enay-os（AV.）

α.（除了《阿达婆吠陀》和《泰氏本集》中的一个形式）仅限于《梨俱吠陀》的另一个无重音指示代词tva的意思是一，许多一个（many a one），一般在“相互”（one another）的意义上重复。在梵书中也出现中性tvad，意思是“部分地”。出现的形式如下：

单，主，阳tvas阴tvā中tvad 业，阳tvam 具，阳tvena 为，阳tvasmai阴tvasyai；复，主，阳tve。

β. 代词avá（这）与vām组合在一起，只出现在双数属格avós，意思是“你们两个是这样”（就像sa用在sá tvám“你这样的”）。

---

[1] 这个词干用在派生词中；例如amú-tas从此，amú-tra彼处，amú-thā（B.）。

[2] 此处代词词根a似乎是与sa复合，并由小品词u加以延伸：a-sá-u及a-sā́-u。

[3] 这是将“sya”添加到除a以外的任何词干中的唯一例子。

[4] 被用作副词，带有转移的重音。

[5] 此处，代词词根a的中性a-d加上了后缀as。

[6] 此处，我们有像é-ka、e-vá（只有）中一样的e。

γ. 代词áma（这）[1]在《阿达婆吠陀》（也在《爱氏梵书》）中只出现一次，以下面的格式ámo 'hám asmi（这是我）。

C. 疑问代词

113. 疑问词ká（谁？哪个？什么？）既可以用作名词也可以是形容词，除了另类的中性形式kí-m，变格与tá完全一致。[2]它没有出现代词性的d，而是名词性的m（在其他地方从未连接到一个以i结尾的词干上）。出现的形式如下：

阳，单，主ká-s 业ká-m 具kéna 为ká-smai 从ká-smād 属ká-sya 依ká-smin；双，主，káu；复，主ké 具ké-bhis 依ké-ṣu

阴，单，主kā́ 业kā́-m 具ká-y-ā 属ká-syās；复，主业kā́-s 依kā́-su

中，单，主业ká-d 及kí-m[3]；复，主kā́ 及kā́ni

a. 在派生词中使用词干ki，ku及ka；例如kí-y-ant多大？ kú-ha哪里？ ká-ti多少？

kad作为复合词前部出现了两次：kat-payá大大膨胀？ kád-artha有什么目的？ kim在后来的吠陀本集与梵书中也有几次类似的使用；例如kiṃ-kará仆人。

b. ká的扩展形式ká-ya只出现在属格，且与cid连接在一起：káyasya cid不管是谁的。

D. 关系代词

114. 关系代词yá（谁，哪个，什么）的变格与tá完全相同。出现的形式如下：

[1] 从这个代词衍生出具格及从格副词（带有转移的重音）amā́（在家）、amā́d（从近处）。
[2] 阳性单数主格以石化了的形式保存在ná-ki-s及mā́-ki-s（没有一个）。
[3] ká-d和kí-m的相对频率在《梨俱吠陀》中为二比三。

阳，单，主yá-s业yá-m具yénā[1]，yéna为yá-smai从yá-smād[2]属yá-sya依yá-smin；双，主yā́，yáu为yā́-bhyām属yá-y-os依yá-y-os，y-ós[3]；复，主yé业yā́n具yé-bhis，yáis为yé-bhyas属yé-ṣ-ām依yé-ṣu

阴，单，主yā́业yā́-m具yá-y-ā属yá-syās依yá-syām；双，主yé属依yá-y-os；复，主业yā́-s具yā́-bhis为yā́-bhyas属yā́-s-ām依yā́-su

中，主业，单yá-d双yé复yā́(ni)

a. 词干yá用来形成派生词；例如yá-thā"如"。它也作为复合词前部而出现在yā-dṛ́ś(which like)。在《梨俱吠陀》中，中性yád也曾这样使用：yát-kāma想要那；在后来的本集中也使用了几次：如yad-devatyà有那个神灵的(KS.)，yat-kārín(ŚB.)。

b. 一种带有"缩小"的后缀ka相对的延伸形式ya-ká(who)只出现在：单，主，阳ya-ká-s，阴ya-kā́；复，主，阳ya-ké。

E. 反身代词

115. a. 反身无变格名词sva-y-ám(自我)[4]被适当地用作指称所有三个人称的主格。但有时由于忘记了其主格的性质，它被用作业格；例如áyuji svayáṃ dhurí"我已经把自己拴在柱子上"；或在意义上与另一个格相一致。偶尔也有"自发"的意思。

b. 在《梨俱吠陀》中，tanū́(身)出现了除三数主格以外的其他格，以表达"自身"。可以添加反身代词svá及物主代词属格；例如，yájasva tanvàm，yájasva tanvàṃ táva svā́m祭祀你自己！ tanū的反身意思在梵书中消失了。

---

[1] 在《梨俱吠陀》中，yénā是yéna的两倍，但是在诗节中一直读作yéna。

[2] 根据名词变格而形成的从格yā́d被用作连词。

[3] y-ós代替yá-y-os，正如yuv-ós代替yuvá-y-os(参看§109)。

[4] 源于svá，带后缀am，并插入y(如源于a的a-y-ám)。

α. 在《梨俱吠陀》中，有一两个例子表明ātmán（心灵）在反身意义上的初步使用；例如bálaṃ dádhāna ātmáni把力量投入到自己身上。业格ātmā́nam在后来的吠陀本集（虽然从来不见于《梨俱吠陀》）及梵书中经常这样使用。

c. svá（自己的）是一个反身形容词，指代所有三个人称和数。在《梨俱吠陀》中，其变格与普通形容词（priyá）一样（除了两个孤立的代词形式svásmin及svásyās）。出现的形式如下：

阳，单，主svás（Lat. suus）业svám具svéna，svénā为svā́ya从svā́d属svásya依své，svásmin（RV.）；复，主svā́s业svā́n具svébhis，sváis为svébhyas属svā́nām依svéṣu

阴，单，主svā́（Lat. sua）业svā́m具sváyā为svā́yai从svā́yās属svásyās（RV.）依svā́yām；复，主业svā́s具svā́bhis依svā́su

中，单，主业svám（Lat. suum）；复，业svā́（Lat. sua）

α. 作为复合词前部，svá以名词（也有形容词）的意义出现了几次；例如svá-yukta自我约束。svayám也类似地用在本集中；例如svayaṃ-jā́自生。

F. 物主代词

116. 物主代词很少见，因为人称代词属格一般用来表达它们所传达的意义。

a. 第一人称物主代词是máma-ka，māma-ká[1]（我的）及asmā́-ka（我们的）。出现的形式是：

单，主，阳māmaká-s中māmaká-m为mámakāya属mámakasya；复，属māmakā́nām

[1] 二者都由人称代词máma的属格组成。在《梨俱吠陀》中也出现过一次派生词mā́-k-īna我的。

单，主业，中asmā́ka-m[1] 具asmā́kena；复，主，阳asmā́kāsas具asmā́ke-bhis

中性单数asmā́kam是这些形式中迄今最常见的，用来作为人称代词属格（109）。

b. 第二人称物主代词是tāva-ká[2]（只有复数为格tāvakébhyas），tvá你的（只有阴复具tvā́-bhis）及yuṣmā́-ka你们的。后者中出现了三个形式：具阳单yuṣmā́kena，阴复yuṣmā́kā-bhis，中主业yuṣmā́kam作为第二人称代词复数属格。

c. 除了使用作反身外，svá还经常用作一个简单的物主式，一般指第三人称（拉suus），但也指第二及第一人称。其变格（115c）在两个意义上一致。

G. 代词复合词及派生词

117. 在《梨俱吠陀》和其他本集中用-dṛś，[3]在《瓦氏本集》中用-dṛkṣa形成以下代词复合词：ī-dṛ́ś，tā-dṛ́ś，etā-dṛ́ś这种，kīdṛ́ś，[4] yā-dṛ́ś什么样子；[5]ī-dṛ́kṣa，etā-dṛ́kṣa这样。

a. 由代词tá，yá，sá及asáu加上传达缩小或轻蔑意思的后缀-ka而形成的派生词非常罕见：ta-ká那个小的（110.3），yá-ka谁，哪个（114b），sa-ká（只有阴单主sa-kā́），asakáu阴单主“那个小的”（VS.）。

b. 带有比较级后缀-tara的衍生词由i，ká，yá形成，最高级后缀-tama由后面两个形成（参看120）：í-tara其他的，ka-tará二者中的哪个，ya-tará二者中的谁或那个；ka-tamá许多中的谁或哪个，ya-tamá

---

[1] 《瓦氏本集》有一个单数主格āsmāká-s（我们的），构成与māmaká及mámaka类似。

[2] 由属格táva形成。

[3] 在梵书（《百道梵书》）中开始出现-dṛśa：ī-dṛ́śa，tā-dṛ́śa，yā-dṛ́śa。

[4] 阳性单数主格kī-dṛ́ṅ。

[5] 带有很异常的单数依格yādṛ́śmin。

许多中的谁或那个。

118. a. 带有数字含义的衍生词由ká，tá及yá加ti形成：ká-ti多少（拉quot），tá-ti如此多（拉toti-dem）；yá-ti如此多。这些词没有出现变格形式。它们只出现复数主、业格的意义。

b. 表达“多”这个数量意义的派生词由i和ki加yant形成：í-yant这么多：中单主íyat，复主íyānti；阴单为íyatyai；kí-yant多少：单主，中kíyat，阴kíyatī，阳，为kíyate依kíyāti（代替kíyati）。

c. 人称代词与vant一起形成的派生词有“像、附着”的意思；与其他词复合在数量上有“很大”这一意思；所以tvā́-vant像你，mā́-vant像我，yuvā́-vant献给你俩（只有为格yuvā́vate）；yuṣmā́-vant属于你们（只有复依yuṣmā́vatsu）；etā́-vant及tā́-vant如此大；yā́-vant巨大；ī́-vant如此巨大（中单主 ī́vat，阳中为ī́vate属 ī́vatas；阳复业 ī́vatas）；kī́-vant多远（单属kī́vatas）。

不定代词

119. a. 唯一无疑具有不确定意义的简单代词是sama（无重音）“任意”“每一个”。出现的六个形式如下：阳单为samasmai从samasmād属samasya依samasmin复主same。

b. 复合不定代词通过小品词ca，cana或cid与疑问词ká合并而成；所以káś ca某，某人；káś caná任何一个人，每；káś cid任何，一些；任何一个，某人。

代词性形容词

120. 一些来自代词或与其意义相近的形容词完全或部分沿用代词变格（110）。

a. 严格遵守代词变格类型的形容词是anyá“其他”以及从ká和yá形成的tara和tama派生词。我们看到的后者的特定代词变格是：中单主katará-d，yatará-d; katamá-d，yatamá-d为katamá-smai阴属katamá-syās阴依yatamá-syām阳复主katamé，yatamé，yataré（KS.）。

来自ítara的阳单为itarasmai、复主itare出现在《卡氏本集》中。anyá出现的形式如下：

阳，单，主anyá-s业anyá-m具anyéna为anyá-smai属anyá-sya依anyá-smin；复，主anyé业anyā́n具anyé-bhis及anyáis为anyé-bhyas属anyé-ṣām依anyé-ṣu

阴，单，主anyā́业anyā́m具anyá-y-ā为anyá-syai属anyá-syās依anyá-syām；双主anyé；复，主业anyā́-s具anyā́-bhis属anyā́-sām依anyā́-su

中，单，主anyá-d；双，具anyā́-bhyām；复，主anyā́

b. víśva所有，sárva一切，éka是部分代词性，不同处仅在中单主、业中用m代替d。所以：

单，为víśvasmai从víśvasmād依viśvasmin[1]；复，主víśve属，阳víśveṣām，阴víśvāsām；但，中单主víśvam

单，为，阳sárvasmai阴sárvasyai从，阳sárvasmād；复，阳，主sárve属sárveṣām阴sárvāsām；但，中单主sárvam

单，属，阴ékasyās依，阳ékasmin[2]；复，主，阳éke；但中单主ékam。

c. 有十多个其他形容词在形式或意义上与代词有亲缘关系，偶尔也有代词的变格形式（但在中单主、业中一直使用m，而不是d）：

1. 用比较级后缀-tara -ra及最高级后缀-ma构成的八个形容词：út-tara更高，更后：

单，从依格除了úttarād，úttare以外，还有úttarasmād及úttarasmin阴依úttarasyām；复，主úttare属úttare-ṣām（KS.）。

ápa-ra，áva-ra，úpa-ra更低：单依aparasmin（KS.）阳复主áparāsas，ávarāsas，úparāsas及úparās之外，还有ápare，ávare，úpare。

---

[1]《梨俱吠陀》中有常规形式：为víśvāya、从víśvāt、依víśve各一次。
[2]《阿达婆吠陀》中有éke作为单数依格。

ava-má 最低：阴单依 avamásyām；

upa-má 最高：阴单依 upamásyām

para-má 最远：单，阴，属 paramásyās 依 paramásyām 阳复主 paramé（KS.）

madhya-má 最中：阴单依 madhyamásyām

2. 其他五个形容词具有比较级或代词的意义：

pára 隐秘的：阳，单，为 párasmai 从 párasmād 依，除 páre 外，还有 párasmin，阴，属 párasyās；复，阳，主，除了 pārāsas 之外还有 páre，属 páreṣām

pū́rva 前：单，为 pū́rvasmai 从 pū́rvasmād 依 pū́rvasmin（KS.）阴 pū́rvasyām；复阳主除了 pū́rvāsas（很罕见）还有 pū́rve（很常见），属，阳 pū́rveṣām 阴 pū́rvāsām

néma 其他[1]：阳单依 némasmin，复主 néme，但属格 nemānām（无重音）。

svá（116c）在其他场合遵循名词变格，阴单属 svásyās 及中依 svámin 各一次。

samānā́ “相似，共同”，中单从 samānā́d 之外，samānásmād 出现了一次。

3. 在形式或意义上是数字性的四个形容词偶尔也有代词格尾：prathamá “第一” 阴单属 prathamásyās；tṛtī́ya “第三” 阴单依 tṛtī́yasyām；[2] úbhaya “两种” 阳复属除了 úbhayāsas 还有 úbhayeṣām，主格 úbhayās 之外还有 úbhaye；[3] kévala（仅仅）出现一次阳复主 kévale。

---

[1] 可能来自 ná + ima “非此”。

[2] 参看§107脚注4。

[3] ubhá “俱” 只在双数变格：主业，阳 ubhā́，阴 ubhé；具 ubhā́bhyām 属 ubháyos。

第四章　变　位

121. 吠陀动词有两种语态变化，即主动和中间。中间形式可以在被动意义上使用，除了在现在时系统中，它有一个特殊的被动词干，变位使用中间语态的语尾。有些动词既在主动，又在中间语态中变位，例如kṛṇó-ti和kṛṇu-té；有的只有一个语态，例如ás-ti“是”；有的动词部分在一个，部分在另一个；例如várta-te“翻转”，但是完成时va-várt-a“已翻转”。

a. 吠陀动词在每一个时态及语气都有三数，单、双、复，都很常用，每个又都有三个人称（除命令式没有第一人称外）。

122. 通常使用的时态有五种：现在时、未完成时、完成时、不定过去时和将来时。未完成时、完成时、不定过去时这些术语在这里的使用纯粹是形式上的，也就是说，在形式上与希腊的时态名称相对应。吠陀时态中没有未完成的意思，而完成的意思一般由不定过去时态来表达。

a. 除了直陈语气外，还有四种，即虚拟、训诫、祈愿和命令，它们都由现在、完成和不定过去时词干构成。未完全时没有语气；唯一出现在将来时语气形式的是来自√kṛ的独特虚拟式kariṣyā́s。

α. 虚拟式在《梨俱吠陀》和《阿达婆吠陀》中非常常见，是祈愿式的三四倍；后者在吠陀本集中比较少见，在梵书中比前者出现的频率高得多。两者都形成带有特殊情态词缀的词干。

虚拟式在直陈语气词干上加a：当直陈语气词干区分为强和弱时，a附在强词干之后，而它与词干尾音融合为ā。因此，√duh（挤奶）的现在虚拟词干是dóh-a，√yuj的是yunáj-a，但√bhū的是bhávā。

祈愿式添加了yā或ī，当词干区分强和弱时，它们被附加到弱词干。带插入元音a的词干全部加ī；其他的在中间语态加ī，在主动语态中加yā；因此，√bhū的现在祈愿主干是bháve（= bháva-ī）；√duh和√yuj的主动词干是duh-yā́，yuñj-yā́，中间词干是duh-ī，yuñj-ī。

训诫式在形式上与无增音不定过去时相同（未完成，不定过去时，过去完成时）。它在《梨俱吠陀》中非常常见，但在梵书中几乎消失，除了与禁止小品词mā́一起使用时。

命令式没有情态词缀，直接将其语尾添加到时态词干后；例如：二单现在时 vid-dhí（知道），完成时mumug-dhí释放，不定过去时śru-dhí听。在第二、三人称双数及第二人称复数主动和中间语态中（以tam，tām; āthām，ātām; ta; dhvam结尾），它与训诫式相同。

b. 主动和中间语态分词由现在、将来、不定过去和完成时时态词干构成。也有现在、完成和将来时被动分词；第一个由带ya的被动词干形成，后面两个由词根构成。

c. 独立式是动名词的定型格（主要是具格），相当于普遍带有过去意义的不变格主动分词的价值；例如，gatvī́，gatvā́ya “走后”。

d. 大约有十几种不同来源类型的不定式，是直接或通过词根加后缀构成的动名词变格，且几乎不与时态词干相连；如ídh-am “点燃”；gán-tavái “走”。

现在时体系

123. 与完成、不定过去和将来时态直接在词根上（或在插入咝音后）添加语尾不同，现在时系统（即现在时及其语气和分词及未完成时）则形成一个特殊词干，初级动词有八种不同方式构成。

八大类词根

124. 这八类分为两大变位。在第一类中，包括第一、第四和第六类，现在时词干以a结尾，并在整个过程中保持不变（就像a词干变格）。以a结尾的派生变位（愿望、加强、致使式、名转动词）及将来时的变形都遵循这一变位。

第二或等级变位的特点是词干和语尾之间的重音转换，并伴随元音变级。它由剩下的五类组成，在这些类别中，语尾直接加到词根尾音或加在（变级的）后缀no或nā之后，而且词干可变，要么是强，要么是弱。

A. 第一变位（带插入元音）

125. 1. 第一类（√bhū）在词根末位字母后加a，由于词根带重音，其末元音（短或长）二合音化，当其尾音是单辅音时，则中间的短元音二合音；例如√ji“战胜”：jáy-a；√bhū“是”：bháv-a；√budh“觉醒”：bódh-a。

2. 第六类（√tud）在词根后加一个带重音的á，词根无重音，亦无二合音。在这个a之前，尾音ṛ变为ir。

3. 第四类（√div）在带重音的词根尾音后加ya；[1]例如√nah（束）：náh-ya；√div（玩）：dī́v-ya（参看15.1c）。

B. 第二变位（无插入元音）

126. 强词干是：1. 现在时及未完成时主动单数2. 整个虚拟式3. 命令式主动三单。在这些形式中，词根或词缀元音由于带重音而得到加强；而它在弱形式中会被弱化，因为语尾带重音。

---

[1] 在某些例子中，词根所承担的弱形式表明ya最初带重音（参见133B1）。

a. 在第九类带重音的词缀形式是nā，无重音的是nī或n；在第七类它们分别是ná和n。

127. 1. 第二类（词根类）直接在词根后加语尾（在虚拟和祈愿式中，插入情态后缀）。强词干中的基元音带重音，[1]如果可能的话，二合音化（125.1），例如√i（走）：单数é-mi，é-ṣi，é-ti；√dviṣ（恨）：dvéṣ-mi，dvék-ṣi，dvéṣ-ṭi。

2. 第三类（重叠类）直接将语尾加到重叠的词根后，若可能，它在强词干中采用二合音。与类比相反的是，在大多数属于这一类的动词中，重音不在强形式词根上，而是在重叠音节上（它在主动、中间三复中也有可能带重音）。[2]所以√hu（祭祀）：一单ju-hó-mi，一复ju-hu-más；√bhṛ（承担）：一单bí-bhar-mi，一复bibhṛ-más，三复bí-bhr-ati。[3]

3. 第七类（插入鼻音）在尾辅音后直接加语尾，在强词干中加ná，弱词干中是n；例如√yuj：yu-ná-j-mi，yuñj-más。

4. 第五类（nu）在强词干后加重音节nó，在弱词干后弱化为nu；例如√kṛ：kṛ-ṇó-mi，kṛṇ-más。[4]

a. 四个以n结尾的词根看起来是加后缀u形成的，但这可能是由于词根的an缩减为鼻音节；因此从√tan（延伸）导出ta-nu（源自tṇ-nu）。在《梨俱吠陀》的第十章中，异常的弱词干kur-u出现了三次（除了正常的kṛ-ṇu），强词干karo出现在《阿达婆吠陀》中。这些词干产生了梵语语法的第八类，即u类。

5. 第九类（nā）在强词干的词根后添加重音节nā́，它在弱词干辅

[1] 除了在带增音（128c）的未完成单数中，因为增音一直带重音。

[2] 毫无疑问，正是由于这种重音，这些动词在这两种形式中失去了语尾中的n：bíbhr-ati，bíbhr-ate。

[3] 加强式在主动语态（172）中的变位同这一类。

[4] u在主动、中间直陈式一复的m前脱落。

音前缩减为nī，在元音前为n。词根显示出弱化的趋势。因此√grabh（抓）：gṛbh-ṇā́-mi，一复gṛbh-ṇī-más(i)，三复gṛbh-ṇ-ánti。

增音（augment）

128. 未完成、过去完成、不定过去时和条件式一般在词干前使这些形式具有过去时意义的重音节a。

a. 增音出现在七八个词根的n、y、r、v之前有时会延长：aor. ā́-naṭ（√naś获得）；impf. ā́-yunak, aor. ā́-yukta, ā́-yukṣātām（√yuj）；impf. ā́-riṇak, aor. ā́-raik（√ric离开）；aor. ā́-var（√vṛ覆盖）；impf. ā́-vṛṇi（√vṛ选择）；impf. ā́-vṛṇak（√vṛj），impf. ā́-vidhyat（√vyadh伤）。

b. 增音与首元音i，u，ṛ缩合为三合元音ai，au，ār；例如，√iṣ（希望）的未完成时áichant；√ud（湿润）的未完成时áunat；√ṛ（走）的三单不定过去时中间ā́r-ta（希ὦρ-το）。

c. 增音经常脱落：这无疑是从它是一个独立的小品词的时代延续下来的，如果从上下文中可以清楚地看到过去的意义，它就可以省略。在《梨俱吠陀》中，无增音形式的过去时比带增音的形式多一半以上。无增音的形式在意义上要么是直陈式，要么是训诫式，这在《梨俱吠陀》中的数量差不多。在《梨俱吠陀》中，大约三分之一的训诫式与禁止性小品词mā́（希μή）一起使用。在《阿达婆吠陀》中，几乎所有无增音形式都是训诫式，其中五分之四与mā́一起使用。

重叠

129. 有五种动词形式需要重叠：第三类变位现在时、完成时（及过去完成时）、重叠不定过去时、愿望式和加强式。其中每一种都有一些特殊性，必须在重叠的特殊规则下单独处理（130，135，149，170，173）。所有这些都有的共同点如下：

一般规律

1. 词根首音节（即以元音结尾的部分）[1]有重叠；例如√budh：bu-budh。

2. 送气音由对应的不送气音表示；如√bhī（害怕）：bi-bhī；√dhā：da-dhā。

3. 喉音由对应的颚音、[2]h由j表示；例如√gam：ja-gam；√khan（挖掘）：ca-khan；√han：ja-ghan。

4. 若词根以多辅音开头，只有首字母重叠；例如√kram（大步走）：ca-kram。

5. 若词根以咝音开始，其后是清音，清音被重叠；例如√sthā：ta-sthā；√skand（跃升）：ca-skand。但√svaj（拥抱）：sa-svaj（v是浊音）；√smi（笑）：si-ṣmi（m是浊音）。

6. 如果根元音是长，无论是尾音还是中间，它在重叠音节中会被缩短；[3]例如√dā：da-dā；√rādh（成功）：ra-rādh。

第三类动词的特殊重叠规则

130. ṛ和ṝ在重叠中由i来表示；例如√bhṛ：bí-bhar-ti；√pṝ：pí-par-ti。√vṛt（翻转）是唯一的例外：va-vart(t)-i。

a. 13个词根也用i来重叠ǎ，[4]而9个根则用a来重叠。

语尾

131. 下表给出了现在时系统中所有动词的语尾，它们总体上都

---

[1] 在加强式的重叠中，情况并不总是如此（173.2b）。

[2] 在加强式的重叠中，这一规则有一些例外（173.3）。

[3] 这一规则不适用于加强式（173），也不适用于重叠不定过去时的大部分（149α2），而在重叠完成时中，它受到许多例外情况的影响（139.9）。

[4] 这其中三个，√pā，√sthā，√han已经永久性地转为第一类变位（a），而√ghra（嗅）也开始转变。

相同。主要的区别在于祈愿式，它在第一变格中以e[1]为特征，而在第二变格中以yá́ 和ī[2]为特征。现在直陈式用原始语尾（mi、si、ti等），而未完成时、祈愿式用派生语尾（m、s、t等），命令式语尾有一些改动，而虚拟式则在两者之间波动。在其他时态中，将来时采用原始语尾，过去完成时和不定过去时及祈求式、条件式采用派生语尾；而完成时在主动语态中采用派生语尾（有许多差异），在中间语态中采用原始语尾。

这两类变位之间的以下区别需要注意。在第一或带插入元音a的变位中（如a变格），重音从不在语尾，而一直是在词干的同一个音节上（第一和第四类在词根，第六类是词缀），因此重音保持不变。另一方面，在第二变位中（如在可变词干的变格中），重音落在强词干上，而弱词干通过将重音转移到语尾而被减弱。因此，在第二变格中，除了强词干外，重音都在语尾上（126）。同样的情况也适用于无增音的未完成式（128）。

主动语态

	现在时	未完成时	祈愿式1	祈愿式2	虚拟式	命令式
1	mi	(a)-m[3]	īyam[4]	yá́m	ā(ni)	—
2	si	s	īs	yá́s	a-s(i)	—, tāt[5], (d)hi
3	ti	t	īt	yá́t	a-t(i)	tu

[1] 即ī与词干尾音a融合，例如bháv-e = bháva-ī。

[2] 即情态词缀显示元音变级（5b）。

[3] 在第一变位中是m（á-bhava-m），在第二变位中是am（á-dveṣ-am）。

[4] 这些语尾与词干尾音a融合为eyam，es，et等。

[5] 第一变位动词在二单命令主动式中一般没有语尾；但是它们也经常加tāt，这在梵书中也出现过。在变级变位中，dhi，hi，tāt加到弱词干，āna加到某些第九类动词：例如ad-dhí，śṛṇu-dhi；śṛṇu-hi，punī-hi；aś-āna；vit-tāt，kṛṇu-tāt。

续　表

	现在时	未完成时	祈愿式1	祈愿式2	虚拟式	命令式
1	vas	va	īva	yā́va	ā-va	—
2	thas	tam	ītam	yā́tam	a-thas	tam
3	tas	tām	ītām	yā́tām	a-tas	tām
1	mas(i)[1]	ma	īma	yā́ma	ā-ma	—
2	tha(na)[2]	ta(na)[3]	īta	yā́ta	a-tha	ta(na)[4]
3	(a)-nti	(a)-n, ur[5]	īyur	yúr	a-n	(a)-ntu[6]

注，在第一变位中，词干尾音a在m或v之前延长：bhávā-mi，bhávā-vas。

中间语态

	现在时	未完成时	祈愿式	虚拟式	命令式
1	e	i[7]	īya[8]	ai	—
2	se	thās	ī-thās	a-se, a-sai[9]	sva
3	te	ta	ī-ta	a-te, a-tai[10]	(t)ām

---

[1] 在《梨俱吠陀》中，masi是mas的五倍多，但在《阿达婆吠陀》中，mas比masi常见得多。

[2] 第一变位中语尾thana的唯一例子是váda-thana。

[3] 在第一变位中没有出现这个语尾的例子。

[4] 在第一变位中只出现了两个例子：bhája-tana即náhya-tana。

[5] 几乎所有的重叠类及几个词根类动词采用语尾ur。

[6] 重叠动词及其他被当作此类的动词在三复直陈现在及命令式主动态中脱落n。在整个第二变位，n在三复现在、未完成、命令式中间语态中脱落。

[7] 这个i与第一变位尾音a结合为e：bháve。

[8] 该情态词缀ī与第一变位尾音a结合为e：bháveya等。

[9]《梨俱吠陀》中只有a-se，《阿达婆吠陀》及梵书中只有a-sai。

[10]《梨俱吠陀》几乎只用a-te的形式，而a-tai在《阿达婆吠陀》中占优并在后来变为唯一的语尾。

续 表

	现在时	未完成时	祈愿式	虚拟式	命令式
1	vahe	vahi	ī-vahi	ā-vahai	—
2	ethe[1], **ā́the**	ethām, **āthām**	ī-y-āthām	aithe	ethām, **āthām**
3	ete, **ā́te**	etām, **ātām**	ī-y-ātām	aite	etām, **ātām**
1	mahe	mahi	ī-mahi	ā-mahe, ā-mahai	—
2	dhve	dhvam	ī-dhvam	a-dhvai	dhvam
3	nte, **áte**	nta, **ata**	ī-r-an	a-nta(i)[2]	ntām, **atām**

变位范式

132. 由于第一变位的三个类别及所有以a结尾的派生动词词干都有完全相同的变位，[3]一个范式就足以适用于所有这些。此处没有给出训诫式，因为其形式与无增音未完成时相同。在吠陀本集中没有出现的形式被添加到方括号中。

第一变位

第一类：√bhū

词干 bháv-a，主动，分词 bháv-ant, f. -ī

	现在时	未完成时	命令式	虚拟式	祈愿式
1	bhávā-mi	á-bhava-m		bhávā(-ni)	bháv-eyam
2	bháva-si	á-bhava-s	bháva(-tāt)	bhávā-s(i)	bháv-es
3	bháva-ti	á-bhava-t	bháva-tu	bhávā-t(i)	bháv-et

[1] 在第二第三人称双数，这些语尾形式中的首音e取代了第一变位的尾音a。译者按，表格中加粗为适用于第二变位的语尾。

[2] 语尾a-ntai只出现在梵书中。第一变位中很常见的形式a-nta是训诫式，如bhava-nta；但是它在第二变位中是虚拟式，例如kṛṇav-a-nta（训诫式：kṛṇvata）。

[3] 所有以a结尾的其他变位词干变形同此，即被动态（154），简单将来时（151），a-（141），sa-（147）及重叠不定过去时（149）。

续　表

	现在时	未完成时	命令式	虚拟式	祈愿式
1	bhávā-vas	[á-bhavā-va]		bhávā-va	[bháv-eva]
2	bháva-thas	á-bhava-tam	bháva-tam	bhávā-thas	[bháv-etam]
3	bháva-tas	á-bhava-tām	bháva-tām	bhávā-tas	bháv-etām
1	bháva-mas(i)	á-bhavā-ma		bhávā-ma	bháv-ema
2	bháva-tha	á-bhava-ta	bháva-ta	bhávā-tha	[bháv-eta]
3	bháva-nti	á-bhava-n	bháva-ntu	bhávā-n	bháv-eyur

中间语态，现在分词 bháva-māna, f. ā

	现在时	未完成时	命令式	虚拟式	祈愿式
1	bháv-e	á-bhav-e	—	bháv-ai	bháv-eya
2	bháva-se	á-bhava-thās	bháva-sva	bhávā-se -sai（AV）	[bháv-ethās]
3	bháva-te	á-bhava-ta	bháva-tām	bhávā-te, -tai	bháv-eta
1	bhávā-vahe	[á-bhavā-vahi]	—	bhávā-vahai	bháv-evahi
2	[bháv-ethe]	á-bhav-ethām	bháv-ethām	bháv-aithe	[bháv-eyāthām]
3	bháv-ete	á-bhav-etām	bháva-etām	bháv-aite	[bháv-eyātām]
1	bhávā-mahe	[á-bhavā-mahi]	—	bhávā-mahai	bháv-emahi
2	bháva-dhve	[á-bhava-dhvam]	bháva-dhvam	[bhávā-dhvai]	[bháv-edhvam]
3	bháva-nte	á-bhava-nta	bháva-ntām	[bhávā-nte]	[bháv-eran]

第二变位

第二类：√i（走）

现在词干 é，i；分词 y-ánt，f. y-at-ī́
主动态

	现在时	未完成时	命令式	虚拟式	祈愿式
1	**é-mi**[1]	ā́y-am		**áy-ā(ni)**	i-yā́m
2	**é-ṣi**	ái-s	i-hí, i-tā́t	**áy-a-s(i)**	i-yā́-s
3	**é-ti**	ái-t	**é-tu**	**áy-a-t(i)**	i-yā́-t
1	[i-vás]	[ái-va]		**áy-ā-va**	i-yā́-va
2	i-thás	ái-tam	i-tám	**áy-a-thas**	i-yā́-tam[2]
3	i-tás	ái-tām	i-tā́m	**áy-a-tas**	i-yā́-tām
1	i-más(i)	ái-ma		**áy-ā-ma**	i-yā́-ma
2	i-thá(na)	ái-ta(na)	i-tá(na)	**áy-a-tha**	i-yā́-ta
3	y-ánti	ā́y-an	y-ántu	**áy-a-n**	i-yúr

中间语态
brū（说），现在词干 bráv，brū；分词 bruv-āṇá，f. ā́

	现在时	未完成时	命令式	虚拟式	祈愿式
1	bruv-é	[á-bruv-i]	—	**bráv-ai**	bruv-ī-yá
2	brū-ṣé	á-brū-thās	brū-ṣvá	**bráv-a-se**	[bruv-ī-thā́s]
3	brū-té, bruv-é	á-brū-ta	brū-tā́m	**bráv-a-te**	bruv-ī-tá
1	[brū-váhe]	[á-brū-vahi]	—	**bráv-ā-vahai**	[bruv-ī-váhi]
2	bruv-ā́the	[á-bruv-āthām]	[bruv-ā́thām]	**bráv-aithe**	[bruv-ī-yā́thām]
3	bruv-ā́te	[á-bruv-ātām]	[bruv-ā́tām]	**bráv-aite**	[bruv-ī-yā́tām]

[1] 译者案：粗体加黑表示强词干。
[2] 译者案：原文误作i-yā́-tām。

续　表

	现在时	未完成时	命令式	虚拟式	祈愿式
1	brū-máhe	[á-brū-mahi]	—	**bráv-ā-mahai**	bruv-ī-máhi
2	brū-dhvé	á-brū-dhvam	brū-dhvám	**[bráv-a-dhve]**	[bruv-ī-dhvám]
3	bruv-áte	á-bruv-ata	bruv-átām	**[bráv-a-nta]**	[bruv-ī-rán]

第三类：√bhṛ（忍受）

现在词干 bíbhar，bibhṛ

主动，分词 bíbhr-at，f. bíbhr-at-ī

	现在时	未完成时	命令式	虚拟式	祈愿式
1	**bíbhar-mi**	**á-bibhar-am**		**bíbhar-āṇi**	bibhṛ-yā́m
2	**bíbhar-ṣi**	**á-bibhar**（28）	bibhṛ-hí bibhṛ-tā́t	**bíbhar-a-s**	bibhṛ-yā́-s
3	**bíbhar-ti**	**á-bibhar**（28）	**bíbhar-tu**	**bíbhar-a-t**	bibhṛ-yā́-t
1	[bibhṛ-vás]	[á-bibhṛ-va]		**[bíbhar-ā-va]**	[bibhṛ-yā́-va]
2	bibhṛ-thás	á-bibhṛ-tam	bibhṛ-tám	**bíbhar-a-thas**	[bibhṛ-yā́-tam]
3	bibhṛ-tás	á-bibhṛ-tām	bibhṛ-tā́m	**[bíbhar-a-tas]**	bibhṛ-yā́-tām
1	bibhṛ-más(i)	á-bibhṛ-ma		**bíbhar-ā-ma**	bibhṛ-yā́-ma
2	bibhṛ-thá	á-bibhṛ-ta(na)	bibhṛ-tá(na)	**[bíbhar-a-tha]**	[bibhṛ-yā́-ta]
3	bíbhr-ati	á-bibhr-an[1]	bíbhr-atu	**bíbhar-a-n**	bibhṛ-yúr

中间语态，分词 bíbhr-āṇa f. ā

	现在时	未完成时	命令式	虚拟式	祈愿式
1	bíbhr-e	[á-bibhr-i]	—	**[bíbhar-ai]**	bíbhr-ī-ya
2	bibhṛ-ṣé	á-bibhṛ-thās	bibhṛ-ṣvá	**bíbhar-a-se**	[bíbhr-ī-thās]

[1] 还有一个形式：á-bibhar-ur。

续 表

	现在时	未完成时	命令式	虚拟式	祈愿式
3	bibhṛ-té	á-bibhṛ-ta	bibhṛ-tā́m	**bíbhar-a-te**	bíbhr-ī-ta
1	bibhṛ-váhe	á-bibhṛ-vahi	—	**bíbhar-ā-vahai**	[bíbhr-ī-vahi]
2	bíbhr-āthe	[á-bibhr-āthām]	bíbhr-āthām	**[bíbhar-aithe]**	[bíbhr -ī-yāthām]
3	bíbhr-āte	[á-bibhr-ātām]	[bíbhr-ātām]	**[bíbhar-aite]**	[bíbhr-ī-yātām]
1	bibhṛ-máhe	[á-bibhṛ-mahi]	—	**bíbhar-ā-mahai**	bíbhr-ī-mahi
2	bibhṛ-dhvé	[á-bibhṛ-dhvam]	bibhṛ-dhvám	**[bíbhar-a-dhve]**	[bíbhr-ī-dhvam]
3	bíbhr-ate	á-bibhr-ata	bíbhr-atām	**bíbhar-a-nta**	bíbhr-ī-ran

第五类：√kṛ（做）

现在词干 kṛ-ṇó，-ṇu
主动，分词 kṛṇv-ánt，f. kṛṇv-at-ī́

	现在时	未完成时	命令式	虚拟式	祈愿式
1	**kṛ-ṇó-mi**	**á-kṛṇav-am**		**kṛṇáv-ā(ni)**	kṛṇu-yā́m
2	**kṛ-ṇó-ṣi**	**á-kṛṇo-s**	kṛṇú kṛṇu-hí, -tā́t	**kṛṇáv-a-s**	[kṛṇu-yā́-s]
3	**kṛ-ṇó-ti**	**á-kṛṇo-t**	**[kṛṇó-tu]**	**kṛṇáv-a-t**	kṛṇu-yā́-t
1	[kṛṇ-vás]	[á-kṛṇ-va]		**kṛṇáv-ā-va**	[kṛṇu-yā́-va]
2	kṛṇu-thás	á-kṛṇu-tam	kṛṇu-tám	**[kṛṇáv-a-thas]**	[kṛṇu-yā́-tam]
3	kṛṇu-tás	á-kṛṇu-tām	kṛṇu-tā́m	**[kṛṇáv-a-tas]**	[kṛṇu-yā́-tām]
1	kṛṇ-más(i)	[á-kṛṇ-ma]		**kṛṇáv-ā-ma**	kṛṇu-yā́-ma
2	kṛṇu-thá	á-kṛṇu-ta	kṛṇutá kṛṇó-ta(na)	**[kṛṇáv-a-tha]**	[kṛṇu-yā́-ta]
3	kṛṇv-ánti	á-kṛṇv-an	kṛṇv-ántu	**kṛṇáv-a-n**	[kṛṇu-yúr]

中间语态

现在分词 kṛṇv-ānā́，f. ā́

	现在时	未完成时	命令式	虚拟式	祈愿式
1	kṛṇv-é	[á-kṛṇv-i]	—	**kṛṇáv-ai**	[kṛṇv-ī-yá]
2	kṛṇu-ṣé	á-kṛṇu-thās	kṛṇu-ṣvá	**kṛṇáv-a-se**	[kṛṇv-ī-thā́s]
3	kṛṇ-té, kṛṇv-é	á-kṛṇu-ta	kṛṇu-tā́m	**kṛṇáv-a-te**	kṛṇv-ī-tá
1	[kṛṇ-váhe]	[á-kṛṇ-vahi]	—	**kṛṇáv-ā-vahai**	[kṛṇv-ī-váhi]
2	kṛṇv-ā́the	[á-kṛṇv-āthām]	kṛṇv-ā́thām	**kṛṇáv-aithe**	[kṛṇv-ī-yā́thām]
3	[kṛṇv-ā́te]	[á-kṛṇv-ātām]	[kṛṇv-ā́tām]	**kṛṇáv-aite**	[kṛṇv-ī-yā́tām]
1	kṛṇ-máhe	[á-kṛṇ-mahi]	—	**kṛṇáv-ā-mahai**	[kṛṇv-ī-máhi]
2	[kṛṇu-dhvé]	á-kṛṇu-dhvam	kṛṇu-dhvám	**[kṛṇáv-a-dhve]**	[kṛṇv-ī-dhvám]
3	kṛṇv-áte	á-kṛṇv-ata	kṛṇv-átām	**kṛṇáv-a-nta**	[kṛṇv-ī-rán]

第七类：√yuj（联合）

现在词干 yu-náj, yu-ñj

主动，分词 yuñj-ánt，f. yuñj-at-ī́

	现在时	未完成时	命令式	虚拟式	祈愿式
1	**yu-ná-j-mi**	**[á-yunaj-am]**		**[yunáj-āni]**	[yuñj-yā́m]
2	**yu-ná-k-ṣi**（67）	**á-yunak**（63，61）	yuṅ-dhí（10a）	**yunáj-a-s**	[yuñj-yā́-s]
3	**yu-ná-k-ti**（63）	**á-yunak**（63，61）	**yunák-tu**	**yunáj-a-t**	yuñj-yā́-t
1	[yuñj-vás]	[á-yuñj-va]		**yunáj-ā-va**	[yuñj-yā́-va]
2	[yuṅk-thás]	á-yuṅk-tam	yuṅ-tám（10a）	**[yunáj-a-thas]**	[yuñj-yā́-tam]
3	[yuṅk-tás]	[á-yuṅk-tām]	yuṅ-tā́m	**yunáj-a-tas**	[yuñj-yā́-tām]
1	yuñj-más	[á-yuñj-ma]		**yunáj-ā-ma**	[yuñj-yā́-ma]

续 表

	现在时	未完成时	命令式	虚拟式	祈愿式
2	[yuṅk-thá]	[á-yuṅk-ta]	yunák-ta(na)[1]	**[yunáj-a-tha]**	[yuñj-yā́-ta]
3	yuñj-ánti	á-yuñj-an	yuñj-ántu	**yunáj-a-n**	[yuñj-yúr]

中间语态，分词 yuñj-āná，f. ā́

	现在时	未完成时	命令式	虚拟式	祈愿式
1	yuñj-é	[á-yuñj-i]	—	**[yunáj-ai]**	[yuñj-ī-yá]
2	yuṅk-ṣé	[á-yuṇk-thās]	yuṅk-ṣvá(63,67)	**[yunáj-a-se]**	[yuñj-ī-thā́s]
3	yuṅk-té	[á-yuṅk-ta]	yuṅ-tā́m	**yunáj-a-te**	yuñj-ī-tá
1	[yuñj-váhe]	[á-yuñj-vahi]	—	**[yunáj-āvahai]**	[yuñj-ī-váhi]
2	yuñj-ā́the	[á-yuñj-āthām]	yuñj-ā́thām	**[yunáj-aithe]**	[yuñj-ī-yā́thām]
3	yuñj-ā́te	[á-yuñj-ātām]	[yuñj-ā́tām]	**[yunáj-aite]**	[yuñj-ī-yā́tām]
1	[yuñj-máhe]	[á-yuñj-mahi]	—	**yunáj-ā-mahai**	[yuñj-ī-máhi]
2	yuṅg-dhvé	[á-yuṅg-dhvam]	yuṅg-dhvám	**[yunáj-a-dhve]**	[yuñj-ī-dhvám]
3	yuñj-áte	á-yuñj-ata	yuñj-átām	**[yunáj-a-nta]**	[yuñj-ī-rán]

第九类：√grabh（抓取）

现在词干 gṛbh-ṇā́，gṛbh-ṇī，gṛbh-ṇ
主动，现在分词 gṛbh-ṇ-ánt f. gṛbh-ṇ-at-ī́

	现在时	未完成时	命令式	虚拟式	祈愿式
1	**gṛbh-ṇā́-mi**	**á-gṛbh-ṇā-m**		**gṛbh-ṇ-ā́ni**	gṛbh-ṇī-yā́m
2	**gṛbh-ṇā́-si**	**á-gṛbh-ṇā-s**	gṛbh-ṇī-hí,-tā́t[2]	**gṛbh-ṇā́-s**	gṛbh-ṇī-yā́-s

[1] 还有一个形式：yuṅ-tá。
[2] 此处还有极独特形式：gṛbh-āṇá

续　表

	现在时	未完成时	命令式	虚拟式	祈愿式
3	**gṛbh-ṇā́-ti**	**á-gṛbh-ṇā-t**	**[gṛbh-ṇā́-tu]**	**gṛbh-ṇā́-t(i)**	gṛbh-ṇī-yā́-t
1	[gṛbh-ṇī-vás]	[á-gṛbh-ṇī-va]		**[gṛbh-ṇā́-va]**	[gṛbh-ṇī-yā́-va]
2	gṛbh-ṇī-thás	á-gṛbh-ṇī-tam	gṛbh-ṇī-tám	**[gṛbh-ṇā́-thas]**	[gṛbh-ṇī-yā́-tam]
3	gṛbh-ṇī-tás	[á-gṛbh-ṇī-tām]	gṛbh-ṇī-tā́m	**[gṛbh-ṇā́-tas]**	[gṛbh-ṇī-yā́-tām]
1	gṛbh-ṇī-más(i)	[á-gṛbh-ṇī-ma]		**gṛbh-ṇā́-ma**	[gṛbh-ṇī-yā́-ma]
2	gṛbh-ṇī-thá(na)	á-gṛbh-ṇī-ta	gṛbh-ṇī-tá(na)	**gṛbh-ṇā́-tha**	[gṛbh-ṇī-yā́-ta]
3	gṛbh-ṇ-ánti	á-gṛbh-ṇ-an	gṛbh-ṇ-ántu	**gṛbh-ṇā́-n**	[gṛbh-ṇī-yúr]

中间语态

现在分词 gṛbh-ṇ-āná，f. ā́

	现在时	未完成时	命令式	虚拟式	祈愿式
1	gṛbh-ṇ-é	á-gṛbh-ṇ-i	—	**[gṛbh-ṇ-ái]**	[gṛbh-ṇ-ī-yá]
2	gṛbh-ṇī-ṣé	[á-gṛbh-ṇī-thās]	gṛbh-ṇī-ṣvá	**[gṛbh-ṇā́-se]**	[gṛbh-ṇ-ī-thā́s]
3	gṛbh-ṇī-té	á-gṛbh-ṇī-ta	gṛbh-ṇī-tā́m	**[gṛbh-ṇā́-te]**	gṛbh-ṇ-ī-tá
1	[gṛbh-ṇī-váhe]	[á-gṛbh-ṇī-vahi]	—	**gṛbh-ṇā́-vahai**	[gṛbh-ṇ-ī-váhi]
2	[gṛbh-ṇ-ā́the]	[á-gṛbh-ṇ-āthām]	[gṛbh-ṇ-ā́thām]	**[gṛbh-ṇ-áithe]**	[gṛbh-ṇ-ī-yā́thām]
3	[gṛbh-ṇ-ā́te]	[á-gṛbh-ṇ-ātām]	[gṛbh-ṇ-ā́tām]	**[gṛbh-ṇ-áite]**	[gṛbh-ṇ-ī-yā́tām]
1	gṛbh-ṇī-máhe	á-gṛbh-ṇī-mahi	—	**gṛbh-ṇā́-mahai**	[gṛbh-ṇ-ī-máhi]
2	[gṛbh-ṇī-dhvé]	[á-gṛbh-ṇī-dhvam]	gṛbh-ṇī-dhvám	**[gṛbh-ṇā́-dhve]**	[gṛbh-ṇ-ī-dhvám]
3	gṛbh-ṇ-áte	á-gṛbh-ṇ-ata	gṛbh-ṇ-átām	**[gṛbh-ṇā́-nta]**	[gṛbh-ṇ-ī-rán]

不规则的现在时词干

第一变位

A. 第一类（bhū）

133. 1. √guh及√kram（只有主动态）的根元音延长：gū́ha“隐藏”，[1] krā́ma-ti（但是中间语态kráma-te）；√ūh采用二合音：óh-a“考虑”；[2] √kṛp无二合音：kṛ́p-a“哀叹”。[3]

2. √gam，√yam，√yu“分裂”使用cha（希σκ）：gá-cha（希βά-σκω），yá-cha，yú-cha。

3. a. 四个词根√pā“喝”，√sthā“站”，√sac“陪伴”，√sad“坐”形成最初属于重叠类的现在时词干：píba（拉bibo）；tíṣṭha（ἵστη-μι，拉sisto）；sáśca[4]（源于sá-s(a)c-a）；sī́da（源于sí-s(s)d-a；拉sīdo）。

b. 四个词干从第五类（nu）转移而来，要么与更简单的原词干一起使用，要么完全取代它：√i（送），í-nv-a-ti及i-nó-ti；√ji（加速），jí-nv-a-ti及ji-nó-ṣi；√hi（推动），hí-nv-ati及hi-nó-ti；pí-nv-a（育肥）毫无疑问源自√pĭ。

4. √daṃś（咬）和√sañj（悬挂）鼻音脱落：dáś-a，sáj-a。

5. 语尾tāt（除了经常用于12个动词中的二单命令式）破例用于三单：gácha-tāt，smára-tāt。在这类中只分别出现了一个例子，其二复命令主动态语尾是tana：bhája-tana；二复中间是dhva（代替dhvam）：yája-dhva。

B. 第四类（ya）

1. 七个动词缩减了根音节：√spáś（看）丢失首音：páś-ya；√ vyadh

---

[1] 而不是二合音。

[2] 但是ūh（消除）保持不变（125.1）。

[3] 与125.1相反。

[4] 在三复中脱落鼻音是该词干源于重叠类的残留：现在时sáśc-ati，训诫式中间saśc-ata。

（刺破）采用“互换”：vídh-ya；ā被缩短；√dhā（吮吸）：dhá-ya；√mā（交换）：má-ya；√vā（编织）：vá-ya；vyā（笼罩）：vyá-ya；√hvā（呼叫）：hvá-ya。

2. 尾音ṝ有时候变为īr及ūr：√jṝ（浪费，消减）：jū́r-ya及jī́r-ya（AV.）；√tṝ（跨越）：tū́r-ya及tī́r-ya；√pṝ只变为pū́r-ya（由于其首字母为唇音）。

3. √śram（疲倦）延长其元音：śrā́m-ya；在梵书中，√tam（减弱）及√mad（欣喜若狂）也一样：tā́m-ya，mā́d-ya。

C. 第六类

1. 根元音在八个动词中添加类鼻音：√kṛt（切）：kṛnt-á；√tṛp（高兴）：tṛmp-á；√piś（润饰）：piṃś-á；√muc（释放）：muñc-á；√lip（涂抹）：limp-á；√lup（断裂）：lump-á；√vid（发现）：vind-á；√sic（泼洒）：siñc-á。其他三个词根偶尔有鼻音化的形式：√tud，√dṛh，√śubh（闪耀）。

2. 四个词根用后缀cha形成其现在时词干（参看A2）：√iṣ（希望）：i-chá；√ṛ（去）：ṛ-chá；√praś（问）：pṛ-chá；[1] √vas（闪耀）：u-chá。词根√vraśc（切）似乎用c构成，[2]采用“互换”：vṛśc-á。

3. 以ṝ结尾的三个词根√kṝ（分散），√gṝ（吞咽），√tṝ形成的词干是kir-á，gir-á，tir-á（及tár-a）。

a. tāt除了作为二单命令式后缀正常使用外，如mṛḍá-tāt，viśá-tāt，vṛhá-tāt，suvá-tāt，也使用于三单，如viśá-tāt。

第二变位

A. 第二类（词根类）

134. 1. 在下列动词中词根不规则地延长：

---

[1] 带有互换及ś的脱落。参看拉丁prec-or及po(rc)-sco及古德语frag-en（问）及for-scon（forschen研究）。

[2] 参看-vras-ka，过去分词vṛk-ṇá砍，vṛ́k-a狼。

a. √kṣṇu（磡），√yu（联合），√nu，√stu（赞美）在以辅音开头的语尾之前，强词干用三合音代替二合音；[1]例如stáu-mi，á-stau-t，但á-stav-am。

b. √mṛj在强词干中采用二合音：mā́rj-mi，mā́rṣ-ṭi，但mṛj-más，mṛj-ánti。

c. √śī中间语态采用二合音，在整个弱词干中，重音落于词根音节：如单一、三śáy-e，第二人称：śé-ṣe（κεῖ-σαι）。在三复现在时、命令式、未完成时中，它还有一个不规则的现象，即在语尾前插入r：śé-r-ate，śé-r-atām，á-śe-r-an。

α. √i，√brū，√stu，√han在二复命令主动语尾前有替代形式：é-ta(na)，brávī-tana，stó-ta，hán-tana。√brū在二复未完成时也同样不规则：ábravī-ta(na)。

2. 在下列动词中，词根不规则地弱化：

a. √vaś（欲望）在弱词干中采用互换：一复uś-mási，分词uś-āná，但是一单váś-mi。

b. √as在祈愿式，现在时、命令式的所有弱词干中脱落首音a；例如，祈愿式s-yā́t（将是）；现在时s-más（我们是），s-ánti（拉丁sunt，他们是）；命令式，二双s-tám，二复s-tá，三复s-ántu。在二单命令式中（以一个变更的形式）保留元音：e-dhí（源于az-dhí，阿维斯塔zdī）。它在未完成时二、三单语尾前插入ī：ā́s-īs，ā́s-īt（除了ā́s = ā́s-t）。

c. √han在辅音开头的语尾（除了m，y，v）前，其弱词干脱落n，如ha-thá，但是hán-ti。a在三复现在、未完成时、命令式及分词中脱落，h变为它原来的喉音gh：ghn-ánti，ghn-ántu，á-ghn-an；ghn-ánt。二单命令式带有颚首音ja-hí（源于jha-hí），而不是gha-hí。

---

［1］ 在梵书中，√ru喊，√su，√sku，√snu（蒸馏）有同样的特殊性：rau-ti，sau-ti，skau-ti，snau-ti。

3. 在下列动词中不规则地插入一个元音或半元音：

a. 词根√an、√rud（哭泣）、√vam（呕）、√śvas（吹）、√svap 在所有辅音语尾前插入 i，除了在二、三单未完成时插入 ī；例如 án-i-ti，ā́n-ī-t；a-vam-ī-t；śvas-i-ti。

b. 词根√īḍ（赞美）及√īś（统治）在中间二单、复某些形式中加 i：ī́ḍ-i-ṣva；ī́ś-i-ṣe（以及 ī́k-ṣe），īśi-dhve。连接 i 偶尔也会出现在其他词根的形式（二单命令）：jan-i-ṣva（生），vas-i-ṣva（穿衣），śnath-i-hi（刺破），stan-i-hi（雷鸣）。

c. √brū 的强词干在辅音语尾前插入 ī：bráv-ī-mi，á-brav-ī-t；√am（伤害）在辅音前插入 ī；所以 am-ī-ti，am-ī-ṣva，ām-ī-t（TS.）。

4. 关于语尾：

a. √śās 在三复主动中间及分词中脱落 n：śās-ate，śās-atu，śā́s-at。

b. 词根√duh 在语尾上很不规则：未完主动三单 á-duh-a-t 及 á-dhok，三复 á-duh-ran 及 á-duh-an，duh-ur；祈愿式三单 duh-īyát（代替 duh-yā́t），三复 duh-ī-yán（代替 duh-yúr）。中间现在直陈三复 duh-ré，duh-rate 及规则的 duh-até；[1] 命令式三单 duh-ā́m，[2] 三复 duh-rā́m 及 duh-rátām；分词 dúgh-āna。

c. 以 ā 结尾的词根在三复未完成时主动态中使用 ur，而非 an；例如√pā（保护）：á-p-ur。一些以辅音结尾的词根也显示同样的不规则性；如√tviṣ（被搅动）：á-tviṣ-ur。

α. 动词√īś，√duh，√vid（发现），√śī 经常在中间现在三单使用 e，而不是 te[3]：ī́ś-e，duh-é，vid-é，śáy-e；而√cit，√brū 很少出现：cit-é，bruv-é。

β. 在《阿达婆吠陀》及梵书中，虚拟式使用 ā 而不是 a 并不罕见；

[1] 但是带有不规则重音，又如 rih-até 他们舔。

[2] 在《阿达婆吠陀》中，三单命令中间语态类似地构成为 śáy-ām。

[3] 这个不规则也见于梵书。

例如，áy-ā-s, ás-ā-t,[1] bráv-ā-thas, hán-ā-tha, ád-ā-n。

B. 第三类（重叠）

1. 以ā结尾的词根在元音语尾前脱落根元音；例如√mā（测量）：一单 mím-e，三复 mím-ate。

a. 在弱词干中，√mā（测量），√mā（吼叫），√rā（给），√śā（削尖），√hā（走开）中的ā在辅音前经常变为ī（参看5c）：mímī-te；rarī-thā́s；[2] śiśi-mási；jíhī-te。

b. 该种类中两个最常见的动词√dā（给）、√dhā（放置）在所有弱形式中以dad和dadh为词干：dád-mahe，dadh-mási。当dadh的送气音在 t，th，s之前脱落时，送气就被转到首字母：dhat-té，dhat-thá，dhat-svá。二单命令主动态除了dad-dhí及dat-tā́t还有de-hí（源于daz-dhí），dhat-tā́t之外还有dhe-hí（源自dhaz-dhí）。

2. √vyac采用互换，例如三双现在时vivik-tás；√hvar（扭曲）采用互换来变形，然后用u重叠：例如ju-hūr-thās（二单训诫中间态）。

3. √bhas，√sac，√has（笑）在弱词干中省略根元音；因此bá-ps-ati 现在直陈三复（但ba-bhas-a-t 虚拟三单）；三复现在直陈sá-śc-ati，虚拟sá-śc-ata；现在分词já-kṣ-at（源于ja-gh[a]s-at）。

a. 词根√ṛ、√dā、√dhā、√pṛ、√yu（分离）、√śā（削尖）、√hu在第二人称命令主动态有多个带有强元音的形式：单yu-yo-dhí，śi-śā-dhí（除了śi-śī-hí）；双yu-yó-tam（除了yu-yu-tám）；复í-y-ar-ta, dá-dā-ta(na), dá-dhā-ta(na), pí-par-tana, yu-yó-ta(na), ju-hó-ta(na)。√dā，√dhā，√hā在二复未完成有类似的强词干：á-da-dā-ta, á-dadhā-ta, á-jahā-tana。

b. 从此类到其他类有很多转变词根。√pā，√sthā，√han根据

[1] 在梵书中，带原始语尾的虚拟式非常罕见。
[2] 但是二单命令主动rarā-sva（AV.）。

第一变位专门形成这样的词干píba, tíṣṭha, jíghna（参看133.3a）；而√ghrā（嗅），√bhas，√mā（吼叫），√rā（给），√sac使用插入元音a的词干jíghra，bápsa，míma，rára，sáśca。√dā及√dhā也根据第一变位从其弱词干中形成一些形式，如现在中间三单dád-a-te，三复主动dádh-a-nti，三复命令dádh-a-ntu。前者dad甚至有变为词根的萌芽趋势；因此它形成了过去被动分词dat-tá。

C. 第五类（nu类）

1. 后缀u在一复直陈主动中间语尾m之前脱落，例如kṛṇ-más，kṛṇ-máhe。

2. 当nu前有一个辅音，u在元音语尾前变为uv；例如三复现在时aś-nuv-ánti（但su-nv-ánti）。

3. √śru（通过异化）形成词干śṛ-ṇu，vṛ（覆盖）（通过元音与半元音的交换）在常规的vṛ-ṇu之外还有ūr-ṇu。

4. 除了规则和非常频繁出现的词干kṛ-ṇu[1]（√kṛ）外，在《梨俱吠陀》第十章中开始出现了非常反常的kuru。[2]该词干的强形式karó在词根有二合音，这一更反常的形式首次出现在《阿达婆吠陀》中。[3]

α. 以n结尾的四个词根√tan、√man、√van（赢）、√san（获得）有与后缀u形成的词干，如tan-u。根据印度语法学家的说法，这些（与后面的三个词根）形成一个单独的（第八）类。但这些现在词干中的a实际上可能代表了鼻音节（sonant nasal）= tṇ-u。√kṛ的晚期和反常的现在词干kur-u也加入了这个组（参看C4）。

β. 该组的五个词干i-nu，ṛ-ṇu，ji-nu，pi-nu，hi-nu 已经经常用

---

[1] 在前置词pari（围绕）之后，该词干之前有一个非原始的s：pari-ṣ-kṛṇv-ánti他们装饰。

[2] 二单命令式kuru两次，一复现在直陈kur-mas一次。

[3] 但在《阿达婆吠陀》中，由kṛṇu构成的形式仍然是由karó、kuru构成的形式的六倍，而后者是梵书中唯一使用的词干。

作派生词根，根据第一变位形成现在时词干：ínv-a，ṛ́ṇv-a，jínv-a，pínv-a，hínv-a。

γ. 此类中的六个动词在三复现在中间语态使用语尾re[1]加连接元音i：inv-i-ré，ṛṇv-i-ré，pinv-i-ré，śṛṇv-i-ré，sunv-i-ré，hinv-i-ré。

δ. 在《梨俱吠陀》中，二单命令主动有词尾hi（如śṛṇu-hí），其频率是无语尾形式的三倍，如śṛṇu；在《阿达婆吠陀》中，它的出现频率只有后者的六分之一；在梵书中，它几乎已经消失。在《梨俱吠陀》，词尾dhi也出现在śṛṇu-dhí中。词尾tāt出现在kṛṇu-tāt，hinu-tāt，kuru-tāt中。二双命令式词干是kṛṇo-tam，hino-tam；二复命令式是kṛṇó-ta(na), śṛṇó-ta(na), sunó-ta(na), hinó-ta(na); tanó-ta及karó-ta。

D. 第七类（插入鼻音）

1. √añj（膏油）、√bhañj（打破）、√hiṃs（伤害）的鼻音在插入的na之前脱落：如a-ná-k-ti，bha-ná-k-ti，hi-ná-s-ti。

2. √tṛh（粉碎）在强词干中插入né；例如tṛ-ṇé-ḍhi（69c）。

E. 第九类（nā）

1. 三个词根√jī（压倒）、√jū（匆忙）、√pū（纯净）在词缀前缩短其元音：ji-nā́-mi, ju-nā́-si, pu-nā́-ti。

2. √grabh及其后期形式√grah使用互换：gṛbh-ṇā́-mi, gṛh-ṇā́-mi（AV.）

3. 在现在时系统以外的形式中出现鼻音的四个词根√bandh（捆绑），√manth（摇晃），√skambh（使坚定），√stambh（支撑）及√jñā（知道）去掉其鼻音：jā-nā́-ti, badh-nā́-ti, math-nā́-ti, skabh-nā́-ti, stabh-nā́-ti。

4. 四个以辅音结尾的词根√aś（吃）、√grah、√bandh、√stambh在二单命令式主动态有特殊词尾āna：aś-āná，gṛh-āṇá，badh-āná，

---

[1] 像词根类中的duh-re。

stabh-ānā́。

a. 除了常规词干pṛṇā́、mṛṇā́外，√pṛ及√mṛ（压碎）还根据第一变位形成转移词干pṛṇá、mṛṇá，从它们那里出现了几种形式。

完成时

135. 这个时态由重叠构成。与现在时一样，除了直陈式，它还有虚拟、训诫、祈愿和命令语气以及分词和一个增强形式，即过去完成时。完成时非常常见，在吠陀本集中由近300个动词构成。

特殊的重叠规则

1. ṛ，ṝ（= ar）及ḷ（= al）一直使用ă来重叠（参看139.9）；例如√kṛ：ca-kṛ；√tṝ：ta-tṛ；√kḷp（适配）：cā-kḷp；√ṛ：ār（= a-ar）。

2. 首音a或ā变为ā；例如√an：ān；√āp（获得）：āp。长元音ī，ū保持不变（= i-ī及u-ū）；例如√īṣ（移动）：一单īṣ-é；√ūh（考虑）：三单ūh-é。

3. 以i，u为首的词根将i+i缩合为ī，u+u为ū，除了单数主动，重叠音节与强词根音节之间由其自身的半元音隔开：例如√i（去）：二单i-y-é-tha；√uc（喜悦）：二单中间ūc-i-ṣé，但是三单主动u-v-óc-a。

4. 含有ya或va的词根，在其他形式（如过去被动分词）需要采用互换，分别用i和u来重叠。有四个这样带ya的：√tyaj放弃，√yaj，√vyac延长，√syand继续：ti-tyaj，i-yaj，vi-vyac，si-ṣyand；五个带va：√vac[1]，√vad，√vap抛出，√vah，√svap：u-vac，u-vad，u-vap，u-vah，su-ṣvap。另一方面，√yam，√van，√vas（穿）这三个词根一直有完整的重叠ya或va：ya-yam，va-van，va-vas。

[1] √vac有两个带有完整重叠的形式：三单主动va-vā́c-a及二单中间va-vak-ṣé。

语尾

136. 完成主动单数是强词干（如现在时、未完成时单数主动），重音在词根上；剩下的形式为弱，重音在语尾上：

	主动			中间		
	单	双	复	单	双	复
1	**a**	[vá]	má	é	[váhe]	máhe
2	**tha**	áthur	á	sé	ā́the	dhvé
3	**a**	átur	úr	é	ā́te	ré

a. 以辅音开头的语尾通常直接加在词干上；mahe无一例外都是这样添加的。语尾tha, ma, se, re几乎都是直接加在以元音结尾的词干上；因此√dā：dadā́-tha；√ji：ji-gé-tha；√nī：niné-tha；√su：suṣu-má；√hū：juhū-ré；√kṛ：cakár-tha, cakṛ-má, cakṛ-ṣé, 但是cakr-i-ré。[1]如果词干尾音节在韵律上短，同样的语尾tha, ma, se, re直接加在以辅音结尾的词根上，如果是长，[2]则加连接元音i；[3]例如tatán-tha; jagan-má, jagṛbh-má, yuyuj-má; vivit-sé; cā-kḷp-ré, tatas-ré, yuyuj-ré, vivid-ré; 但uvóc-i-tha, úc-i-má, papt-i-má; īj-i-ré。

b. 在以元音开头的语尾前（参考137.1a）

1. 若前面有一个辅音，ĭ就变成y，如果有多个辅音，就变成iy；例如√bhī：bibhy-átur, √śri（依靠）：śiśriy-é。

2. ŭ 一般变为uv；例如√yu（联合）：yuyuv-é; √śru：śuśruv-é;

[1] 以ṛ结尾的词根在加re时经常带连接元音i。

[2] 词根尾元音ā在弱形式中还原为i，例如√dhā：dadhi-dhve。在十分常见的动词dā和dhā中，这个减弱的元音可能是其他动词使用i作为连接元音的开端。

[3] 这是由于节奏规则，即在连续的音节中词干不能有两个诗节短元音。参考§139.9。

√śū（涨）：śūśuv-é。[1]

3. ṛ，ṝ分别变为r，ir；例如√kṛ：cakr-é，cakr-á；√tṝ：tutir-úr；√stṝ（抛出）：tistir-é。

强词干

1. 短元音后为单辅音的词根在整个单数主动态中采用二合音；例如√diś（指）：di-déś-a；√uc（不愿意）：uv-óc-a；√kṛt（切）：ca-kárt-a；但√jinv（快速）：ji-jinv-áthur。

2. 尾元音在三单中采用三合音；[2]例如√nī：ni-nā́y-a；√śru：śu-śrā́v-a；√kṛ：ca-kā́r-a。

3. 词根中的a后为单辅音在三单中采用三合音；例如√han：ja-ghā́n-a，√takṣ（形成）：ta-tákṣ-a。

4. 以ā结尾的词根在一、三单主动态采用不常见的词尾au；例如√dhā：da-dháu。唯一的例外是√prā（填），三单除了常规形式pa-práu，还有pa-prā́。

弱词干

137. 1. 在含有元音ĭ，ŭ，ṛ的词根中，根音节保持不变，除了连音；例如√yuj：yu-yuj-má；√vid（发现）：vi-vid-é；√kṛ：ca-kṛ-má。

a. 在以元音开头的语尾前，如果跟有一个辅音，ĭ 和ṛ变为y及r，如果有多个辅音，它们变为iy及ar；而 ŭ 及ṝ一般变为uv及ir；例如√ji：ji-gy-úr；√bhī: bi-bhy-úr；√kṛ: cakr-úr；√śri: śi-śriy-é；√yu: yu-yuv-é；√śru: śu-śruv-é；√śū（涨）：śū-śuv-é；√tṝ: ti-tir-úr；√stṝ: ti-stir-é。

2. 在含有中间a或末位ā的词根中，根音节弱化。

a. 大约有十几个词根，当在a前后都有一个辅音（如√pat），并

[1] 但是√hū：juhv-é；√bhū：babhū́v-a；√sū：sa-sū́v-a。

[2] 在《梨俱吠陀》及《阿达婆吠陀》中，一单从来不采用三合音。在某部奥义书及（吠陀）经中，cakāra是一单，在某个经中，jigāya（√ji）亦同。

且重叠的初始辅音不变（即不包括以送气音、喉音和大部分v开头的词根），将两个音节缩合为一个含有双元音e的音节（参考拉丁fac-io, fēc-i）。[1]词干如下：√tap加热，√dabh，√nam弯曲，√pac煮，√pat，√yat伸展，√yam[2]，√rabh，√labh取，√śak能，√śap诅咒，√sap服事。例如√pat：pet-átur；√śak：śek-ur。

在《阿达婆吠陀》，两个词根√tan及√sac属于此类。

b. 有中间的a但首音是喉音的四个词根脱落其元音：√khan（击碎）：ca-khn；√gam：ja-gm；√ghas：ja-kṣ；√han：ja-ghn。

其他六个词根虽然符合上述条件（2a），但a被省略而不是缩合：√jan：ja-jñ；√tan：ta-tn；√pan（钦佩）：pa-pn；√man：ma-mn；√van：va-vn；√sac：sa-śc。

α. √pat在《梨俱吠陀》中既可缩合又可省音：pet及pa-pt。

c. 含有ya, va, ra音节的八个词根采用互换：√yaj，[3]√vac，√vad，√vap划线，√vas住，√vah，√svap，√gra(b)h；例如su-ṣup, ja-gṛbh及ja-gṛh。在前六个，由于它们以i或u重叠，结果缩合为ī及ū。因此√yaj: īj（= i-ij）；√vac：ūc（= u-uc）。

d. 有中间a和倒数第二字母为鼻音的少数词根，其鼻音脱落：√krand（喊叫）：ca-krad；√taṃs（摇）：ta-tas；√skambh（支撑）：ca-skabh（AV.）；√stambh（支撑）：ta-stabh。

e. 以ā结尾的词根在辅音前将其减为i，在元音前脱落；例如√dhā：dadhi-má；dadh-úr。

---

［1］ 该元音源于像sa-zd（阿维斯塔hazd）这样的缩合形式，即√sad的完成时弱词干（az变为e；参看134.2b及133.1）。

［2］ 在yat及yam的完成时弱词干中，缩合是基于完整重叠的音节及带有互换的根音节的融合：yet = ya-it，yem = ya-im。

［3］ 从yaj出现了一个基于缩合类（2a）的形式：yej-é。

重叠完成时的变位范式

138. 1. √tud(击打): 强词干 tu-tód; 弱词干 tu-tud

	主动			中间		
	单	双	复	单	双	复
1	**tu-tód-a**	[tu-tud-vá]	tu-tud-má	tu-tud-é[1]	[tu-tud-váhe]	tu-tud-máhe
2	**tu-tód-i-tha**	tu-tud-áthur	tu-tud-á	tu-tut-sé	tu-tud-ā́the	[tu-tud-dhvé][2]
3	**tu-tód-a**	tu-tud-átur	tu-tud-úr	tu-tud-é	tu-tud-ā́te	tu-tud-ré

2. √kṛ: 强词干 ca-kár, ca-kā́r; 弱词干: cakṛ, cakr

	主动			中间		
	单	双	复	单	双	复
1	**ca-kár-a**	[ca-kṛ-vá]	ca-kṛ-má	ca-kr-é	[ca-kṛ-váhe]	ca-kṛ-máhe
2	**ca-kár-tha**	ca-kr-áthur	ca-kr-á	cá-kṛ-ṣé	ca-kr-ā́the	ca-kṛ-dhvé
3	**ca-kā́r-a**	ca-kr-átur	ca-kr-úr	ca-kr-é	ca-kr-ā́te	ca-kr-i-ré

3. √dhā: 强词干 da-dhā́; 弱词干 da-dh, da-dhi

	主动			中间		
	单	双	复	单	双	复
1	**[da-dháu]**	[da-dhi-vá]	da-dhi-má	da-dh-é	[da-dhi-váhe]	da-dhi-máhe
2	**da-dhā́-tha**	da-dh-áthur	da-dh-á	da-dhi-ṣé	da-dh-ā́the	da-dhi-dhvé
3	**da-dháu**	da-dh-átur	da-dh-úr	da-dh-é	da-dh-ā́te	da-dhi-ré

[1] 拉丁 tu-tud-ī。
[2] 该形式的唯一例子是 dadhi-dhvé。

4. √nī：强词干 ni-né, ni-nái；弱词干 ni-nī

	主动			中间		
	单	双	复	单	双	复
1	**ni-náy-a**	[ni-nī-vá]	ni-nī-má	ni-ny-é	[ni-nī-váhe]	ni-nī-máhe
2	**ni-né-tha**	ni-ny-áthur	ni-ny-á	ni-nī-ṣé	ni-ny-ā́the	ni-nī-dhvé
3	**ni-nā́y-a**	ni-ny-átur	ni-ny-úr	ni-ny-é	ni-ny-ā́te	ni-nī-ré

5. √stu：强词干 tu-ṣṭó, tu-ṣṭáu；弱词干 tu-ṣṭu

	主动			中间		
	单	双	复	单	双	复
1	**tu-ṣṭáv-a**	[tu-ṣṭu-vá]	tu-ṣṭu-má	tu-ṣṭuv-é	[tu-ṣṭu-váhe]	tu-ṣṭu-máhe
2	**tu-ṣṭó-tha**	tu-ṣṭuv-áthur	tu-ṣṭuv-á	tu-ṣṭu-ṣé	tu-ṣṭuv-ā́the	tu-ṣṭu-dhvé
3	**tu-ṣṭā́v-a**	tu-ṣṭuv-átur	tu-ṣṭuv-úr	tu-ṣṭuv-é	tu-ṣṭuv-ā́te	tu-ṣṭuv-i-ré

6. √tap：强词干 ta-táp, ta-tā́p；弱词干 tep

	主动			中间		
	单	双	复	单	双	复
1	**ta-táp-a**	[tep-i-vá]	tep-i-má	tep-é	[tep-i-váhe]	tep-i-máhe
2	**ta-táp-tha**	tep-áthur	tep-á	tep-i-ṣé	tep-ā́the	tep-i-dhvé
3	**ta-tā́p-a**	tep-átur	tep-úr	tep-é	tep-ā́te	tep-i-ré

7. √gam：强词干 ja-gám, ja-gā́m；弱词干 ja-gm

	主动			中间		
	单	双	复	单	双	复
1	**ja-gám-a**	[ja-gan-vá]	ja-gan-má	ja-gm-é	[ja-gan-váhe]	ja-gan-máhe
2	**ja-gán-tha**	ja-gm-áthur	ja-gm-á	ja-gm-i-ṣé	ja-gm-ā́the	ja-gm-i-dhvé
3	**ja-gā́m-a**	ja-gm-átur	ja-gm-úr	ja-gm-é	ja-gm-ā́te	ja-gm-i-ré

8. √vac：强词干u-vác, u-vā́c；弱词干ūc

	主动			中间		
	单	双	复	单	双	复
1	**u-vác-a**	[úc-i-vá]	ūc-i-má	ūc-é	[ūc-i-váhe]	[ūc-i-máhe]
2	**u-vák-tha**	ūc-áthur	ūc-á	ūc-i-ṣé	ūc-ā́the	[ūc-i-dhvé]
3	**u-vā́c-a**	ūc-átur	ūc-úr	ūc-é	[ūc-ā́te]	ūc-i-ré

不规则

139. 1. √bhaj（分享）虽然以送气音开头，遵循带e的压缩完成时的类比（137.2a）；例如ba-bhā́j-a: bhej-é。√bandh在脱落其鼻音后也同样变化；例如ba-bándh-a: bedh-úr（AV.）。

2. √yam（指导）、√van、√vas（穿）一直有完整的重叠（135.4）；√yam采用根音节的替换：ya-yā́ma：yem-é（= ya-im-e）；√van脱落其a：va-vā́n-a, va-vn-é；√vas自始至终都保留其根音节而不减弱：vā-vas-e（参考139.9）。

3. √vid形成一个无重叠的、具有现在意义的完成时：1. véd-a（οἶδα，德语weiß），2. vét-tha（οἶσ-θα；weiß-t），3. véd-a（οἶδε；weiß）；复数1. vid-má（ἴδ-μεν；wissen），2. vid-á，3. vid-úr。

α. 约有6个其他词根形成一些孤立的无重叠形式：takṣ-áthur；skambh-áthur及skambh-úr；cet-átur；yam-átur及yam-úr；nind-i-má；arh-i-ré。

4. √ci（集中）、√ci（观察）、√cit、√ji、√han的首字母在根音节中恢复到原喉音：三单主ci-kā́y-a, ci-két-a, ji-gā́y-a, ja-ghā́n-a。√bhṛ在《梨俱吠陀》中几乎无一例外地用j来重叠：ja-bhár-tha, ja-bhā́ra, ja-bhr-úr; ja-bhr-é, ja-bhr-i-ṣé, ja-bhr-i-ré; 但使用b也出现了一次：ba-bhr-é。

5. √ah不完整，只有三单及三复形式：ā́h-a及āh-úr。另外两个形式，二单ā́t-tha，三双āh-átur出现在梵书中。

6. 五个以诗节长a开头的词根使用ān重叠：√aṃś得到，√añj罐顶，√ardh繁荣，√arc称赞，√arh应得。只有前两个形成了几个形式。此处根鼻音与词首元音一起重叠：三单ān-áṃś-a（希 ἤν-εγκ-α）；复一ān-ás-má，二ān-aś-á，三ān-aś-úr；中单三ān-aś-é；[1]ān-áñja，中单一ān-aj-é，三复ān-aj-ré。该类比从这些词根扩散到那些没有鼻音的词根：三复ān-ṛc-úr，ān-ṛdh-úr，ān-ṛh-úr；中三单ān-ṛc-é，ān-ṛdh-é。

7. √bhū有双重不规则性，即使用a重叠且始终保持ū（希 πε-φύ-ᾱσι）：

单，1. ba-bhū́-v-a(πέ-φθ-κα)，2. ba-bhū́(-v-i)-tha，3. ba-bhū́-v-a；

双，2. ba-bhū-v-áthur，3. ba-bhū-v-átur；

复，1. ba-bhū-v-i-má，2. ba-bhū-v-á，3. ba-bhū-v-úr。

√sū在sa-sū́-v-a中有同样的特殊性，[2]它是该词根出现的唯一的完成时形式。

8. √cyu（搅拌）重叠为ci-cyu（除了cu-cyu），√dyut类似地变为di-dyut。这是由于y的元音性发音造成的：ci̯u, di̯ut。

9. 在三十多个完成时词干中，重叠元音延长；如√kan喜悦：cā-kan；√gṛ：jā-gṛ；√kḷp：cā-kḷp；√dhī思考：dī-dhī；√tu强壮：tū-tu；√śū膨胀：śū-śu。[3]

α. 在吠陀本集的颂诗部分曾出现过一个迂回完成时形式，由√kṛ的重叠完成时支配来自派生（致使）动词词干的阴性名词ā的

---

[1] 在某部吠陀经中出现了二复中间ān-aś-a-dhve。

[2] √śī在分词śa-śay-āná中也使用a来重叠。√bhū、√sū、√śī这三个是唯一使用a来重叠i或u的词根。

[3] 此处根元音本身被缩短。词干的数量上的形式受制于它不能包含两个诗节短元音的规则（除了在一单主动态中）。因此√sah重叠为sā-sah或sa-sāh（在一个弱形式中）。

业格，如gamayā́ṃ cakāra（AV.）“他使人去，直译：made a causing to go”。在后来的《黑夜柔本集》的梵书部分，偶尔会遇到这样的迂回完成时形式，而在常见的梵书中它们变得更加频繁。

完成时的语气

140. 除了《梨俱吠陀》，完成时的各语气形式在本集中很少出现。

1. 虚拟式通常通过在完成时强词干上加a且根音节带重音来形成。派生语尾在主动语态中更常见；当使用原始语尾时，重叠音节在几种形式中都带重音。[1]在大约十几种形式中使用弱词干。中间形式只有七八种且几乎只限于三单。示例如下：

主动，单，1. an-aj-ā[2]（√añj 罐顶）；2. ta-tán-a-s（√tan），bu-bódh-a-s（√budh），pi-práy-a-s（√prī）；jú-joṣa-si（√juṣ 喜欢）；ci-kit-a-s（√cit），mu-muc-a-s（√muc）。3. cí-ket-a-t，ja-ghán-a-t（√han），ta-tán-a-t，tu-ṣṭáv-a-t（√stu），pi-práy-a-t；dí-deś-a-ti（√diś），bú-bodh-a-ti，mú-moc-a-ti；mu-muc-a-t，vi-vid-a-t（√vid 找到）

双，2. cí-ket-a-thas，jú-joṣ-a-thas

复，1. ta-tán-ā-ma 2. ju-joṣ-a-tha 3. ta-tán-a-n

中间，单，3. ta-táp-a-te，jú-joṣ-a-te 复，1. an-áś-ā-mahai

2. 训诫式[3]出现了近一打形式，有一些在主动单数，其他是在中间三复；例如单2. śa-śās（= śa-śās-s：√śās）3. dū-dho-t（√dhū），su-sro-t（√sru 流动）；中三复 ta-tán-a-nta（参考140.6）。

3. 祈愿式的形式是通过将带重音的语气后缀和词尾一起加到完

[1] 参看现在时系统下重叠类动词的重音。

[2] 在an-aj-ā、an-áś-āmahai、an-aj-yā́t这三个形式中，重叠音节ān中的ā缩短，就像直陈式包含一个增音。

[3] 在形式上与无增音过去完成时（140.6）相同。

成时弱词干上。主动比中间语态更常见。例示如下：

主动，单，1. ān-aś-yā́m，[1]ja-gam-yā́m，ri-ric-yā́m，va-vṛt-yā́m 2. ba-bhū-yā́s，va-vṛt-yā́s 3. an-aj-yā́t，ja-gam-yā́t，va-vṛt-yā́t，ba-bhū-yā́t 双 2. ja-gam-yā́tam 复 1. va-vṛt-yā́-ma 3. ja-gam-yúr，va-vṛt-yúr

中间，单，1. va-vṛt-īyá 2. vā-vṛdh-ī-thā́s 3. va-vṛt-ī-tá 复，1. va-vṛt-ī-máhi

α. 还出现了一个中间语态祈求式，即 sā-sah-ī-ṣ-ṭhā́s（√sah）。

4. 完成时命令式的形式就像现在时重叠类，除了在三单主动中是强形式，其他根音节都是弱形式。几乎所有出现的形式（约有 20 个）都是主动态。示例如下：

主，单，2. ci-kid-dhí（√cit），di-diḍ-ḍhí（√diś），mu-mhg-dhí（√muc），śa-śā-dhí（√śās）[2] 3. ba-bhū́-tu，[3]mu-mók-tu。双，2. mu-muk-tam，va-vṛk-tam（√vṛj）。复，2. di-diṣ-ṭana（√diś），va-vṛt-tana。中，单，2. va-vṛt-svá 复，2. va-vṛd-dhvám

分词

5. 完成时分词的主动和中间形式都很常见。它由完成时弱词干构成，且重音在后缀上，如 cakṛ-vā́ṃs, cakr-āṇá。如果在主动形式中词干被缩减为单音节，那么后缀几乎总是加上连接元音 i，但当词干不重叠时就不是这样；例如 papt-i-vā́ṃs（希 πεπτ-ώς），但是 vid-vā́ṃs（希 εἰδ- ώς）。例示如下：

主，ja-gan-vā́ṃs（√gam），ja-gṛbh-vā́ṃs（√grabh），ji-gī-vā́ṃs（√ji），jū-ju-vā́ṃs（√jū），ta-sthi-vā́ṃs（√sthā），ba-bhū-vā́ṃs（希 πε-φυ-ώς），ri-rik-vā́ṃs（√ric），va-vṛt-vā́ṃs, vā-vṛdh-vā́ṃs, sā-sah-

[1] 源于 √aṃś，保留长的重叠元音。参考 139.6。

[2] 参考希腊语 κέ-κλυ-θι，2. 复 κέ-κλυ-τε（κλυ = √śru）。

[3] ū 与其他地方的强形式一样没有改变（139.7）。

vā́ṃs,[1] su-ṣup-vā́ṃs（√svap）; īy-i-vā́ṃs（√i）, ūṣ-i-vā́ṃs（√vas 栖息）; dāś-vā́ṃs（√dāś 祭拜）, sāh-vā́ṃs（√sah）

中, ān-aj-āná（√añj）, ān-aś-āná（√aṃś）, īj-āná（√yaj）, ūc-āná（√vac）, ja-gm-āná（√gam）, ti-stir-āná（√stṝ）, tep-āná（√tap）, pa-spaś-āná（√spaś）, bhej-āná（√bhaj）, yem-āná（√yam）, vā-vṛdh-āná（√śī）; śi-śriy-āṇá（√śri）, si-ṣmiy-āṇá（√smi）, su-ṣup-āṇá（√svap）, she-āná（√sah）

过去完成时

6. 还有一种完成时增强形式与未完成相对应，即过去完成时。主动单数用强词干，其他使用弱词干。此处只使用派生词尾，ur总是出现在三复主动态，iran[2]在中间态。二和三单的s和t在某些形式中通过插入的ī保留下来。几种使用插入元音a的形式也出现在这个时态中。增音如同其他过去时一样经常脱落。共出现约60个过去完成时。例示如下：

主，单，1. á-cacakṣ-am, ájagrabh-am, á-tuṣṭav-am; cakar-am, ciket-am（√cit）2. ā-jagan（= á-jagam-s）; na-nam-a-s; á-viveś-ī-s（√viś）3. á-jagan（= á-jagam-t）, a-ciket（√cit）; rā-ran（= rāran-t: √ran 庆幸）; á-ja-grabh-ī-t; á-cikit-a-t 及 á-ciket-a-t; tastambh-a-t

双，2. á-mu-muk-tam; mu-muk-tam 3. á-vāvaś-ī-tām（√vaś 欲）

复，2. á-jagan-ta; á-cucyav-ī-tana 3. á-cucyav-ur

中，单，1. á-śuśrav-i 3. didiṣ-ṭa（√diś）复，3. á-cakr-iran, á-jagm-iran, á-pec-iran; á-vavṛt-ran, á-sasṛg-ram（√sṛj）。[3]

也有几个像从a词干来的转移形式；如 á-titviṣ-a-nta, cakṛp-á-nta, dá-dhṛṣ-a-nta。

---

[1] jū-ju-vāṃs, vā-vṛdh-vāṃs, sā-sah-vāṃs 带有长的重叠元音。
[2] 两种形式只用ran而不是iran。在anta中也有几个转移形式。
[3] 腭音恢复到原来的喉音且词尾ram代替ran。

不定过去时

141. 该时态在吠陀中非常常见，由450多个词根组成。它是一种带有增音的时态，采用派生语尾且形成语气和分词。它与未完成时的区别在于没有相应的现在时，且意义上也不同。

有两种类型的不定过去时：

第一种，或者说带s的不定过去时，通过在词根和语尾之间插入s而形成，带或不带连接元音a。200多个词根采用这种形式。

第二种不定过去时将语尾直接加到简单或重叠的词根上，或与连接元音a一起。250多个词根采用这种。

第一不定过去时有四种形式，第二有三种。有50个以上的词根采用不止一种形式。动词√budh有五种不定过去时形式。

第一类（s）

第I式（sa）

第一不定过去时的词干通过带增音的词根后添加后缀sa而形成，其变形就像第一变位的未完成时，即带插入元音a的第六类（á类），sá在无增音形式中带重音。在吠陀本集中只有10个词根[1]采用。它们含有元音i、u、ṛ中的一个，并以辅音j、ś、ṣ或h之一结尾，所有这些在s之前语音上都变为k。[2]这些词根是：√mṛj，√yaj，√vṛj；√kruś喊叫，√mṛś，√spṛś触摸；√dviṣ；√guh，√duh，√ruh。在直陈式中没有双数形式；在中间语态中只有第三人称单、复数。唯一出现的语气是总共不到十个形式的训诫式和命令式。这个形式的不

[1] 在梵书中，九个额外的词根采用sa不定过去时：√kṛṣ拖，√diś，√dih涂抹，√dṛś，√druh，√piṣ粉碎，√mih小解，√viś，√vṛh撕裂。在本集中是√lih舔。

[2] 因此这个不定过去时的词干一直以kṣa结尾。

定过去时相当于希腊语第一不定过去时（如ἔ-δειξε, 拉dixi-t）。和其他过去时态一样，增音有时脱落。

直陈式

主动，单，1. ávṛkṣam 2. ádrukṣas（B.），ádhukṣas 3. ákrukṣat, ághukṣat, ádukṣat[1]及ádhukṣat, ámṛkṣat（√mṛś），árukṣat, áspṛkṣat. 复，1. ámṛkṣāma（√mṛj），árukṣāma 3. ádhukṣan；dukṣan及dhukṣan

中间，单，3. ádhukṣata；dukṣata及dhukṣata复，3. ámṛkṣanta（√mṛj）

在训诫式只出现如下的形式：主，单，2. dukṣás, mṛkṣás（√mṛś）3. dvikṣát 复，2. mṛkṣata（√mṛś）中，单，3. dukṣáta及dhukṣáta, dvikṣáta 复，3. dhukṣánta

在命令式中只出现了三个形式：主，双，2. mṛkṣátam（√mṛj）3. yakṣátām 中，单，2. dhukṣásva

142. 第一类不定过去时的其他三种形式是在带增音的词根上分别加上后缀s、iṣ、s-iṣ，其变位与第二变位（多词干）未完成时相同。siṣ形式只在主动态中使用（除了三个祈愿式），而且不超过六个词根采用。另外两种形式非常普遍，在吠陀和梵书中，共由近300个词根组成。

第II式（s）

143. 在吠陀和梵书中，至少有135个词根采用该形式的不定过去时，除了直陈式以外，它还形成了所有的语气和一个分词。

直陈式

1. 根元音在主动态中通常采用三合音（a被延长）。在中间语态，除了尾音ǐ和u之外（采用二合音），词根元音保持不变。唯一与第二变位未完全时不同的地方是三复主动态一直以ur结尾。在主动语态中，除非词根以元音结尾，否则二、三单数的尾音s和t会消失，时态标

---

［1］ 这些形式没有开头的送气音，参考62a。

志也会；例如á-hār = á-hār-s-t，但是á-hā-s = á-hā-s-t。然而，《阿达婆吠陀》和《泰氏本集》在这些词尾之前插入一个连接元音ī，[1]从而保留了后者和时态词干s；例如á-naik-ṣ-ī-t（√nij洗）。

在主动语态中，如果用√bhṛ变位，在中间语态中用√budh，实际出现的直陈式如下：

	主动			中间		
	单	双	复	单[2]	双	复
1	á-bhār-ṣ-am	[á-bhārṣ-va]	á-bhārṣ-ma	á-bhut-s-i	[á-bhut-s-vahi]	á-bhut-s-mahi
2	á-bhār	á-bhārṣ-ṭam	á-bhārṣ-ṭa	á-bud-dhās	á-bhut-s-āthām	á-bhud-dhvam
3	á-bhār	á-bhārṣ-ṭām	á-bhārṣ-ṣ-ur	á-bud-dha	á-bhut-s-ātām	á-bhut-s-ata

如以u结尾的词根√stu为例，其中间语态变位如下：

单，1. á-sto-ṣ-i 2. á-sto-ṣ-ṭhās 3. á-sto-ṣ-ṭa 双，1. [á-sto-ṣ-vahi] 2. [á-sto-ṣ-āthām] 3. á-sto-ṣ-ātām 复，1. á-sto-ṣ-mahi 2. á-sto-ḍhvam（66B 2b）3. á-sto-ṣ-ata

其他语气

2. **虚拟式**在《梨俱吠陀》[3]中常见于主动语态，中间语态中不常见。词根一般都采用二合音（主动和中间），原始语尾很常见。以√stu为例，出现的形式将是：

---

[1] 《梨俱吠陀》及《卡氏本集》没有带插入ī的形式；而梵书中，没有插入元音ī的主要形式是adrāk（√dṛś）及ayāṭ（√yaj）；也有bhais（√bhī）= bhais-s，在失去结尾s的同时，保留了二单的外观。

[2] 参考62ab。

[3] 在梵书中，该不定过去时的虚拟式很罕见，除了yakṣ-a-t（√yaj）及vakṣ-a-t（√vah）。

	主动			中间		
	单	双	复	单	双	复
1	stó-ṣ-āṇi		stó-ṣ-ā-ma	stó-ṣ-ai		
2	stó-ṣ-a-s(i)	stó-ṣ-a-thas	stó-ṣ-a-tha	stó-ṣ-a-se	stó-ṣ-āthe[1]	
3	stó-ṣ-a-t(i)	stó-ṣ-a-tas	stó-ṣ-a-n	stó-ṣ-a-te		stó-ṣ-a-nte

3. **训诫式**相当常见。在正常情况下，它们当然与无增音直陈式相同。但1.单主动态不规则，因为它从不采用三合音：所有出现的形式要么有二合音，如sto-ṣ-am，je-ṣ-am（√ji）；要么延长其根元音，如yū-ṣ-am（√yu分开）；或在以ā结尾的词根中用e代替ā，例如ye-ṣ-am（√yā去），ge-ṣ-am（√gā走），sthe-ṣ-am（√sthā）。除了常规的yau-ṣ-ma（√yu），后者的不规则性也出现在复1：je-ṣ-ma, ge-ṣ-ma, de-ṣ-ma（√dā）。

4. **祈愿语气**只出现在中间语态，二、三单一直有祈求式的s（有一个例外）。实际出现的形式如下：

单，1. di-ṣ-īyá[2]（√dā切），bhak-ṣ-īyá（√bhaj），ma-s-īyá[3]（√man），muk-ṣ-īyá（√muc），rā-s-īyá（√rā给），sāk-ṣ-īyá[4]（AV.），stṛ-ṣ-īyá（√stṝ）2. maṃ-s-ī-ṣ-ṭhā́s[5]（√man）3. dar-ṣ-ī-ṣ-ṭa（√dṛ撕），bhak-ṣ-īta[6]（SV.），maṃ-s-ī-ṣ-ṭa，mṛk-ṣ-ī-ṣ-ṭa（√mṛc）。双，2. trā́-s-ī-thām[7]（√trā保护）

---

［1］ 代表stó-ṣ-aithe。
［2］ 根元音ā降级为i：参看5c。类似地是梵书中的dhi-ṣ-īya（√dhā）。
［3］ an降级为a（等于鼻浊音）。
［4］ 源于√sah，带有延长的根元音。
［5］ 随韵代表n（66A2）。
［6］ 没有祈求式的s。
［7］ 代替trā-s-īyāthām。

复，1. bhak-ṣ-ī-máhi, maṃ-s-ī-máhi[1], va(ṃ)-s-ī-máhi[2]（√van），sak-ṣ-ī-máhi（√sac），dhuk-ṣ-ī-máhi（√duh）3. maṃ-s-īrata。

5. 只出现六个**命令式**形式，其中四个是转移词干（带插入元音a）。它们是：主动，单2. ne-ṣ-a（√nī），par-ṣ-a（√pṛ）中间，单2. sā́k-ṣva（√sah）3. rā-s-a-tām双2. rā-s-āthām复3. rā-s-a-ntām。

6. 只出现两三个**主动分词**形式：d(h)ák-ṣ-at[3]（√dah），sák-ṣ-at（√sah）。

约有一打词干的形式不规则，通过在带有中间a的词根后加s并采用常规语尾āna，它们可以算作s-不定过去时中间语态分词；例如mand-a-s-āná欣喜，yam-a-s-āná被驱动。

s不定过去时的不规则处

144. 1. 在后缀s之前，(a) 词根尾音n（及m）变为随韵ṃ（66A2），例如á-maṃ-s-ata（√man），vaṃ-s-ī-máhi（√van）；(b) s在动词√vas“居住”一义中变为t，在“闪耀”一义中也有可能：á-vāt-s-ī-s[4]（AV.）“你住过”及á-vāt（= á-vas-s-t）“熠熠生辉”（AV.）。

2.《梨俱吠陀》中有一个保留二、三单数s和t这一萌芽趋势的例子，即语音上规则的三单形式á-yāṭ（= á-yaj-s-t）之外还有二单á-yā-s（= a-yaj-s-s）。《阿达婆吠陀》有三四个这样的例子：单，2. srā-s（= sraj-s-s: √sṛj）；3. á-śrai-t（= á-śrai-s-t: √śri）；á-hai-t（= á-hai-s-t: √hi）；á-vā-t[5]（= a-vas-s-t: √vas闪耀）。后来的吠陀本集此处经常通过在它们之前插入ī以保留这些语尾：单，2. á-rāt-s-ī-s（√rādh），á-vāt-

[1] 随韵代表n（66A2）。
[2] an降级为a（等于鼻音节）。
[3] 没有词首的送气音：参考62a及156a。
[4] 参看66B1。在某部奥义书中，出现的二双形式为á-vās-tam，不定过去时后缀s脱落而没有影响词干音s。
[5] 但在这种情况下，t可能代表改变后的词干尾音s：144.1(b)。在梵书中还有另外几个例子：ajait（除了ajais及ajaiṣīt：√ji）；acait（√ci）；nait（√nī）。

s-ī-s（√vas住）；3. á-tāṃ-s-ī-t（√tan），á-naik-ṣ-ī-t（√nij），tāp-s-ī-t（√tap），bhai-ṣ-ī-t（√bhī），vāk-ṣ-ī-t（√vah），hā-s-ī-t，hvār-ṣ-ī-t（√hvar）。

α. 语尾dhvam（它前面的不定过去时s已经消失）变成ḍhvam，就像s已卷舌音化（66B2）：á-sto-ḍhvam（= á-sto-ẓ-ḍhvam）是唯一的例子。

3. √dā（给），√dā（切）在á-di-ṣ-i, di-ṣ-īyá中将根元音缩减为i；√gam、√man、√van在á-ga-smahi，ma-s-īyá，va-s-ī-máhi中脱落鼻音（除了vaṃ-s-ī-máhi之外）；而√sah在á-sāk-ṣ-i，sāk-ṣ-i；sāk-ṣ-āma；sāk-ṣ-īya；sā́k-ṣva中延长其元音。

4. √sṛj（排放）及√pṛc（混合）在主动态中采用音位变换：单，2. srās（= srāk）3. á-srāk；á-prāk双，2. á-srāṣ-ṭam。

5. 下面是在三单直陈式主动态中出现的形式，其中（a）语尾t脱落：á-jai-s（√ji），á-prā-s，á-hā-s；（b）时态标志s及语尾t均脱落：[1]á-krān（√krand），á-kṣār（√kṣar流动），á-cait（√cit），á-chān（√chand看来），á-tān（√tan），á-tsār（√tsar悄悄接近），á-dyaut（√dyut闪耀），á-dhāk（√dah），á-prāk（√pṛc混合），á-prāṭ（√prach），á-bhār（√bhṛ），á-yāṭ（√yaj），á-yān（√yam指导），á-raut（√rudh阻碍），á-vāṭ（√vah），á-vāt（√vas照耀），á-śvait（√śvit鲜亮），á-syān（√syand继续），á-srāk（√sṛj），á-svār（√svar发音），á-hār（√hṛ拿），ā-raik（√ric）。

6. 在n、m、r之外的辅音后，时态标志s在t, th及dh之前脱落；例如á-bhak-ta（除了á-bhak-ṣ-i）；á-muk-thās（除了á-muk-ṣ-i）。

第III式（iṣ）

145. 在吠陀和梵书中，大约有145个词根采用这种不定过去时。

---

［1］ 甚至当有两个辅音时，词根的尾辅音亦如此（28）。

它与s不定过去时的区别仅在于在s的基础上增加了连接元音i，从而将s变为ṣ（67）。

直陈式

1. 在整个变位中，根元音一般采用二合音；但在主动态中，尾元音采用三合音，中间的元音有时会被延长。除了二、三单分别以īs（= iṣ-s）及īt（= iṣ-t）结尾外，其余的词尾都与s不定过去时相同。这种不定过去时有所有的语气，但没有分词。中间语态形式不常见，除了二、三单外，很少出现。如果由√kram构成，通常出现的形式是：

主动，单，1. á-kram-iṣ-am 2. á-kram-īs 3. á-kram-īt 双，3. á-kram-iṣ-ṭam 复，1. á-kram-iṣ-ma 3. á-kram-iṣ-ur

中间，单，1. á-kram-iṣ-i 2. á-kram-iṣ-ṭhās 3. á-kram-iṣ-ṭa 双，3. á-kram-iṣ-ātām 复，3. á-kram-iṣ-ata。

其他语气

2. 除了二、三单主动，其他**虚拟式**比较罕见。示例如下：

主动，单，1. dáv-iṣ-āṇi 2. áv-iṣ-a-s, kā́n-iṣ-a-s 3. kā́r-iṣ-a-t, bódh-iṣ-a-t 复，3. sán-iṣ-a-n 中间，复，1. yā́c-iṣ-ā-mahe 3. sán-iṣ-a-nta。

3. **训诫式**比虚拟式要常见一些。它们出现在第二、三人称单、复数最频繁。示例如下：

主动，单，1. śáṃs-iṣ-am（√śáṃs 赞扬）2. áv-īs（√av 赞成），tā́r-īs（√tṝ），yódh-īs（√yudh），sā́v-īs（√sū）3. áś-īt（√áś），tā́r-īt 双，2. tā́riṣ-ṭam, márdh-iṣ-ṭam（√mṛdh 忽视）复，1. śrám-iṣ-ma 2. vádh-iṣ-ṭa(na) 3. jār-iṣ-ur（√jṝ 浪费，消减）

中间，单，1. rā́dh-iṣ-i（√rādh 继承）2. márṣ-iṣ-ṭhās（√mṛṣ 不顾）3. páv-iṣ-ṭa（√pū 净化）复，1. vyáth-iṣ-mahi（√vyath 摇摆）

4. **祈愿式**比较罕见，而且只出现在中间语态。二、三单采用祈求式的s。示例如下：

单，1. edh-iṣ-īyá（√edh 兴盛）2. mod-iṣ-ī-ṣ-ṭhā́s（√mud 庆幸）

3. jan-iṣ-ī-ṣ-ṭá 双，1. sah-iṣ-ī-váhi 复，1. tār-iṣ-ī-máhi。

5. **命令式**比较罕见，而且只出现在主动语态。单，2. av-iḍ-ḍhí 3. av-iṣ-ṭu 双，2. av-iṣ-ṭám 3. av-iṣ-ṭā́m 复，2. av-iṣ-ṭána

a. 词根中间元音a在下列词干中延长：√kan 喜，√car 移动，√das 浪费，√mad，√stan，√svan；可延可不延：√vad，√ran，√san，√sah；而根音节则以减弱或未加强的形式出现在√gam 及√ruc 的一单祈愿中间语态：gm-iṣ-īyá, ruc-iṣ-īyá。

b. √grabh 采用连接元音ī而不是i（就像在其他动词形式中一样），如á-grabh-īṣ-ma。

c. 在直陈主动一单中，在三个词形中出现词尾īm（而不是iṣ-am）：á-kram-īm, á-grabh-īm 及 vadh-īm，这毫无疑问归于二、三单词尾īs、īt的类比。在梵书中也有a-grah-aiṣ-am（√grah）。

第IV式（siṣ）

146. 这种形式与前面形式的不同只是在后缀前多加了一个s。只有七个以ā，n或m结尾的词根采用此不定过去时：√gā 唱，√jñā，[1]√pyā 装满，√yā 去，√hā，√van，√ram 喜欢。出现的形式总数不到20种；中间语态形式只出现在祈愿式中。出现的形式如下：

1. 直陈式：单，1. á-yā-siṣ-am 双，3. á-yā-siṣ-ṭām 复，2. á-yā-siṣ-ṭa 3. á-gā-siṣ-ur，á-yā-siṣ-ur

2. 虚拟式：单，3. gā́-siṣ-a-t, yā́-siṣ-a-t

3. 祈愿式：单，1. vaṃ-siṣ-īyá 2. yā-siṣ-ī-ṣ-ṭhā́s[2] 复，1. pyā-siṣ-ī-mahi

4. 训诫式：单，1. raṃ-siṣ-am 双，2. hā-siṣ-ṭam 3. hā-siṣ-ṭām 复，2. hā-siṣ-ṭa 3. hā-siṣ-ur

5. 命令式：双，2. yā-siṣ-ṭám 复，2. yā-siṣ-ṭá[3]

---

[1] 在梵书中除了源于√drā 睡，√vā 吹，√hvā 的 s-īt 形式，也有√dhyā。

[2] 没有祈求式的s。

[3] ī代替i。

第二类

147. 它们类似于直接从词根形成的未完成时，语尾前加或不加连接元音a。

第I式（a）

第一形式像重音á类的未完成时（125.2），通过不变词根加上a形成词干。[1]它相当于希腊语第一变位的第二不定过去时。在吠陀和梵书中，近80个词根采用此形式，大部分带有中间元音。中间语态的形式比较罕见。

1. **直陈式**如果用√vid（找到）变位，实际出现的形式如下：

主，单，1. ávidam 2. ávidas 3. ávidat 双，1. ávidāva 复，1. ávidāma 2. ávidata 3. ávidan

中，单，1. ávide 2. ávidathās 3. ávidata 双，1. ávidāvahi 3. ávidetām 复，1. ávidāmahi 3. ávidanta

2. 来自同一词根的**虚拟式**将是：

主，单，2. vidā́s(i) 3. vidā́t(i) 双，1. vidā́va 2. vidā́thas 3. vidā́tas 复，1. vidā́ma 2. vidā́tha(na) 中，单，3. vidā́te 复，1. vidā́mahe

3. 来自√vid的**训诫式**会是：

主，单，1. vidám 2. vidás 3. vidát 复，3. vidán 中，单，3. vidáta 复，1. vidā́mahi 3. vidánta

4. **祈愿式**在吠陀中比较罕见，但是在梵书中并不罕见。它几乎只限于主动。来自√vid的形式将是：

主，单，1. vidéyam 2. vidés 3. vidét 复，1. vidéma

中，单，1. vidéya 复，1. vidémahi。还出现了一个祈求式，单，3. vidéṣṭa（AV.）

---

[1] 然而，三个带ṛ的词根显示了带二合音的形式（147不规则处a2、c）。

5. **命令式**很罕见且几乎限于主动态。由√sad形成的那些形式是：

主，单，2. sadá 3. sadátu 双，2. sadátam 3. sadátām 复，2. sadáta(na) 3. sadántu

中，复，2. sadadhvam 3. sadantām

6. 一共有十几个主动及中间语态分词的例子：例如tṛp-ánt, śucánt；guhámāna，śucámāna。

不规则处

a. 有几个词根根据这一点而非词根的形式形成转移词干，主要是通过缩减根音节。

1. √khyā看、√vyā笼罩、√hvā把它们的ā缩短为a：á-khya-t, á-vya-t, á-hva-t；√dā、√dhā、√sthā偶尔也如此，如 ấ-da-t；á-dha-t（SV.）及dha-t；ấ-stha-t（AV.）；√śās把ā缩短为i；例如三单直陈śíṣat，分词śiṣánt。

2. 在《阿达婆吠陀》中，√kṛ、√gam从词根类形成一些转移，保留强根元音：á-kar-a-t, á-gam-a-t, á-gam-a-n。

b. 词根通过失去鼻音而缩减：√krand，√taṃs摇晃，√dhvaṃs分散，√bhraṃś跌落，√randh臣服，√sraṃs坠落；例如3单átasat；复dhvasán；虚拟，1复radhāma；训诫1单radham；2. kradas；3. bhraśat。

c. 词根√ṛ、√dṛś、√sṛ（流动）采用二合音；例如ár-anta（无增音三复直陈中间式）；dárś-am（一单训诫，但三复训诫dṛśán，祈愿一单dṛśéyam，一复dṛśéma）；sárat（无增音三单）。

第II式（词根）

148. 这种形式的不定过去时在吠陀中约有100个词根，在梵书中约有其他25个，最常见的是带中间元音a的那些词根（约30个）。它相当于希腊语第二变位的第二不定过去时。它在主动和中间语态中都有变位。

直陈式

1. 词根在单数主动中是强形式，但在其他地方均弱。然而，以元音结尾的词根在整个主动时态中都倾向于保留强元音，除了三复。以ā结尾的那些词根在整个直陈式主动态中经常保留ā，但在三复中，它在ur前脱落，因为ur在这些动词中总是语尾。在三复中间语态中，语尾 ran 是 ata 的两倍多；三个词根采用ram 及 ran。

a. 如果由√sthā构成，由ā结尾的词根出现的形式将是：

主，单1. á-sthā-m（ἔ-στη-ν）2. á-sthā-s 3. á-sthā-t（ἔ-στη）双2. á-sthā-tam 3. á-sthā-tām复1. á-sthā-ma（ἔ-στη-μεν）2. á-sthā-ta 3. á-sth-ur

中，单2. á-sthi-thās（ἐ-στά-θης）3. á-sthi-ta复1. á-sthi-mahi 3. á-sthi-ran。

b. 以元音ṛ结尾的词根在主动直陈式中一直采用二合音，除了三复。从√kṛ形成的形式是：

主，单1. á-kar-am 2. á-kar 3. á-kar双2. á-kar-tam 3. á-kar-tām复1. á-kar-ma 2. á-kar-ta 3. á-kr-an

中，单1. á-kr-i 2. á-kṛ-thās 3. á-kṛ-ta双1. á-kṛ-vahi 3. á-kṛ-tām复1. á-kṛ-mahi 2. á-kṛ-dhvam 3. á-kr-ata

c. √bhū（就像在完成时）一直保持ū，在它及其后的a之间插入v：

主1. á-bhuv-am[1] 2. á-bhū-s 3. á-bhū-t（ἔ-φῡ）双2. á-bhū-tam 3. á-bhū-tām 复1. á-bhū-ma（ἔ-φυ-μεν）2. á-bhū-ta(na) 3. á-bhū-v-an

d. 以下是失去尾音s和t的二、三单主动形式：二单á-kar, á-gan（= á-gam-s），á-ghas, á-var（√vṛ），á-spar（√spṛ 赢）；带延长的增音：ā́-naṭ[2]（√naś 得到），ā́-var（√vṛ），ā́-vas[3]（√vas 闪耀）。

[1] 带有分割的ū；在后来的语言中是a-bhūv-am。
[2] 代替 ā́-naś-s，它的连音结果应该是ā́-nak（63b）。
[3] 代替 ā́-vas-s，ā́-vas-t。在我的 *Vedic Grammar* §499 中，这些形式因疏忽而被忽略了。

三单á-kar, á-kran（√kram）, á-gan,[1] á-ghas, á-cet（√cit）, á-tan, á-dar（√dṛ刺穿）, á-bhet（√bhid刺破）, á-bhrāṭ（√bhrāj闪耀）, á-mok（√muc）, á-myak（√myakṣ位于）, á-vart（√vṛt）, á-star; 带延长的增音：ā́-naṭ,[2] ā́-var（√vṛ）, ā́-vas（√vas闪耀）；无增音：vark[3]（√vṛj）, skan[4]（√skand）。

e. 在三复主动、中间语态中，有中间元音a的词根省略a：á-kṣ-an（= á-ghas-an）, á-gm-an（= á-gam-an）; á-gm-ata（= á-gam-ata）, á-tn-ata（=á-tan-ata）; 但是在二、三单中间，它们脱落其鼻音：á-ga-thās, á-ga-ta, á-ma-ta（但是1. 双gan-vahi, 复á-gan-mahi）。

f. 尾音ā在直陈中间态中缩减为i，在m前也可以变为ī；例如2. á-di-thās, á-sthi-thās 3. á-dhi-ta（ἔ-θε-το）复1. á-dhi-mahi（TS.）及á-dī-mahi（VS.）, á-dhī-mahi。

g. 在三单直陈式中，√ghas缩减为g：gdha（= ghas-ta）[5]；而√ṛ采用二合音：ár-ta（无增音）及ā́r-ta（ὦρ-το）, 3. 复 ā́r-ata

h. 在三复中间语态采用ran的形式是：á-kṛp-ran, á-gṛbh-ran, á-jus-ran, á-dṛś-ran, á-pad-ran, á-budh-ran, á-yuj-ran, á-vas-ran (vas), á-viś-ran, á-vṛt-ran, á-sṛg-ran,[6] á-sthi-ran, á-spṛdh-ran；采用ram的是：á-dṛś-ram, á-budh-ram, á-sṛg-ram。

2. 虚拟式很常见，有近100个形式。如果由√kṛ构成，出现的形式将是：

---

[1] 代替á-kram-t, á-gam-t。
[2] 代替ā́-naś-t。
[3] 代替varj-t。
[4] 代替skand-t。
[5] 通过省音gh-s-ta；在辅音之间的s丢失（66B2a）：gh-ta，送气脱落后退到其后的t上，并使它本身变成了音节辅音（62b）。
[6] 返回到原始喉音。

主，单，1. kárā(ṇi) 2. kár-a-s(i) 3. kár-a-t(i)[1] 双，2. kár-a-thas 3. kár-a-tas 复，1. kár-ā-ma 3. kár-a-n(ti)

中，单，2. kár-a-se 3. kár-a-te[2] 复，1. kár-ā-mahe/mahai 3. kár-anta

3. 训诫式相当频繁，有近60个形式。示例如下：

主，单，1. kar-am, darś-am,[3] bhuv-am, bhoj-am 2. je-s, bhū-s, bhé-s（√bhī），dhak[4]（√dagh 达到），bhet（√bhid），rok（√ruj 打破）3. bhū-t, śre-t（√śri），nak 及 naṭ（√naś）复，1. dagh-ma, bhū-ma; ched-ma, ho-ma[5]（√hū）3. bhūv-an, vr-an（√vṛ 覆盖）; kram-ur, dur（√dā），dh-úr（√dhā）

中，单，1. naṃś-i（√naṃś = √naś）2. nut-thās（√nud），mṛ-thā́s（√mṛ 死），mṛṣ-ṭhās（√mṛṣ），rik-thās（√ric）3. ar-ta（√ṛ），aṣ-ṭa（√aś 获得），vik-ta（√vij 颤抖），vṛ-ta（√vṛ 选择）复，1. dhī-mahi（√dhā）

4. 祈愿式的形式超过了40个。示例如下：

主，单，1. aś-yā́m（√aś），vṛj-yā́m, de-yā́m（√dā）2. aś-yā́s, ṛdh-yā́s, gam-yā́s, jñe-yā́s, bhū-yā́s 3. bhū-yā́t[6]（AV.）复，1. aś-yā́ma, ṛdh-yā́ma, kri-yā́ma, bhū-yā́ma, sthe-yā́ma 3. aś-yúr（√aś），dhe-yúr

中，单，1. aś-īyá 3. ar-ī-tá（√ṛ）复，1. aś-ī-máhi, idh-ī-máhi（√idh 点燃），naś-ī-máhi（√naś 到达）

α. 还有大约30个祈求式（在吠陀本集中大约有20个词根形成），除了两个，其他都是主动态。示例如下：

主，单，1. bhū-yā́sam 3. aś-yā́s（= aś-yā́s-t），gam-yā́s, dagh-yā́s, pe-yā́s（√pā 喝），bhū-yā́s 双，2. bhū-yā́stam 复，1. kri-yā́sma 2. bhū-yā́sta 中，

---

[1] 在孤立的形式中是弱词根：ṛ́dh-a-t, bhúv-a-t, śrúv-a-t。
[2] 弱词根在 idh-a-té 的形式中出现过，在二双的形式 ṛdh-āthe 中也出现过。
[3] 然而，这可能是一个不规则的 a 的不定过去时：参看 147c。
[4] 代替 dagh-s。
[5] 带有强的根元音。
[6] 《梨俱吠陀》中没有 yāt 的三单形式，只有 yās 的祈求式。

单,3. pad-ī-ṣ-ṭa, muc-ī-ṣ-ṭa

5. 出现了超过90个命令式形式,除了大约12个,其他都是主动态。第二人称主动态中的几个形式都有一个强词根,然后通常会带有重音。示例如下:

主,单,2. kṛ-dhí, ga-dhí(√gam), pūr-dhí(√pṝ), bo-dhí,[1] yó-dhi[2](√yudh), śag-dhí(√śak); ga-hí(√gam), mā-hi(√mā), sā-hi(√sā 捆)3. gán-tu(√gam), dhā́-tu, bhā́-tu, śró-tu

双,2. kṛ-tám 及 kar-tam(AV.), ga(n)-tám, dā-tam, dhak-tam(√dagh 到达), bhū-tám, var-tam(√vṛ 覆盖), vo-ḷhám(√vah), śru-tám 3. gan-tām, pā-tām, vo-ḷhā́m

复,2. kṛ-ta 及 kár-ta(na), ga-ta 及 gán-ta(na), bhū-tá(na), yán-ta, śru-ta 及 śró-ta; dhā-tana 3. gám-antu, dhāntu, śruv-antu

中,单,2. kṛ-ṣvá, dhi-ṣvá(√dhā), yuk-ṣvá(√yuj);重音在词根上:mát-sva, yák-ṣva(√yaj), rā́-sva, vám̐-sva(√van), sák-ṣva(√sac)复,2. kṛ-dhvam, vo-ḍhvam

6. 在分词中,只有七八个例子出现在主动语态中,但中间语态有近四十个。示例如下:

主,ṛdh-ánt, kr-ánt, gm-ánt, sthā́nt

中,ar-āṇá, idh-āná, kr-āṇá, dṛ́ś-āna 及 dṛś-āná, budh-āná, bhiy-āná, vr-āṇá(√vṛ), śu(m)bh-āná, s(u)v-āná(SV.)

第 III 式(重叠)

149. 该不定过去时在本集中由近90个动词组成,在梵书中还有近30个。虽然在形式上与致使动词无关(除少数例外),但在意义上却与它相关,当带有aya的相应动词具有致使的意义时,它就具有那

---

[1] 由√bhū(代替bhū-dhí)和√budh(代替bód-dhi,而不是bud-dhí)构成。

[2] 代替yud-dhí(通过yód-dhi)。

个意义。该不定过去时的特点是几乎不变的音长序列，即一个长的重叠元音和一个短的根元音。为了实现这种节奏，如果根元音是（或被造成）诗节短音，那么重叠元音（除非它因位置而变长）就会延长。采用这种视角，根元音在以下词根中被缩短：√vāś, √sādh, √hīḍ（敌对），鼻音在以下词根中脱落：√krand, √jambh碾压, √randh, √syand流动, √sraṃs跌落。绝大多数形式的词干都由插入元音a形成。但有十几个以元音（ā、i、ŭ、ṛ）结尾的词根及√svap偶尔会从没有插入元音a的词干形成，这时的变位就像重叠类未完成时（127.2）。中间的根元音保持不变或被削弱，但尾元音采用二合音。所有的语气形式都出现，但没有分词。

重叠的特殊规则：a. 元音 ă, ṛ, ṝ, ḷ在重叠音节中由i替代。b. 除非重叠音节在位置上已经是长，否则元音会被延长。

1. 如果以√jan为例，实际出现的**直陈式**如下：

主，单1. ájījanam 2. ájījanas 3. ájījanat 双2. ájījanatam复1. ájījanāma 2. ájījanata 3. ájījanan

中，单3. ájījanata复2. ájījanadhvam 3. ájījananta

其他的例子如下：

主，单1. ánīnaśam（√naś），ácīkṛṣam（√kṛṣ拖拽），ápiplavam（B.），ápīparam（√pṛ）2. áci-krad-as, ábūbhuvas; siṣvapas; 无插入元音a：á-jīgar（√gṝ[1]吞咽，√gṛ醒来）; síṣvap 3. ácīkḷpat, ácucyavat（KS.），ájīhiḍat（√hīḍ），ádidyutat, ábūbudhat, ávīvaśat（√vāś），ávī-vṛdhat, ásiṣyadat（√syand）; bībhayat, śiśnathat（√śnath刺破）; 无插入元音a：á-śiśre-t（√śri），á-śiśnat复3. ávīvaśan（√vāś），ásisrasan（√sraṃs），ásīṣadan（√sad）; ábībhajur（B.）

中，单3. ávīvarata（√vṛ）复2. ávīvṛdhadhvam 3. ábībhayanta,

[1] 译者案，原文误作gṛ。

ávīvaśanta（√vāś），ásiṣyadanta

2. **虚拟式**罕见，大概只出现十来个，除了一个，其他都是主动态。示例：

主，单1. rāradhā 2. tītapāsi 3. cīkḷpāti, pispṛśati, sīṣadhāti（√sādh）复1. rīramāma, sīṣadhāma

3. **训诫式**相当常见，在主动语态中出现了50多个，但在中间语态中只有五个。示例如下：

主，单1. cukrudham, dīdharam（√dhṛ）2. cikṣipas, pispṛśas, rīradhas, sīṣadhas 3. cucyavat, dīdharat, mīmayat（√mā 吼叫），siṣvadat（√svad）

双2. jihvaratam 复2. rīradhata 3. rīraman, śūśucan（√śuc 照耀）3. sīṣapanta（√sap 侍奉）

4. **祈愿式**的形式几乎不到一打，只由三个词根组成，大部分来自√vac，其他的来自√cyu（搅动）及√riṣ（伤害）。它们是：

主，单1. vocéyam 2. rīriṣes, vocés 3. vocét 双2. vocétam 复1. vocéma 3. vocéyur 中，单1. vocéya 复1. cucyuv-ī-mahi, vocémahi 3. cucyav-ī-rata。还有一个三单、中间祈求式 rīriṣ-ī-ṣ-ṭa。

5. 出现了近一打**命令式**，都是主动态。它们是：

单2. vocatāt 3. vocatu 双2. jigṛtám（√gṛ），didhṛtám, vocatam 复2. jigṛ-tá, didhṛtá,[1] paptata, vocata, suṣūdáta（AV.）3. pūpurantu（√pṛ），śiśrathantu

不规则性

α. 1. √dyut 的重叠音节是 i[2]：á-didyutat；√am 的重叠音节重复了整个词根[3]：ā́m-am-at（= á-am-am-at）；而重叠音节在下面的词中保持短元音：jigṛtám, jigṛtá（及 á-jīgar），didhṛtám, didhṛtá（除了 á-dīdharat），

[1] 几个都没有插入元音 a。
[2] 参看它的重叠完成时：139.8。
[3] 参看 a 加鼻音词根的重叠完成时（139.6）。

在孤立的训诫式中didīpas代表dīdīpas（√dīp照耀）。

2. 在三个动词中，根音节受到缩合或省音的影响（就像完成时中的弱形式）：√naś、√vac，√pat；所以á-neś-at（= á-nanaś-at），á-voc-at（= á-va-uc-at：参考希腊语ἔ-ειπ-ον）及á-papt-at。由于它们都有完成时的重叠元音（而常规不定过去时重叠的ī出现在可替代的形式á-nīnaś-at和á-pīpat-at中），它们可能起源于过去完成时。但从它们出现的意义和语气形式（如vocatu及paptata）可以看出，它们已经变成了不定过去时。

3. 后缀首字母保留在致使词干中：jñā-paya, sthā-paya, hā-paya, bhī-ṣaya, ar-paya, jā-paya（√ji）。在前四个词中，根元音缩减为i，而在第五个词中，重叠元音在根元音之后而不是之前：所以，á-ji-jñip-at; á-ti-ṣṭhip-at; jī-hip-as; bī-bhiṣ-a(thā)s; arp-ip-am;[1] á-jī-jap-a-ta[2]（VS.）。

祝愿或祈求式

150. 这是在祈愿式语气后缀后加s的一个形式，几乎完全由不定过去时词干构成。在《梨俱吠陀》中，它出现在主动一、三单及一复，中间二、三单。带语气后缀的语尾如下：

主，单1. yā-s-am 3. yā-s（= yās-s）; 复1. yā-s-ma 中，单2. ī-ṣ-ṭhās 3. ī-ṣ-ṭa

a. 唯一出现的完成祈求式是二单中间：sā-sah-ī-ṣ-ṭhā́s。

b. 在吠陀本集中，大概有30个祈求式源于词根不定过去时。它们出现在主动一、三单，二双、一二复；中间三单（参看148.4a）。a不定过去时及重叠不定过去时在中间三单中（147.4及149.4）各有一个祈求式。在s不定过去时有四个祈求式出现在中间二、三单（参看143.4）。

---

[1] 此处后缀的p不仅被保留，而且还被重叠。

[2] √ji的致使式通常是jāy-aya，由此形成该不定过去时。在梵书中也出现了á-jī-jip-ata这个形式。

简单将来时

151. 该词干通过在词根后添加后缀syá或(较少使用连接i)的i-ṣyá而形成。由于未来的意义通常由虚拟式表达,有时也由直陈式表达,所以该时态在《梨俱吠陀》中并不常见,只由16个词根构成,而在《阿达婆吠陀》中则由大约32个其他词根构成,《泰氏本集》中则由60多个词根构成。吠陀和梵书一起算,超过100个词根形成sya将来时,超过80个词根形成iṣya将来时。唯一形成将来时(总是用iṣya)的派生动词是致使动词,其中出现了四个词干,两个在《梨俱吠陀》中,两个在《阿达婆吠陀》。以ṛ结尾的词根总是使用iṣya,而那些以其他元音结尾的一般都用sya。

a. 尾元音及诗律短的中间元音采用二合音,尾音ā及中间的a保持不变:√ji: je-ṣyá; √nī: ne-ṣyá; √dā: dā-syá; √mih洒水:mek-ṣyá; √yuj: yok-ṣyá; √kṛt: kart-syá; √dah: dhak-ṣyá; √bandh: bhant-syá; √bhū: bhav-iṣyá; √sṛ: sar-iṣyá; √vṛt: vart-iṣyá。

α. 总是采用iṣya的致使动词保留现在时词干,只去掉尾音a;所以dhāray-iṣyá(√dhṛ); vāsay-iṣyá(√vas穿); dūṣ-ay-iṣyá(√duṣ破坏); vāray-iṣyá(√vṛ)。

b. 将来时的变位与第一变位(bhávāmi)的现在时一样。中间语态只出现在单数中。如果由√kṛ构成,遇到的形式将是:

主,单1. kar-iṣyā́mi 2. kar-iṣyási 3. kar-iṣyáti 双2. kar-iṣyáthas 3. kar-iṣyátas 复1. kar-iṣyā́-mas(i) 2. kar-iṣyátha 3. kar-iṣyánti

中,单1. kar-iṣyé 2. kar-iṣyáse 3. kar-iṣyáte

1. 只有一个虚拟式出现在吠陀中,即二单主动kar-iṣyā́s,另一个在梵书中,即一单中间not-syāvahai(√nud)。

2. 有二十多个分词,其中只有四个是中间语态。示例如下:

主 kar-iṣy-ánt, dhak-ṣy-ánt（√dah）；中 yak-ṣyá-māṇa（√yaj），staviṣyá-māṇa（√stu）

不规则性

c. √sū的将来时词干末元音不变，而且是重音节：sū́-ṣya；而√sah的中间a延长：sāk-ṣyá。

迂回将来时

152. 在本集中没有这种形式的将来时的确定例子。但是像anv-āgantā́ yajñápatir vo átra"祭主在这里追随你"（TS., VS.）这样的短语可能是其最初使用的一个例子。[1]

在梵书中，近30个词根使用这种将来时。它通过使用施动名词tṛ（180）的单数主格而形成。在第一、二人称中添加动词√as的现在时，而在第三人称双数和复数中，出现双数和复数主格。使用该时态形式几乎只限于主动语态，在中间语态中只有几个孤立的例子。如果使用√bhū，出现的形式将是：主动，单1. bhavitā́smi 3. bhavitā́ 复1. bhavitā́smas; 3. bhavitā́ras 中，单1. 2. bhavitā́se复1. bhavitā́smahe。

条件式

153. 这是有将来意义的一个不定过去时态，意思是"would have"。只有一个例子出现在本集中：á-bhar-iṣya-t（RV. II.30.2）"要去承担"。这个形式在梵书中也很罕见，除了出现了50多次的《百道梵书》。

[1] 吠陀文献中这种新时态形式的先行者在梵书中是以tṛ结尾的施动名词，它们通常在词根上加重音，被用作分词以支配一个业格，并可在有或没有连词"和"的情况下用于谓语；例如dā́tā yó vánitā maghám（iii. 13.3）"给予和赢得赏赐的"。

被动语态

154. 被动语态采用中间语态的语尾，与中间语态的区别仅在于由现在时词干和三单不定过去时构成的形式。与第四类动词中间语态相比，它只在重音上有区别：náh-ya-te他绑，nah-yá-te他被绑。

词干通过在词根后面添加带重音的yá，且词根以其弱形式出现。

1. 尾音ā多数变为ī；例如√dā：dī-yá；但是它也会保留；例如√jñā：jñā-yá。

2. 尾音i和u延长；例如√ji：jī-yá-te；√śru：śrū-yá-te。

3. 尾音ṛ变为ri；例如√kṛ：kri-yá-te。[1]

4. 尾音ṝ变为īr；例如√śṝ：śīr-yá-te。[2]

5. 以辅音结尾且鼻音在其前的词根脱落鼻音；例如√añj：aj-yá-te；√bandh：badh-yá-te；√bhañj：bhaj-yá-te；√vañc：vac-yá-te；√śaṃs：śas-yá-te。

6. 能够互换的词根采用互换；例如√vac：uc-yá-te；√vad：ud-yá-te；√vah：uh-yá-te；√grah：gṛh-yá-te。

α. 以aya结尾的派生动词（致使）在保留强根元音的同时脱落后缀。在本集中只出现一个这样的词干：bhāj-yá-te“被导致分享”（源于√bhaj的致使式bhāj-áya）。

a. 若从√hū变位，出现的现在直陈被动态将是：

单，1. hū-yé 2. hū-yá-se 3. hū-yá-te 双 3. hū-yé-te 复 1. hū-yā́-mahe 3. hū-yá-nte

b. 至于语气，只出现两个特定的虚拟式（3. 单 uh-yā́-te，bhri-yā́-

---

［1］ ṛ前有双辅音并形成被动态的唯一两个词根是√stṛ和√smṛ。在本集中没有出现它们的被动态，但在梵书中有stri-yá-te及smar-yá-te。

［2］ 本集中没有出现√pṝ的被动态，但在梵书中是pūr-yá-te（ṝ前是唇音）。

te）及一个训诫式（3. 单 sū-ya-ta：√sū）。在《梨俱吠陀》和《阿达婆吠陀》中没有出现祈愿式。[1]然而在二、三人称单、复数中有近30个命令式。若通过√hū来说明，这些形式有：单，2. hū-yá-sva 3. hū-yá-tām复，2. hū-yá-dhvam 3. hū-yá-ntām。

c. 出现了40多个分词；例如hū-yá-māna。未完成时分词只出现八次，且只出现在三单、复：á-hū-ya-ta及á-hū-yanta。

不规则性

d. √tan使用tā形成其被动态：tā-yá-te。[2]√jan类似地变为jā́-ya-te，然而它在形式上属于根元音为重音的第四类。mri-yá-te（√mṛ）及dhri-yá-te（√dhṛ）虽然在形式上是被动，但在意义上却是不及物。

不定过去时被动态

155. 在现在时系统之外，被动态没有特殊的变位形式，除了在三单不定过去时中。这是一种特殊的中间语态形式（在本集中约有大约45个词根组成），[3]主要用于被动的意义。当它由具有中性意义的动词形成时，如√gam，该意义保持不变（如过去被动分词）。它是带增音的词根以i结尾的三单直陈式。与其他中间语态形式相比，这种形式的特点是加强了词根；例如á-kār-i及á-kr-i（一单中间）。诗律上的短中元音i、u、ṛ采用二合音，中间的a通常被延长；尾音i、u、ṛ采用三合音，而尾音ā在语尾前插入y。无增音形式中的重音总是在词根上。例如：á-ved-i（√vid发现），á-bodh-i（√budh），á-darś-i（√dṛś），á-vāc-i（√vac）；á-śrāy-i（√śri），á-stāv-i（√stu），á-kār-i（√kṛ），á-dhā-y-i（√dhā）。

二十多个无增音的形式也用作训诫式；例如śrā́v-i“让被听见”。

---

[1] 但是在梵书中有。

[2] 在梵书中，khā-yá-te源于√khan。

[3] 在梵书中有十多个。

不规则性a. 1. 中间a在下列词中不延长：á-jan-i，无增音的ján-i（除jā́n-i以外）及á-vah-i。2. 来自名转动词词干jāraya“扮演情人”形成了唯一的形式jārayā́-y-i“让他被拥抱”。

分词、独立式（Gerund）及不定式

I. 主动分词

156. 现在（重叠类除外）、将来和过去时分词词干由后缀ant构成。[1]强词干可以通过去掉三复直陈主动态的i而得到；例如bháv-ant，kṣip-ánt，ás-yant；duh-ánt，kṛṇv-ánt，bhind-ánt，prī-ṇánt。重复类的词干不区分强形式，因为它们脱落了n：例如júhv-at（三复júhv-ati）。

将来时分词强词干同样可以通过去掉三复主动态的i而得到：bhaviṣyánt，kariṣyánt。

主动分词由词根不定过去时、a不定过去时和s不定过去时形成，在后两者中由无增音的时态词干构成；例如vidá-nt，sák-ṣ-ant（√sah）；在前者中由减弱的或未修改的词根构成；例如ṛdh-ánt，kr-ánt（√kṛ），gm-ánt（√gam），pā́nt（√pā 喝）。

α. 不规则性。在现在分词中，√as的首音a及√han的中音a脱落：sánt（3复sánti），ghn-ánt（3复ghn-ánti）；而后缀n在dā́ś-at（敬拜）及śā́s-at[2]（3复śā́s-ati）中脱落。√dah的s不定过去时分词中的n也脱落：dákṣ-at及dhákṣ-at。√sah的同一过去时分词sákṣ-at中的n不确定是否也脱落，因为它只在弱词干下才会出现。

157. 重叠完成时分词由弱词干形成（但是未缩合或未脱落元音），并在其后直接加后缀vāṃs。这样的词干有50多个。示例如下：

---

［1］　关于-ant分词的变格，参看85；关于其阴性词干的构成，95a。

［2］　√dāś和√śās是词根类，不是重叠类。

cakṛ-vā́ṃs, jagan-vā́ṃs（√gam）, tastabh-vā́ṃs（√stambh）, tasthi-vā́ṃs（√sthā）, dadṛ́ś-vā́ṃs, dad-vā́ṃs（√dā）, ba-bhū-vā́ṃs, vavṛt-vā́ṃs, sasa-vā́ṃs（√san）, suṣup-vā́ṃs（√svap）。

a. 这些分词中，有五六个通过在缩合为单音节的重叠词干上添加后缀及连接元音i而形成：ī-y-i-vā́ṃs（√i）；ūṣ-i-vā́ṃs（√vas住）；ok-i-vā́ṃs[1]（√uc喜）；papt-i-vā́ṃs（√pat）；saśc-i-vā́ṃs（√sac）；在后来的本集中也有jakṣ-i-vā́ṃs（√ghas）。[2]完成时分词唯一确定的例子是viviś-i-vā́ṃs（TS.），在完全重叠的词干后是带连接元音i的后缀。[3]

b. 一些完成时分词在未重叠词干后加vāṃs而形成：dāś-vā́ṃs祭祀，vid-vā́ṃs知道，sāh-vā́ṃs领先，可能以及khid-vā́ṃs（压迫）。[4]类似形成的还有mīḍh-vā́ṃs（丰饶），虽然该词根还没有单独使用。在后来的本集中，有三个无重叠的词根使用连接元音i：dāś-i-vā́ṃs祭祀（SV.），viś-i-vā́ṃs进入（AV.），varj-i-vā́ṃs[5]扭曲（AV.）。

α. 不规则性。在七个词干中，腭音恢复到原来的喉音：cikit-vā́ṃs（√cit），jigī-vā́ṃs（√ji），ririk-vā́ṃs（√ric），ruruk-vā́ṃs（√ruc），vivik-vā́ṃs（√vic），śuśuk-vā́ṃs（√śuc），ok-i-vā́ṃs（√uc）。根元音为强：dadā-vā́ṃs（AV.），ok-i-vā́ṃs，sāh-vā́ṃs；而重叠的元音为长：sāsah-vā́ṃs及śūśu-vā́ṃs（√śū）。

II. 中间及被动分词

1. 将来中间、现在中间及被动分词

158. 将来中间、现在被动及带插入元音a变位的现在中间分词

[1] 带有强根元音及还原为原始喉音。
[2] jagh(a)s省音后成为jakṣ。
[3] 梵书中也有dadṛ́ś-i-vāṃs及cichid-i-vāṃs。
[4] 只出现在呼格khidvas中。
[5] 以阴性varjuṣī为前提。

通过在(一直以a结尾的)词干后添加后缀māna而形成；例如将来中间yakṣyá-māṇa(√yaj)；现在被动kriyá-māṇa(√kṛ)；现在中间yája-māna。

a. 第二变位动词在弱词干后加后缀āna形成现在中间分词；例如bruv-āṇá(√brū), júhv-āna(√hu), rundh-āná(√rudh), kṛṇv-āná(√kṛ), pun-āná(√pū)。

α. 在词根类中间分词的形成中有几个不规则处。1. √ās可选择使用反常后缀-īna：ā́s-īna，除了ās-āná。2. √duh的尾音可选择性地变为原来的喉音：dúgh-āna，除了常规的dúh-āna。3. 一些词根采用二合音：oh-āná(√ūh), yodh-āná(√yudh), śáy-āna(√śī), stav-āná(√stu)。4. 这些分词中有几个可以选择根音节而不是后缀末元音带重音；例如víd-āna，除了vid-āná。

2. 完成中间分词

159. 通过在三复中间词尾re(ire, rire)前出现的弱词干形式后加后缀-āná形成。它很常见，共出现八十多个例子。示例如下：ānaj-āná(√añj), ānaś-āná(√aṃś), ār-āṇá(√ṛ), īj-āná(√yaj), ūc-āná(√vac), cakr-āṇá(√kṛ), cikit-āná(√cit), jagm-āná(√gam), tasth-āná(√sthā), tistir-āṇá(√stṝ), tep-āná(√tap), pap-āná(√pā喝), paspaś-āná(√spaś), bhej-āná(√bhaj), yem-āná(√yam), lebh-āná(√labh), vāvas-āná(√vas穿、住), śiśriy-āṇá(√śri), siṣmiy-āṇá(√smi), suṣup-āṇá(√svap)。

α. 不规则性

1. √śi的分词有双重反常现象，一是用a来重叠，二是延长其根音节：[1]śaśay-āná。

2. √sah将后缀添加到重叠及缩合的词干后：sāsah-āná及seh-āná。

---

[1] 参考√śī类似的不规则性134.1b。

3. √kam（爱）及√śam（劳作）的根元音不省音：cakam-āná及śaśam-āná。

4. 其中有四个分词的加强式重音在重叠音节上：tū́tuj-āna[1]，śū́śuj-āna, śū́śuv-āna（√śū），śā́śad-āna[2]（√śad统治）。[3]

3. 完成被动分词

160. 在大多数情况下，它通过在词根后添加后缀tá（有或无连接元音i），或者很罕见的是（直接）添加后缀ná来形成。

1. 只被原始动词所采用的ná附在（未变弱的）词根上，且以长元音或辅音d（很少）、c或j之一结尾。在该后缀之前，ī和ū保持不变；ā保持不变或缩减为ī或i；ṝ变成īr或（一般在唇音之前）为ūr；d同化为n；c和j恢复为原来的喉音。所以，√lī粘着：lī-ná；√dū烧：dū-ná；√drā睡：drā-ṇá；√dā分析：di-ná；√hā: hī-ná；√gṝ: gīr-ṇá；√mṛ粉碎：mūr-ṇá；√jṝ浪费：jūr-ṇá；√bhid: bhin-ná；√skand: skan-ná；√vraśc分割：vṛk-ṇá；√ruj断裂：rug-ṇá。

a. 有些词根也采用ta这一替代形式：nun-ná及nut-tá（√nud）；vin-ná及vit-tá（√vid发现）；san-ná及sat-tá（√sad）；śī-ná及śī-tá（√śyā凝固）；√pṝ：pūr-ṇá及pūr-tá；√śṝ粉碎：śīr-ṇá及śūr-tá；√pṛc混合：pṛg-ṇa及pṛk-tá。

b. √pṛc、√vraśc、√ruj的尾腭音变为喉音（参考160.1）。

2. 当词根直接添加tá时，往往以其弱形式出现：可以被互换的词根采用互换；中间或末位鼻音脱落；ā经常降为ī或i；yā有时候变为ī。示例：yā-tá, ji-tá, bhī-tá, stu-tá, hū-tá, kṛ-tá; naṣ-ṭá（√naś），sik-tá（√sic），

[1] 常规但罕见的重音形式是tūtuj-āná。

[2] 参考古希腊语完成中间分词κεκαδ-μένο-ς。

[3] 前三个不能算作加强式，因为它们没有加强式的重叠元音（173.1）。虽然śā́śad-āna的重叠元音可能是完成时或加强式，但除此以外出现的完成时śāśadúr使我们倾向于它是一个完成时分词。

yuk-tá（√yuj），gū-ḍhá（√guh），[1] dug-dhá（√duh），sṛṣ-ṭá（√sṛj）；iṣ-ṭá（√yaj），vid-dhá（√vyadh），uk-tá（√vac），ū-ḍhá（√vah），[2] sup-tá（√svap），pṛṣ-ṭá（√prach）；ak-tá（√añj），ta-tá（√tan），ga-tá（√gam）；pī-tá（√pā 喝），sthi-tá（√sthā），vī-tá（√vyā）。

a. √dhā在-dhi-ta及hi-tá中被双重削弱。中间的ā在śiṣ-ṭá（√śās）中降为i。在-g-dha（√ghas）中出现省音及s的脱落。[3]

b. 除了在复合词tvā-dāta（由你给）中出现的正常形式-dāta外，√dā在构成其完成被动分词时经常使用其现在时弱词干dad：dat-tá。后者在deva-ttá（由诸神给予）中进一步缩减为-tta，与某些前置词相连接时亦同：vy-ā́-tta已打开，párī-tta送出，prátī-tta归还。同样的省音出现在√dā（划分）的复合分词中：áva-tta切断。

c. 以an结尾的一个词根和以am结尾的三四个词根保留鼻音并延长其元音：√dhvan（发声）：dhvān-tá；√kram：krān-tá；√śam（安静）：śān-tá；√śram：śrān-tá；√dham（吹）有不规则的dhmā-tá及dham-i-tá。

d. 一些以an结尾的词根变为ā：[4] √khan: khā-tá; √jan: jā-tá; √van: -vā-ta; √san: sā-tá。

3. 相当多的词根采用i-ta，不仅以复辅音或难以与t结合的单辅音结尾，而且也有简单的辅音，特别是这些没有表现出这种困难的咝音。词根没有削弱（除了互换的四个例子）。派生动词（几乎毫无例外地是致使动词在去掉aya之后）[5] 只加-ita。[6] 示例：nind-itá，rakṣ-

---

［1］ 随着后缀的卷舌和送气化，失去词根尾音并延长其词根元音（参见62，69c）。

［2］ 在vah-tá通过互换降为uh-tá之后，其变化与gūḍhá相同。

［3］ 参看§148.1g。

［4］ 代表长的鼻音节。

［5］ 只有一个完成被动分词被发现源于愿望式：mīmāṃ-s-itá受质疑，一个源于名转动词：bhām-itá愤怒的。

［6］ 在梵书中，√jñā的致使动词jñapaya形成其分词时没有连接元音i：jñap-tá。

itá；grath-itá，īḷ-itá，car-itá，jīv-itá；pat-itá，pan-itá；kup-itá，stabh-itá；muṣ-itá；arp-itá[1]（arp-áya 让走），cod-itá（cod-áya 开动）。

a. 下列词根采用互换：√gra(b)h：gṛbh-ī-tá 及 gṛh-ī-tá（AV.）；[2] √vakṣ 增长：ukṣ-itá; √vad: ud-itá; √śrath 松懈：śṛth-itá。

161. 在《阿达婆吠陀》中有一个用物主后缀 vant 来扩展的**完成被动分词**，这使它具有**完成主动分词**的意义：aśitá-vant 吃过。[3]

4. 将来被动分词（Gerundive）

162. 在《梨俱吠陀》中由四个后缀形成：一个是常见的原始后缀 ya，剩下的是派生后缀 ā́y-ya，én-ya 及 tv-a，其中每个大约出现十来次。在《阿达婆吠陀》中开始使用两个其他形式的必要分词，即 tavyà, anī́ya 各出现两次。所有这些分词在意义上对应于拉丁语的必要分词 -ndus。

1. 在《梨俱吠陀》中出现了约有40个必要分词 ya 的例子，还有大约20个在《阿达婆吠陀》中。后缀几乎总是读作 ia，这说明了对在它之前的词干末元音的处理方法。带重音的词根以强形式出现，除了几个有短根元音 i, u, 或 ṛ 的例子。

a. 尾音 ā 与 ia 的首音合并为 e，在 e 与后面的 a 之间插入一个语音上的 y：√dā：déya（= dā́-i-y-a）需要给的。

b. 尾音 ī，ŭ，ṛ 一般采用二合或三合音，其末元素总是作为 y、v、r 出现，就像在元音之前；例如√lī 黏附：-lā́y-ya；√nu 称赞：náv-ya；√bhū：bháv-ya 及 bhāv-yá 将来；√hū：háv-ya；√vṛ 选择：vā́r-ya。

c. 若词根中元音 i，u，ṛ 后面是单辅音，需要采用二合音且 a 可能被延长；例如√dviṣ：dvéṣ-ya 可恨的；√yudh：yódh-ya 需要被征服的；√ṛdh：árdh-ya 需要被完成的；√mṛj：márj-ya 需要被净化；

[1] 通常（且非常规地）带重音为 árp-ita。
[2] 用 ī 代表 i，就像来自这个词根的一些其他形式中一样。
[3] 这种类型的分词甚至也很难出现在梵书中。

√vac：vā́c-ya需要说的；但是也有gúh-ya需要隐蔽的；-dhṛṣ-ya将被攻击；-sád-ya将就坐。

d. 尾短元音有时候保持不变，然后插入t：í-t-ya消失；śrú-t-ya需要听的；-kṛ-t-ya要做的；carkṛ́-t-ya值得称赞。

2. 后缀 ā́yya几乎一直读作 ā́yia，几乎完全限于《梨俱吠陀》；例如pan-ā́yya令人敬佩的；vid-ā́yya将被发现；śrav-ā́yya辉煌。它有时候附于派生词干；致使式：panay-ā́yya令人敬佩的，spṛhay-ā́yya合宜的；愿望式：di-dhi-ṣ-ā́yya需要被抚慰的（√dhā）；加强式：vi-tan-tas-ā́yya匆匆。

3. énya（一般要读作énia）附于词根，除了以元音结尾的情况外，词根保持不变：所以dviṣ-éṇya恶性，yudh-énya需要被打击，dṛś-énya观赏性；但是vár-eṇya（√vṛ）值得选择。有一次它被加到一个不定过去时词干：yaṃ-s-énya（√yam）需要被指导的。派生动词也使用这个后缀；愿望式：didṛkṣ-éṇya值得被看，śuśrūṣ-éṇya值得被听；加强式：marmṛj-énya被荣耀，vāvṛdh-énya被尊崇；名转动词：sapar-éṇya被爱慕。

4. tv-a几乎只见于《梨俱吠陀》[1]，一般读作tua且加在带重音词根的强形式后。所以kár-tva需要做的，hé-tva（√hi）需要被驱动，só-tva（√su）需要被挤压，vák-tva需要说的；带连接元音i：sán-i-tva将要赢的；带连接元音ī：bháv-ī-tva[2]将来。

5. 吠陀中必要分词tavyà仅有的两个例子（均出现在《阿达婆吠陀》）都加了连接元音i，即jan-i-tavyà应该生，hiṃs-i-tavyà受伤的。[3]

6. anīya必要分词仅有的例子（二者都出现在《阿达婆吠陀》）是

---

[1] 在梵书中出现了几个例子：jé-tva（√ji），snā́-tva（√snā沐浴），hán-tva（√han）。

[2] ī而不是i。

[3] 这种必要分词在梵书中并不罕见，不仅由词根形成，而且也有派生词干。

upa-jīv-anī́ya依赖的是，及ā-mantr-aṇī́ya值得一提的是。[1]

III. 独立式或无变格小品词

163. 在《梨俱吠陀》及《阿达婆吠陀》中出现了120多个独立式的例子。它表达伴随或更多地先于变位动词的一个动作，并通过在简单词根后添加三个后缀tvī́, tvā́, tvā́ya构成（所有原先以tu结尾的词干也用来形成不定式）。

1. tvī́的形式几乎只限于《梨俱吠陀》，[2]在该本集三种形式中最常见，出现了15个例子。它可能代表了tu词干的一个古老依格，并通常直接加在词根后，其形式与完成被动分词中ta之前相同。示例如下：kṛ-tvī́ 已做出，ga-tvī́ 已走，gū-ḍhvī́ 已藏，bhū-tvī́ 已成，vṛk-tvī́（√vṛj）已打翻，hi-tvī́（√hā）已弃。那里有后缀前加连接元音i的两个例子：jan-i-tvī́ 已制作，skabh-i-tvī́ 已支撑。

2. 后缀tv-ā́（以tu结尾的动名词的一个古老的单数具格）在《梨俱吠陀》中有九个词根采用，在《阿达婆吠陀》中则有30多个。词根与其在完成被动分词ta前的形式一致。在《梨俱吠陀》中出现的形式是：pī-tvā́（√pā 喝），bhit-tvā́已碾碎，bhū-tvā́已成为，mi-tvā́已形成（√mā），yuk-tvā́已连接，vṛ-tvā́已覆盖，śru-tvā́已听，ha-tvā́已击杀，hi-tvā́已抛弃。《阿达婆吠陀》中的一些形式是：iṣ-ṭvā́已祭祀（√yaj），jag-dhvā́已吞（√jakṣ），tīr-tvā́ 已跨越（√tṝ），tṛ-ḍhvā́已碎（√tṛh），dat-tvā́ 已给（√dā），pak-tvā́ 已炊（√pac），bad-dhvā́已捆绑（√bandh），bhak-tvā́已分开（√bhaj），rū-ḍhvā́已登升（√ruh），vṛṣ-ṭvā́已切断（√vraśc），sup-tvā́已睡（√svap）；三个采用连接元音i：cāy-i-tvā́注意到（√cāy），hiṃs-i-tvā́已伤害，gṛh-ī-tvā́已抓取；少数几个也

---

[1] 在梵书中大概有十几个例子。

[2] 这个独立式（译者按，原文误作必要分词）在《阿达婆吠陀》中没有出现，但在梵书中并没有完全消失。

从以（保留下来）aya结尾的派生词干形成；例如kalpay-i-tvā́已安排。

3. 最罕见的独立式是tvā́ya，在《梨俱吠陀》中只由八个词根使用：[1] ga-tvā́ya已走，jag-dhvā́ya已吞，dat-tvā́ya已给，dṛṣ-ṭvā́ya已看，bhak-tvā́ya已达到，yuk-tvā́ya已连接，ha-tvā́ya已杀，hi-tvā́ya已弃；另外三个独立式出现在《夜柔吠陀》中：kṛ-tvā́ya已做，ta-tvā́ya已延伸，vṛ-tvā́ya已覆盖。

164. 当动词是复合词时，后缀则一般是yă 或tyă。在《梨俱吠陀》中，至少2/3此类形式中的后缀元音是长音。词根一直带重音。

1. yă 加到词根（但从不带连接元音i），形式与在tvā前的相同，除了尾音ā及am保持不变。在《梨俱吠陀》中约40个词根及《阿达婆吠陀》中30多个形成这些复合独立式。《梨俱吠陀》中的例子是：ā́c-yā弯曲（= ā́-ac-），abhy-úp-ya已封（√vap），abhi-krám-ya接近，abhi-gū́r-yā欣然接受（√gṛ唱），saṃ-gṛ́bh-yā聚集，ni-cā́y-yā害怕，vi-tū́r-yā前进（√tṝ），ā-dā́-ya拿，ati-dī́v-ya玩得更高，anu-dṛ́ś-ya顺着看，ā-rábh-ya抓，ni-ṣád-yă 坐下；来自致使词干：prā́rp-ya（prá-arpaya启动）。《阿达婆吠陀》中的例子是：ud-úh-ya往上抬（√vah），saṃ-gī́r-ya膨胀（√gṝ），upa-dád-ya投入（√dā），saṃ-bhū́-ya结合，ut-thā́-ya上升（√sthā），saṃ-sī́v-ya已缝制；来自致使词干：vi-bhā́j-ya已分配（√bhaj）。

α. 在《梨俱吠陀》中有三个词根与副词或名词合成：punar-dā́-ya给回，mitha-spṛ́dh-ya争夺，karṇa-gṛ́h-ya用耳抓，pāda-gṛ́h-ya用脚抓，hasta-gṛ́h-ya用手抓。

165. 在以短元音结尾的复合动词后加tyă（在《梨俱吠陀》中几乎一直用长元音）而不是yā́；[2] 例如，é-tyā已来（ā-i），abhi-jí-tya战胜，

[1] 这个独立式在《阿达婆吠陀》中出现了两次，在梵书中出现了五六次。在《百道梵书》中，它由致使动词词干形成：spāś-ay-i-tvā́ya（√spaś）。

[2] 有时候不是原始音，而是由长元音降级而成。

ā-dṛ́-tyā关于，apa-mí-tya[1]借，upa-śrú-tya偷听；带副词或名词前缀：araṃ-kṛ́-tyā备妥，akhkhalī-kṛ́-tya喊叫，namas-kṛ́-tya（AV.）致敬。

α. 一些以an或am结尾的词根遵循这些动词的类比，就像在完成被动分词中一样脱落鼻音：vi-há-tyā驱赶（√han），ā-gá-tyā已来（√gam），ud-yá-tya（AV.）举高（√yam）。

166. 某些动名词的业格am虽然在本集中还不像独立式那样构成，但在梵书和吠陀经中这样构成的却不少见。在后缀之前，（几乎总是复合的）词根以它在三单不定过去被动态（155）i之前的形式出现；例如《百道梵书》：śā́khāṃ sam-ā-lámbh-am 抓住一个树枝；mahānāgám abhi-saṃ-sā́r-am一起绕着一条大龙跑。

IV. 不定式

167. 不定式非常频繁，在《梨俱吠陀》中出现了约700次，所有形式都是动名词的旧格，即业、为、从、属或依格。只有业、为格形式常见，但为格数量远远超过业格，在《梨俱吠陀》中是12比1，在《阿达婆吠陀》中是3比1的比例。一个显著的事实是，梵文中唯一存留的不定式形式tum在《梨俱吠陀》中出现的次数不超过5次，而在《梨俱吠陀》中是所有其他形式总和七倍还多的为格不定式在梵书中大部分已经消失。

α. 不定式通常由词根形成，不与任何时态词干相连，也不显示语态的区别。然而，dhyai、áse和sáni的形式却经常与现在时词干相连；dhyai的形式曾由完成时词干形成，而且在一些情况下也由致使词干所取代。dhyai和tavái的形式可通过其异常的词尾立即被识别为不定式；sáni的形式虽然有一个普通格尾，但通过其孤立的词干形式被识别为不定式。tum和am的业格不定式及从、属格不定式通过与前

[1] 这里的mi由√mā（测量）降级而成。

置词结合的能力和动词结构显示出它们的不定式特征。然而，有些不定式不能与动名词的普通格区分开来：它们不能被视为真正的不定式，除非它们是孤立的变格形式或有一个动词结构。

1. 为格不定式

该不定式[1]以e结尾，与词根或词干尾音ā结合为ai。[2]它由以下形成：

a. 约有60个形式源于词根。约有一打来自以长元音结尾的词根，有一个以i结尾，它们中的所有都带有前缀（除了√bhū的另外一个形式）；例如parā-dái放弃，pra-hyè送（√hi）；-míy-e减弱（√mī），-bhv-é及bhuv-é是；-tír-e跨越。

剩下的词根以辅音结尾。[3]约有十来个是非复合动词，如mah-é高兴，mih-é洒水，bhuj-é享受，dṛś-é看。但复合形式更常见；例如-grábh-e抓，-ídh-e点燃，-núd-e刺，-pṛ́ch-e[4]问，-vā́c-e[5]说，-vídh-e穿透，-syád-e流。[6]

b. 动名词使用九个不同的后缀引导。这些在总数上更多。

1. 约25个是以as结尾的词干为格，[7]例如áy-as-e走，cákṣ-as-e看，car-ás-e移动，puṣy-ás-e兴盛，bhiy-ás-e害怕，śriy-ás-e灿烂。

2. 在《梨俱吠陀》中有五六个以i结尾的词干为格，在其他本集

---

[1] 在梵书中，普通使用的唯一的为格不定式是taváí，其他形式中，只有五六个以e结尾；两个以tave结尾，即áv-i-tave，stártave；一个以dhyai结尾，即sā́-ḍhyai征服（√sah）。依格不定式已消失。

[2] 除了脱落ā的śrad-dhé（信任）及pra-mé（形成）。

[3] 在梵书中，有半打以e结尾的不定式源于以辅音结尾的词根，所有的都是复合词，除了一个：dṛś-é看（TS.），prati-dhṛ́ṣ-e挺住（TS.），pra-mrad-é粉碎（ŚB.），ā-rábh-e把握（ŚB.），ā-sád-e坐在上面（AB.），ati-sṛ́p-e滑行（MS.）。除了pra-mrad-é，所有的都出现在《梨俱吠陀》中。

[4] 带有互换。

[5] 带有延长的元音。

[6] 鼻音消失（√syand）。

[7] 它一般带重音，但重音在词根的例子大约有半打。

中有一两个；tuj-áye饲养，dṛś-áy-e看，mah-áy-e喜欢，yudh-áy-e，san-áy-e赢；gṛh-aye抓（KS.），cit-áye明白（VS.）。

3. 四五个是以ti结尾的词干为格：iṣ-ṭáy-e刷新，pī-táy-e喝，vī-táy-e享受，sā-táy-e赢。

4. 三十多个是以tu结尾的词干为格（加到二合音后的词根，有时候带连接元音i）；例如át-tav-e吃，é-tav-e走，ó-tav-e编织（√ū = vā），kár-tav-e做，gán-tav-e走，pā́-tav-e喝，bhár-tav-e忍受，yáṣ-ṭav-e祭祀，vák-tav-e说，vás-tav-e闪耀，vó-ḷhav-e运送（√vah）；áv-i-tav-e更新，cár-i-tav-e走，sáv-i-tav-e推进（√sū），sráv-i-tav-e流（√sru），háv-i-tav-e喊（√hū）；jīv-ā́-tav-e活，stár-ī-tav-e（AV.）隐居（√stṝ）。

5. 十多个是以tavā́ 结尾的词干为格（它像tu一样加到二合音后的词根），其特殊性在于有双重音；例如é-tavái走，ó-tavái编织，gán-tavái走，pā́-tavái喝，mán-tavái想，sár-tavái流；yám-i-tavái指导，sráv-i-tavái流。

α. 这个不定式在梵书中仍然常规使用，其中有以下的例子：étavái及yā́tavái走，kártavái做，dédīyitavái飞走，drógdhavái计划，mántavái想，mánthitavái统治，stártavái隐居，áti-caritavái违犯，ā́-netavái带来，nír-astavái扔出，pári-starītavái散布，sáṃ-hvayitavái召集。

6. 来自tyā词干的为格不定式只有一个例子：i-tyái走。

7. 超过35个是词干为dhyā的为格（几乎仅限于《梨俱吠陀》），它被添加到以a为结尾的动词词干（一般带重音）之后；例如iyá-dhyai（√i），gáma-dhyai走，cará-dhyai走，śayá-dhyai（√śī），stavá-dhyai赞扬（√stu）；pibá-dhyai喝（√pā），pṛṇá-dhyai填（√pṝ），huvá-dhyai喊（√hū）；[1] vāvṛdhá-dhyai[2]加强；nāśayá-dhyai使消失，vartayá-

---

［1］ 最后三个来自常规的现在时词干。
［2］ 来自重叠完成时词干。

dhyai[1]使翻转。

α. 在梵书中只发现一个这种不定式的例子：sā́ḍhyai（√sah）。在《泰氏本集》中出现了一个以e而不是ai为结尾的例子：gamá-dhye走。

8. 五个是以man为结尾的词干为格：trā́-maṇ-e保护，dā́-man-e给（δόμεν-αι），dhár-maṇ-e支持，bhár-maṇ-e保存，vid-mán-e（ἴδ-μεν-αι）知道。

9. 三个是以van结尾的词干为格：tur-váṇ-e克服（√tṛ），dā-ván-e（δοῦναι = δόFεναι）给，dhū́r-vaṇ-e[2]伤害。

2. 业格不定式

这个不定式由两种方式构成：

a. 其中一种方式（在《梨俱吠陀》中出现了十几个例子，在《阿达婆吠陀》中也有几个另外的例子）用am加在几乎总是以辅音结尾的词根弱形式上（除了√dhā，√mī，√tṝ）；例如sam-ídh-am点燃，saṃ-pṛ́ch-am问，ā-rábh-am达到，ā-rúh-am装入，śúbh-am闪耀；pra-tír-am延长（√tṝ），prati-dhā́-m放置，pra-míy-am否定（√mī）。

b. 第二种形式由tu（= 拉丁supine）结尾的词干构成，比由同一词干构成的为格要少得多。只有五个例子出现在《梨俱吠陀》中，《阿达婆吠陀》中也同样如此；《梨俱吠陀》：ó-tum编织，dā́-tum给（拉da-tum），práṣ-ṭum问，prá-bhar-tum提出，anu-prá-voḷhum推进；《阿达婆吠陀》：át-tum吃，kár-tum做，dráṣ-ṭum看，yā́c-i-tum问，spárdh-i-tum抗争；《夜柔吠陀》（KS., VS.）：khán-i-tum。

α. 梵书中业格不定式的频率几乎是为格的两倍。am的形式并不罕见，而tum的形式则相当常见。

---

[1] 来自致使动词词干，大约有十个这样的不定式由它形成。
[2] 带有元音与半元音的转换：ūr=vṛ。参考171.2。

3. 从、属格不定式

这个不定式很罕见，在本集中出现的例子不到20个。它与其说是真正的不定式，不如说是动名词的性质。它与业格不定式一样有两种形成方式：从一个基础（辅音）词干和从一个以tu结尾的动名词形成。因此，它要么以as结尾，要么是tos；由于这些结尾中的每一个都同时代表从格和属格，所以只能从句法上区分这两个格。

a. as形式几乎只具有从格的意义。在《梨俱吠陀》中有六个这样的例子：ā-tṛ́d-as被刺破，ava-pád-as下坠，sam-pṛ́c-as接触，abhi-śríṣ-as结合，abhi-śvás-as吹，ati-ṣkád-as跨越。似乎有一个确定是属格的例子：ni-míṣ-as眨眼。

b.《梨俱吠陀》有六个tos形式从格意义上的例子：é-tos及gán-tos走，ján-i-tos出生，ní-dhā-tos放下，śár-ī-tos被击碎，só-tos挤压，hán-tos被击打。三个属格上的例子：kár-tos做，dā́-tos给，yó-tos阻止。

α. 在梵书中，从、属格不定式变得跟为格一样普遍。

4. 依格不定式

该形式的不定式很罕见；即使包括几个可疑形式，也几乎没有超过十几个例子。

a. 五六个是根词干的依格：vy-úṣ-i破晓，saṃ-cákṣ-i观察，dṛś-í及saṃ-dṛ́ś-i看，budh-í觉醒。然而，由于这些形式与不定式没有任何区别且仅支配属格，所以它们更应该被看作是动名词的普通依格。

b. 从tar词干形成了dhar-tár-i（支持）及vi-dhartár-i（赐予）；然而这些形式是否是真正的不定式是值得怀疑的。

c.《梨俱吠陀》有八个来自san词干的依格真正有不定式的意义：ne-ṣáṇ-i引领，par-ṣáṇ-i通过，abhi-bhū-ṣáṇ-i援助，śū-ṣáṇ-i膨大，sak-ṣáṇ-i停留（√sac）；带连接元音ī：tar-ī-ṣáṇ-i；来自现在时词干：gṛ-ṇī-ṣáṇi唱，stṛ-ṇī-ṣáṇ-i传播。

派生动词

I. 致使动词

168. 这是迄今为止最常见的派生变位，在本集中由两百多个词根形成，还有大约一百个在梵书中。然而，在《梨俱吠陀》大约150个致使词干中，至少有三分之一的词根没有致使的意义，而是反复。整个形式可能确实最初有一个反复的意义。这也许可以解释为什么一个反复形式，即重叠不定过去时会特别隶属于致使动词。同一词根偶尔也会形成反复和致使式，如简单动词páta-ti（它飞）之外的pat-áya-ti（飞来飞去）及pāt-áya-ti（使飞）。

致使式通过一般会被加强的词根上添加后缀áya形成。

1. 首元音或中元音i, u, ṛ, ḷ（如果不是位置长）采用二合音；例如√vid：ved-áya使知道；√krudh发怒：krodh-áya使发怒；√ṛd融化（不及物）：ard-áya摧毁；√tṛp喜悦：tarp-áya愉悦；√kḷp：kalp-áya安排。

a. 大多缺乏致使意义的几个词根没有改变词干元音；例如√ruc：ruc-áya闪耀（但roc-áya照亮）。

b. 约30个词根首或中元音a（如果不是位置长）延长；例如√am：ām-áya受伤；√naś丢失：nāś-áya摧毁。

α. 在下列词根中，a在致使动词中可以选择性地保持短音：√gam, √das浪费，√dhvan消失，√pat, √mad, √ram休息；因此√pat：pat-áya“飞来飞去，使飞”及pāt-áya使飞。

β. 在大约25个词根中，a一直保持短音，致使意义大部分缺失；例如√dam：dam-áya控制；√jan：jan-áya生。

c. 尾音i, ŭ, ṛ采用二合或三合音；例如√kṣi拥有：kṣay-áya[1]稳

[1] 词根尾音为i致使式唯一的例子（除了√ji非常规的jāpáya及√śri的śrāpáya）。

居；√cyu动摇：cyāv-áya摇晃；√bhū：bhāv-áya使成为；√ghṛ滴水：ghār-áya使滴水；√śru、√jṝ（浪费）、√sṛ既有二合也有三合音：śrav-áya及śrāv-áya使听；jar-áya及jār-áya消磨，sar-áya及sār-áya使流；√dṛ（刺穿）只有二合音：dar-áya粉碎。

d. 以ā结尾的词根加páya；[1]如√dhā：dhā-páya使放。

e. 致使动词在整个变位中都保留后缀，甚至在现在时系统之外。它的变形与第一变位原始动词相同（132）。虚拟、[2]命令、[3]训诫式、未完成时及现在分词形式很普遍；但是祈愿式在主动态中很罕见，在中间语态中根本没有出现。仅仅只有四个将来时出现在《梨俱吠陀》及《阿达婆吠陀》中：dūṣay-iṣyā́mi我将毁坏，dhāray-iṣyáti他将支持，vāsay-iṣyáse你要装饰自己，vāray-iṣyáte将保护。在完成时中只出现一个迂回形式（139.9α）：gamayā́m cakā́ra[4]（AV.）。重叠不定过去式只与六个致使词干相关（149α3）。还有三个iṣ不定过去时来自致使词干：vyathay-īs来自vyath-áya（干扰）；ailay-īt来自il-áya（静下来）；dhvanay-īt来自dhvan-áya笼罩。[5]

f. 以下是名词派生词的例子：一个现在被动分词bhāj-yá-māna；几个完成过去分词：ghār-i-tá污损的，cod-i-tá促使，veś-i-tá使进入；几个以āyya结尾的必要分词（162.2）：trayay-ā́yya戒备；panay-ā́yya令人敬佩的；spṛhay-ā́yya合适的；十个以dhyai结尾的不定式：nāśayá-dhyai（摧毁）等等，参看167.7；在《阿达婆吠陀》中出现的四个独立式：arpay-i-tvā́ 已交付，kalpay-i-tvā́ 已安排，sāday-i-tvā́ 已经

[1] 至于使用paya的其他词根，参看“不规则性”2。

[2] 唯一出现的双数中间形式是3. mādáyaite；《梨俱吠陀》中唯一使用ai的中间形式（除第一人称双数）是mādayādhvai。

[3] 以tāt结尾的二单既出现在吠陀，也出现在梵书中；在《卡氏本集》中，从√vṛ（盖）出现了独特的二复vāraya-dhvāt。

[4] 这个形式在梵书中还不常见，除了《百道梵书》，此处它们数量很多。

[5] 愿望式在梵书中源于约有一打的致使动词词干；例如di-drāpay-iṣa想使某人跑。

定下，sraṃsay-i-tvā́ 放任。

不规则性

1. 在《阿达婆吠陀》中，三个致使动词在paya前缩短ā：jña-páya使知晓，śra-páya煮，sna-páya（洗浴）及snā-páya（《梨俱吠陀》）。

2. 带ā以外的元音，即ṛ或i结尾的四个词根采用paya；√ṛ：ar-páya使走；√kṣi住：kṣe-páya使住（除了kṣay-áya）；√ji及√śri用ā替代i: jā-páya使战胜，śrā-páya抬高。[1]

3. √bhī形成相当不规则的致使词干bhī-ṣ-áya使惊吓。

4. √pā及√pyā加aya并带插入音y：pāy-áya（使喝）及pyāy-áya（装满）。这可能是由于假定这些词根的原始形式是√pai和√pyai。

5. √grabh的元音通过互换而被减弱：gṛbh-áya抓；而√duṣ被延长：dūṣ-áya破坏。√pṝ由于唇音开始，通过中元音ū来取代ā形成其致使式：pūr-áya充满。

II. 愿望式

169. 愿望式是最不常见的派生变位，由带有重音的重叠音节和后缀sa组成。在《梨俱吠陀》中，这个sa从未与连接元音i一起添加，在其他本集中也没有，除了下面唯一的例外：pí-pat-i-ṣa（AV.），jí-jīv-i-ṣa（VS.）及jí-gam-i-ṣa（TS.）。[2]在本集中，愿望式由不到60个词根形成，还有30多个在梵书中。其变位与第一变位的动词一样（132）。

重音在重叠音节上，词根在通常情况下保持不变；例如√dā：dí-dā-sa想给；√bhid：bí-bhit-sa；√nī：ní-nī-ṣa；√guh：jú-guk-ṣa（62a，69a）；√bhū：bú-bhū-ṣa；√dṛś：dí-dṛk-ṣa。但是，

---

[1] 在梵书中，虽然√ruh以辅音结尾，在脱落h以后采用paya：ro-paya抬升（除了roh-áya）。

[2] 因此约有十几个其他词根在梵书中形成其愿望式词干；例如ci-kram-i-ṣa，ji-grah-ī-ṣa，vi-vid-i-ṣa（√vid知道），等等。

1. 尾音i及u延长，ṛ变为īr；例如√ji：jí-gī-ṣa；√śru：śú-śrū-ṣa；√kṛ：cí-kīr-ṣa。

2. 尾音ā在三个词根中降为ī（参考171.3），在一个词根中降为i：√gā走：jí-gī-ṣa（SV.）；√pā喝：pí-pī-ṣa（除了pí-pā-sa）；√hā：jí-hī-ṣa；√dhā：dí-dhi-ṣa（除了dhít-sa）。

重叠的特殊规则

170. 典型的重叠元音是i，它出现在所有的词干中，除了由含有ŭ的词根形成的那些词干（由u来重叠）；例如√jyā：jí-jyā-sa；√miś混合：mí-mik-ṣa；√prī：pí-prī-ṣa；√vṛt：ví-vṛt-sa；但是√guh：jú-guk-ṣa；√bhū：bú-bhū-ṣa。

171. 不规则性

1. 中间有a、后面有m或n的五个词根延长其元音：√gam：jí-gāṃ-sa；√han：jí-ghāṃ-sa（66A2）；√man也延长重叠元音：mī́-māṃ-sa（66A2）；√van及√san脱落鼻音：ví-vā-sa及sí-ṣā-sa。

2. √dhvṛ（伤害）在半元音和元音互换后变为ur，延长u：dú-dhūr-ṣa。（参考167.1.9）。

3. 含有ā或a的半打词根通过某种省音来缩短根音节：√dā及√dhā脱落元音：dí-t-sa（= dí-d[ā]-sa）及dí-dā-sa；dhí-t-sa（= dí-dh[ā]-sa）及dí-dhi-ṣa；√dabh, √labh, √śak, √sah失去其首位根辅音和元音：dí-p-sa[1]（= dí[da]bh-sa），líp-sa[2]（= lí[la]bh-sa），śík-ṣa（= śí[śa]k-ṣa），sī́k-ṣa带有延长的重叠元音（= sí[sa]k-ṣa）。[3]

a. √āp及√ṛdh（被当作√ardh）将重叠元音i及根首元音重合为ī：ī́p-sa（= í-āp-sa）及ī́rt-sa（= í-ardh-sa）。

4. 词根首音在√ci，√cit，√ji，√han中恢复本来的喉音：cí-kī-

---

[1] 在梵书中也有dhīpsa。

[2] 在梵书中也有līpsa。

[3] 类似的构成在梵书中有dhīkṣa（√dah），pitsa（√pad），ripsa（√rabh）。

ṣa, cí-kit-sa, jí-gī-ṣa, jí-ghāṃ-sa。

5. √ghas将其尾音s变为t(66B1): jí-ghat-sa(AV.)饥饿。

6. 三个词根使用长元音来重叠: √tur跨越(= √tṝ): tū́-tur-ṣa; √bādh压迫: bī-bhat-sa;[1] √man: mī-māṃ-sa。[2]另一方面,在yaj及naś(获得)的愿望式中,重叠音节由于失去首位辅音而被缩减: í-yak-ṣa(来自yí-yak-ṣa)及í-nak-ṣa(来自ní-nak-ṣa)。在√āp的一个形式中完全放弃了重叠: ap-santa。

a. 元音为首音的两个词根√aś和√edh使用次音节中的重叠元音来形成其愿望式词干: aś-iś-i-ṣa(B.)及ed-idh-i-ṣa(VS.)。

在愿望式的变形中,尽管并不完整,现在时系统的所有语气都得到了体现,包括未完成时,在现在时分词中超过25个例子。如果以ví-vā-sa(想赢)来变位,出现的形式将是:

现在时,直陈,主动,单1. vívāsāmi 2. vívāsasi 3. vívāsati 双2. vívāsathas 3. vívāsatas 复1. vívāsāmas 3. vívāsanti 中间,单1. vívāse 2. vívāsase 3. vívāsate 复1. vívāsāmahe 3. vívāsante

虚拟,主动,单1. vívāsāni 3. vívāsāt 复3. vívāsān

训诫,主动,单3. vívāsat 中间,复3. vívāsanta

祈愿,主动,单1. vívāseyam 3. vívāset 复1. vívāsema 中间,单1. vívāseya

命令,主动,单2. vívāsa(tāt) 3. vívāsatu 双2. vívāsatam 3. vívāsatām 复2. vívāsata 3. vívāsantu

分词,主动,vívāsant 中间,vívāsamāna

未完成,主动,单2. ávivāsas 3. ávivāsat 复3. ávivāsan。

[1] 词根元音缩短。
[2] 词根元音延长。

a. 在现在时体系之外，只碰到两个愿望式动词形式，[1]即《阿达婆吠陀》中的两个iṣ不定过去时：á-cikits-īs及 ī́rts-īs。[2]我们还注意到三个分词形式：完成被动分词mīmāṃs-i-ta[3]，必要分词didṛkṣ-éṇya值得一见、śuśrūṣ-éṇya值得一听。[4]最后，《梨俱吠陀》中出现了十几个由愿望式词干形成的、以u结尾的分词，例如iyakṣ-ú想祭祀。它们具有支配一个格的现在分词的价值。

III. 加强式（频繁式）

172. 这些动词由简单词根所表达的动作加强或频繁重复。它们很常见，在本集中由90多个词根组成，还有25个出现在梵书中。该形式只限于辅音为首的词根，也不适用于派生动词。

词干共有两种形式，它们的特点是一个特殊的强重叠形式。到目前为止，最常见的主要类型是在重叠词干后直接加上人称语尾（在强形式中，重音在首音节上，参看附录一12e）。在主动和中间语态中，其变位与第三类重叠动词一样（132）；例如，√nij：3.单né-nek-ti。次要类型很罕见，与被动态（154）一样在重叠词干后添加带重音的yá，且与被动态一样只有中间变位；例如√vij：ve-vij-yá-te剧烈颤抖。

a. 主要的加强式在词根和以辅音开头的语尾之间可选择性地插入ī。这个ī出现在直陈主动1、3单，命令2、3单及未完成主动态；例如直陈cā́kaś-ī-mi, cā́kaś-ī-ti；命令2单cākaśī-hi，3单jóhav-ī-tu；未完成3. á-johav-ī-t。

---

[1] 我们注意到，在梵书中迂回完成时由五六个愿望式词干构成。

[2] 在梵书中，iṣ不定过去时从半打愿望式词干中产生；例如aips-īt, aips-iṣ-ma, a-jighāṃs-īs, a-mīmāṃs-iṣ-ṭhās。一两个简单及迂回将来时也出现在梵书中，如titikṣ-iṣyate（√tij），didṛkṣ-i-tā́ras（√dṛś）。

[3] 在梵书中也有jijyūṣ-i-tá（√jīv），dhīkṣ-i-tá（√dah），śuśrūṣ-i-tá（√śrū）。

[4] 在梵书中也有līps-i-tavya（√labh），didhyās-i-tavyà（√dhyā），jijñās-yà（√jñā）。

重叠的特殊规则

173. 1. 词根元音 ĭ 和 ŭ 分别由对应的二合音e及o来重叠；例如√diś：de-diś；√nī：ne-nī；√śuc：śo-śuc；√nu：no-nu；√bhū：bo-bhū。

2. 根元音 ă、ṛ́ 及 ṝ́ 使用下面两种方法来重叠：

a. 十几个带中位 ă（以塞音或咝音、还有一个以m结尾）及三个带尾音ṛ的词根，以ā来重叠：√kāś照耀：cā-kaś；√pat：pā-pat；√gam：jā-gam；√gṛ：jā-gṛ；√dṛ分裂：dā-dṛ；√dhṛ：dā-dhṛ；√cal搅动：cā-cal亦同。

b. 其他所有含有ṛ的词根（√dṛ和√dhṛ也可选择使用）和那些中间有a、后有r、l或鼻音的词根，都要用ar、al、an或am进行重叠；例如√kṛ纪念：car-kṛ及car-kir；√kṛṣ拖拽：car-kṛṣ；√dṛ：dar-dṛ及dar-dir（除了dā-dṛ）；√dhṛ：dar-dhṛ（除了dā-dhṛ）；√hṛṣ兴奋：jar-hṛṣ；√car：car-car；√phar分散：par-phar；√cal：cal-cal（除了cā-cal）；√gam：jaṅ-gam（除了jā-gam）；√jambh嚼碎：jañ-jabh；√daṃś：dan-daś；√stan[1]雷鸣：taṃ-stan（66A2）。

3. 带有末或次末鼻音、ṛ或ū的20多个词根，在重叠音节和词根之间插入ī（若元音为位置长，为i）；例如√gam：gan-ī-gam（但是gan-i-gm-at）；√han：ghan-ī-ghan；√krand：kan-i-kra(n)d；√skand：kan-i-ṣkand及can-i-ṣkad；√bhṛ：bhar-ī-bhṛ；√vṛt：var-ī-vṛt；√nu：nav-ī-nu；√dhū：dav-i-dhv；√dyut：dav-i-dyut。

不规则性

根元音在中间为ā的词根中被缩短：√kāś：cā-kaś；√bādh：bā-badh；√vāś：vā-vaś。在含有ṛ或r的几个词根中，词干音节不同；所以√gṝ：jar-gur及jal-gul；√car：car-cur及car-car；√tṝ：tar-tur及

[1] 译者按：原文误作tan。

tar-tar。

a. 词根√ṛ用al来重叠：al-ar（异化）；√gāh（骤降）带有鼻音：jaṅ-gah；[1] √bādh带有尾塞音：[2] bad-badh（除了bā-badh）；√bhṛ[3]及√bhur（颤抖）带有腭音：jar-bhṛ, jar-bhur；√bhur及√gur（贪婪）使用a来重叠u：jar-bhur, jar-gur。

b. 如果在词根前插入 ī，带有首喉音的词根使用相同的喉音来重叠；所以√krand：kan-i-krand；√gam：gan-ī-gam；√han（代替ghan）：ghan-ī-ghan； √kṛ有kar-i-kṛ及car-i-kṛ；[4] √skand有kan-i-ṣkand及can-i-ṣkad。

A. 原始类型

174. 如果由√nij来变位，出现的形式如下：

1. 现在时，**直陈式**，主动，单1. nénej-mi, nénej-ī-mi 2. né-nek-ṣi 3. nének-ti, nénej-ī-ti 双2. nenik-thás[5] 3. ne-nik-tás复1. nenij-más(i) 3. nénij-ati

中间，单1. nenij-é 3. nenik-té双3. nénij-āte复3. nénij-ate

2. **虚拟式** 主动，单1. nénij-āni[6] 2. nénij-a-s 3. nénij-a-t 双1. nénij-ā-va复1. nénij-ā-ma 3. nénij-a-n 中间，双3. nénij-aite复3. nénij-a-nta

3. **祈愿式** 在《梨俱吠陀》中没有出现确定的形式，并且在其他本集中只有两个主动式：3.单veviṣ-yāt（AV.），1.复jā-gṛ-yāma（VS., MS., TS.），jāgri-yāma（TS.）。在《卡氏本集》中出现了三单中间语态nenij-īta。

---

[1] 在梵书中也有jañ-jap-yá-te（√jap嘟哝）。虽然此处词根中没有鼻音的痕迹，√vah也用n来重叠（与插入的ī一起）：van-ī-vāh-yáte。
[2] 这是这种重叠的唯一例子。
[3] 这个词根在完成时中显示出同样的特殊性（139.4）。
[4] 该词根加强式只出现在分词karikr-át及carikr-át中。
[5] 在该人称中出现的唯一形式是插入ī和强词根音节：tar-tar-ī-thas。
[6] 在该人称中实际出现的唯一形式是jaṅghán-āni（重音像重叠现在时的虚拟式）。

4. **命令式**。出现了约20个主动式语态(但是没有中间态[1])。若从jāgṛ变位，这些形式将是：单2. jāgṛ-hí, jāgar-ī-hi, jāgṛ-tā́t 3. jā́gar-(ī)-tu 双2. jāgṛ-tám 3. jāgṛ-tā́m 复2. jāgṛ-tá[2]。

5. 出现了40多个分词词干，其中大约2/3是主动态。示例如下：主动，kánikrad-at, cékit-at, jáṅghan-at, jā́gr-at, dárdr-at, nā́nad-at, róruv-at; 中间，járbhur-āṇa, dándaś-āna, yóyuv-āna（√yu），sársr-āna。

6. **未完成时** 该时态的形式不到30种，其中只有三种是中间语态形式。出现的人称例子有：

主动，单1. á-cākaś-am 2. á-jāgar 3. á-dardar, á-var-ī-var, á-johav-ī-t; dáv-i-dyot, náv-ī-no-t 双2. á-dardṛ-tam 复1. marmṛj-má 3. á-carkṛṣ-ur, á-dardir-ur, á-nonav-ur

中间，单3. á-dediṣ-ṭa, á-nan-na-ta[3] 复3. mármṛj-ata

a. 在现在时系统之外，出现了少数加强形式。有四个主动完成加强式具有现在时的意义：单1. jāgara 3. jāgā́r-a（ἐγρήγορε），davidhāv-a（√dhū），nónāv-a（√nu）；还有dodrāv-a（√dru跑：TS.），yoyāv-a（√yu分裂：MS.），lelā́y-a（√lī不稳：MS.）。除了完成分词还有jāgṛ-vā́ṃs。致使加强式在分词形式中出现过一次：var-ī-varj-áyant-ī缠绕。[4]

B. 次要类型

在形式上与被动态区别不大，数量只有十几个。它们只出现在现在直陈式2. 3.单和3.复及一些分词中：

---

[1] 在梵书中出现了二单中间形式nenik-ṣva（√nij）。

[2] 《梨俱吠陀》中没有插入ī的命令式形式，但《阿达婆吠陀》和《瓦氏本集》在二、三单上有一些，如cākaś-ī-hi，johav-ī-tu。在梵书中也出现了一些例子。

[3] 来自√nam，鼻音丢失（a即鼻音节），代替á-nan-nan-ta。

[4] 在梵书中也出现了源于加强式的致使动词词干jāgar-áya及dādhār-áya（√dhṛ）。

现在直陈单2. co-ṣkū-yá-se（√sku撕裂）3. dediś-yá-te, ne-nī-yá-te, marmṛj-yá-te, rerih-yá-te, vevij-yáte, vevī-yáte（√vī喜欢）复3. tartūr-yánte（√tṝ）, marmṛj-yánte

分词，carcūr-yá-māṇa（√car）, nenī-yá-māna, marmṛj-yá-māna

IV. *名转动词*

175. 这些动词像第一变位（132）一样变形，由名词派生出来，几乎都带后缀ya，且对名词表达了一些这样的关系，如“像”“作为”“变成”，或“用为”“希望”。在《梨俱吠陀》中出现了一百多个名转动词词干，在《阿达婆吠陀》中约有五十个。[1]后缀通常带重音，但一些确定的名转动词，如mantrá-ya（祈祷），arthá-ya（作为对象，欲望）却有致使式的重音，从而形成了常规名转动词和致使式之间的连接。

A. 在后缀ya之前

1. 尾音i[2]及u延长；[3]例如：kavī-yá明智（kaví），rayī-yá欲财（rayí）；ṛjū-yá直（ṛjú）；vasū-yá欲财（vásu）；śatrū-yá扮演敌人（śátru），敌意。

2. 尾音a通常保持不变，但经常延长；有时变为ī；甚至脱落；例如jāra-yá当作情人，devayá服侍诸神，ṛtá-ya[4]依照祭祀行动；aśvā-yá想要马，ṛtā-yá观察祭祀（除了ṛtá-ya），yajñā-yá祭祀；adhvarī-yá举行祭祀（adhvará），putrī-yá求子（putrá），rathī-yá[5]驾驶一辆车（rátha）；

[1] 名转动词在梵书中少见一些；因此《爱氏梵书》中有接近20个，《百道梵书》中大概十来个。

[2] 除了arāti-yá及arātī-yá敌视，jani-yá及janī-yá觅妻；gātu-yá开动（gātú）同。

[3] 在诗文中，ī经常、ū一直被写作短音。

[4] 带有致使动词的重音。

[5] 在这个和几乎所有的例子中，诗节文本都有ĭ-yá。甚至《阿达婆吠陀》的本集文本中也有putri-yá。

adhvar-yá举行祭祀（除了adhvarī-yá），taviṣ-yá强大（taviṣá：除了taviṣī-yá）。

3. 尾音ā保持不变；例如gopā-yá像牧人、保护，pṛtanā-yá[1]战斗。在出现的唯一例子中，尾音o变为av：gav-yá想要奶牛。

4. 辅音词干几乎一直保持不变，其中最常见的是以as结尾；例如bhiṣaj-yá像医生，治疗；ukṣaṇ-yá像公牛（ukṣán）；vadhar-yá投掷螺栓（vádhar）；su-manas-yá开恩（su-mánas）；taruṣ-yá参战（tárus）。

a. 一些名转动词形式没有后缀，而是直接源于名词词干，但是几乎一直有一个以yá结尾的常规名转动词；例如，除了bhiṣaj-yá，还有源于bhiṣáj（充任医生）的bhiṣák-ti；以及除了taruṣ-yá，还有taruṣe-ma, taruṣa-nte, taruṣa-nta（源于táruṣa战胜者）这些形式。

B. 变位

现在时系统的所有时态、语气及分词都会出现。如果以namas-yá（致敬）变位，出现的形式将是：

1. 现在直陈主动，单1. namasyā́mi 2. namasyási 3. namasyáti 双2. namasyáthas 3. namasyátas 复1. namasyā́-mas(i) 2. namasyátha 3. namasyánti

中间，单1. namasyé 2. namasyáse 3. namasyáte 双2. namasyéthe 3. namasyéte 复1. namasyā́mahe 3. namasyánte

2. 虚拟式，主动，单1. namasyā́ 2. namasyā́s 3. namasyā́t 双3. namasyā́tas 复3. namasyā́n 中间，单2. namasyā́se 3. namasyā́te

3. 训诫式，主动，单2. namasyás 复3. namasyán

4. 祈愿式，主动，单2. namasyés 3. namasyét 复1. namasyéma 中单3. namasyéta

5. 命令式，主动，单2. namasyá 3. namasyátu 双2. namasyátam

[1] ā可能也会脱落：pṛtan-yá反对。

3. namasyátām 复2. namasyáta 3. namasyántu中间，单2. namasyásva 复2. namasyádhvam 3. namasyántām

6. 分词，主动namasyánt 中间namasyámāna

7. 未完成时，主动，单2. ánamasyas 3. ánamasyat 双3. ánamasyátām[1] 复3. ánamasyan 中间，单3. ánamasyata 双2. ánamasyethām 复3. ánamasyanta

a. 在现在时系统之外出现的唯一的变位形式是四个不定过去时：

两个是训诫式：来自 ūnaya（未实现的 [ūna]）的2. 单 ūnay-īs（RV.）；来自 pāpaya（邪恶的 [pāpa]）的2. 复 pā́pay-iṣ-ṭa（TS.）；

两个直陈式：3. 单 ásaparyait（AV.）已献祭（不规则形式，可能等于 á-sapary-īt）；3. 复 á-vṛṣāy-iṣ-ata（VS.）他们已接受。[2]

在《泰氏本集》中也有三个将来分词：kaṇḍūy-iṣyánt 将要抓挠，meghāy-iṣyánt将要多云，śīkāy-iṣyánt[3]将要滴下，带有对应的完成被动分词kaṇḍūyitá, meghitá, śīkitá。[4]

[1] 译者按，原文无增音。

[2] 在梵书中也出现了 iṣ 不定过去时 ásūyīt（喃喃自语）。

[3] 在梵书中也出现了将来时 gopāy-iṣyati。

[4] 梵书中还有一些其他的过去被动分词和一些独立式。

附录一：吠陀语重音

1. 在四部吠陀的所有文本及两部梵书中都标了重音，即《泰氏梵书》（包括其森林书）和《百道梵书》（包括《大森林奥义书》）。

吠陀和古希腊语一样，是一种音乐性的重音，主要取决于音调。它不影响韵律及主音调的名称为 udātta“上升”，也可以看出这一点。此外，古代本土语音学家对它的描述也表明它的性质如此。音调有三个等级，高音由 udātta 表示，中音由 svarita“发音”表示，低音由 anudātta 表示“未升高”。但在《梨俱吠陀》中，udātta“上升的重音”派生地获得了一个中等音调，比中音的初始音调要低。中音是一个下降的重音，代表了从高音到无音的下降。在《梨俱吠陀》中，它在下降前略微高于高音，因此，它在此处具有转折音的性质。事实上中音总是在高音之后的黏着（enclitic）重音，尽管当前面的高音因元音变成相应的半元音而消失时，中音就会呈现出一个独立重音（如 kvà = kúà）。在后一种情况下，它被称为独立中音。Anudātta 即高音之前音节的低音。

2. 在吠陀文本中，有四种不同的重音标记方法。《梨俱吠陀》的系统很特别，完全不标记主重音，《阿达婆吠陀》《瓦氏本集》《泰氏本集》和梵书都遵循它。这似乎是由于在《梨俱吠陀》中，高音的音调介于其他两个音调之间这一事实。因此，由于前面的低音音调较低，在带有它的音节下面用横线表示，而后面的中音起初上升到一个稍高的音调，然后下降，在带有它的音节上面用竖线表示；例如a̱gninā̍= agnínā；vīrya̍m = vīryàm（代表vīríàm）。在诗行开头，连续的高音通过所有标记的缺失来表示，直到末位高音之后的黏着中音或低音，（低音挤走黏着折音）为另一个高音（或独立中音）作准备；例如tāv ā yā̍tam = tā́v ā́ yātam；tavet tat sa̱tyam[1] = távét tát satyám。另一方面，在诗行开头的所有连续的无重音音节都被标记为低音；例如va̱i̱śvā̱na̱ram = vaiśvānarám。但是，在中音之后的所有未加重音的音节仍未被标记，直到紧接在高音（或独立中音）之前的那一个；例如i̱mam me̍ gaṅge yamune sarasvati̱ śutu̍dri = imám me gaṅge yamune sarasvati śútudri。

a. 由于两个或更多音步的诗行被视为一个单元，它由重音和非重音音节组成的一个不间断的链条，而忽略了音步的划分，所以前面的低音和后面的中音的标记不限于高音出现的单词，而是延伸到不仅是同一音步，而且是后一音步的相邻单词；例如a̱gninā̍ ra̱yim a̍śnava̱t poṣa̍m e̱va di̱ve-di̍ve = agnínā rayím aśnavat póṣam evá divé-dive；sa na̍ḥ pi̱teva̍ sū̱nave ’gne̍ sūpāya̱no bha̍va = sá naḥ pitéva sūnávé ’gne sūpāyanó bhava。[2]

b. 当高音之后紧接一个独立中音[3]时，如果是短元音，则伴随着数字1的符号，如果是长元音，则是3，这个数字同时标有中音和低音的符号；例如a̱psv1̱̍antaḥ = apsú antáḥ；rā̱yo̱ 3̱̍ vani̍ḥ = rāyò ’vániḥ（参考17,3）。

3.《迈氏本集》和《卡氏本集》在高音的词上用直竖标记（就像《梨俱吠陀》中的中音）是一致的，从而似乎表明这里的高音上升到

---

[1] 此处，如果后面的音节不带重音，会停留在音节sa上的黏着中音被低音挤走，这是需要表明后面的音节tyam具有高音。

[2] 另一方面，在诗文中，每个词都有自己的重音，不受相邻词的影响。上述两个诗节读如下：a̱gninā̍ ra̱yim a̱śna̱va̱t poṣám e̱va di̱ve di̍ve；saḥ na̱ḥ pi̱tā ’iva sū̱nave̍ agne̍su̱ ’ū̱pā̱ya̱naḥ bha̱va̱。

[3] 就像kvà = kúà，vīryàm = vīriàm。

了最高音；例如，agnı̍nā。但它们在标记中音的方法上有所不同。迈氏用曲线在词下表示独立中音，例如：vīryaṃ̯ = vīryàm；但附属中音则用横线穿过音节的中间，或在上面用三道竖线来表示；而卡氏只有在后面是无重音音节时，才在下面用曲线表示独立中音，但如果后面的音节带重音，则在下面用钩来表示；例如 vīryaṃ̧ = vīryàṃ badhnāti; vīryaṃ̭ = vīryàṃ vyā́caṣṭe; 附属中音在重音节下面有一个点。[1]这两部本集都在词下用横线标记低音（如《梨俱吠陀》）。[2]

4. 在《娑摩吠陀》中，数字1、2、3被写在重音节的上方，分别表示高、中、低音，以代表三个音高；例如 ba(3)rhi(1)ṣi(2) = ba̲rhiṣi̍（barhíṣi）。然而，当后面没有中音时，数字2也用来表示高音；例如 gi(3)rā(2) = gi̲rā（girā́）。当有两个连续的高音时，第二个无标记，但其后的中音上面写有2r；例如 dvi(3)ṣo(1) martya(2r)sya（dviṣó mártyasya）。独立中音也用2r标记，前面的低音则用3k表示；例如 ta(3k)nvā(2r) = tanvā̀。

5.《百道梵书》只标记高音，通过下划线来标记（就像《梨俱吠陀》中的低音）；例如，pu̲ruṣaḥ = púruṣaḥ。在两个或多个连续的高音中，只有末位被标记；如：agnir hi vai dhūr a̲tha = agnír hí vái dhū́r átha。独立中音以高音的形式退回到前一音节；例如：manu̲ṣyeṣu = manúṣyeṣu代替manuṣyèṣu。通过变成半元音、缩合或首音a省略而产生的中音也是类似的处理方式；例如，e̲vaita̲d = évaitád代替evaìtád（= evá etád）。

单词的重音

6. 作为一项规则，每个吠陀词都有重音，并且只有一个主重音。在《梨俱吠陀》的原文中，唯一的主重音是高音，正如比较语言学所

---

[1] 在冯施罗德的这两部本集的版本中，只标记了高音和独立中音。

[2] 当任何本集的文本用罗马字转写时，低音和黏着中音因没有必要标注而被省略，因为高音本身用锐音符来标记；因此，a̲gnı̍nā 变为agnínā。

显示的，高音通常停留在与印欧时期一样的音节上；例如ta-tá-s延伸的，希τα-τό-ς；jā́nu n. 膝盖，希γόνυ；á-dṛś-at，希ἔ-δρακ-ε；bhára-ta，希φέρε-τε。[1]但在《梨俱吠陀》的书面文本中，中音似乎是某些词的主重音。然后，它总是跟在y或v后面，代表原来带高音的i或u；例如rathyàm = rathíàm；[2]svàr[3] = súàr n.光；tanvàm = tanúàm。[4]此处，除了极少数晚期的段落，原来的元音与它的高音在发音上必须被恢复。

双重音

7. 有一种为格不定式的形式和两种类型的句法上的复合词有双重音。tavai不定式在首和末音节都有重音，这在本集和梵书中都有许多例子；例如，é-tavái去；ápa-bhar-tavái带走。复合词的两个部分在形式上是双数（186A1），或者前部有一个属格格尾（187A6a），两个部分都带重音；例如，mitrā́-váruṇā；bṛ́has-páti祭祀主。在梵书中，双重音也出现在小品词vā́vá中。

无重音

8. 有些词从来没有重音；有些词在某些情况下会失去重音。

A. 始终附着的词是：

a. 代词ena它，tva另一个，sama（同）的所有变格；以及第一、第二人称代词的下列形式：mā, tvā; me, te; nau, vām; nas, vas（109a），

---

[1] 但根据希腊语重音派生法则，φερόμενο-ς（bháramāṇas）防止锐音从某词末尾往后滑超过第三个音节。

[2] rathī́（车夫）的业格。

[3] 在《泰氏本集》中一直写作súvar。

[4] tanū́（身体）的业格。

以及指示词干 i 和 sa：īm（111 注释3）和 sīm（180）。

b. 小品词 ca 和，u 也，vā 或，iva 如，gha, ha 仅，cid 根本，bhala 确实，samaha 不管，sma 正如，svid 可能。

B. 根据句法位置，有可能失去重音的是：

a. 呼格，除非在句子或音步之首。

b. 主句中的变位动词，除非在句子或音步之首。

c. 代词 a 的斜格，如果不强调（取代前面的实词），且不在句子或音步之首；例如，asya jánimāni 他的出生（但 asyā́ uṣásaḥ［那个黎明的］）。

d. 当 yáthā（如）出现在音步结尾时，在 iva（像）的意义上几乎无一例外；例如，tāyávo yathā 像贼；kám（确实）在 nú, sú, hí 之后总是无重音。

1. 名词词干的重音

9. 此处需要注意的最重要的点如下：

A. 原始后缀

a. 以 as 结尾的词干若是中性行动名词，重音在词根，但若是阳性施动名词，重音则在后缀；如 áp-as n. 工作，但 ap-ás 活跃。此处，同样的名词在不改变意义的情况下，有时会随着词性的变化而改变重音；例如 rákṣ-as n., rakṣ-ás m. 魔鬼。

b. 由最高级后缀 iṣṭha 形成的词干，重音在词根；例如 yájiṣṭha（祭祀最佳）。唯一的例外是 jyeṣṭhá 最老（但是 jyéṣṭha［最大］）及 kaniṣṭhá 最年轻（但 kániṣṭha［最小］）。[1] 当词干与一个前置词复合时，后者带重音；例如 ā́-gamiṣṭha（来得最好）。

---

[1] 这两种例外情况的出现，仅仅是为了区分它们各自的两种含义。

c. 由比较级后缀īyāṃs形成的词干，重音都在词根；例如jáv-īyāṃs更快。当词干与一个前置词复合时，后者带重音；例如práti-cyavīyāṃs紧贴。

d. 以tar形成的词干若是分词性的意义，则重音一般在词根上，但如果是单纯名词性的，则重音在后缀上；例如dā́-tar给（带业格），但是dā-tár给予者。

e. 以man结尾的词干，若是（中性）行动名词，重音在词根，但若是（阳性）施动名词，则在后缀；例如kár-man n. 动作，但是dar-mán m. 破碎机。此处有几个例子，同样的名词随着意义及词性而重音不同（参看上文9Aa）；例如bráhman n. 祭司，brahmán m. 祭祀；sád-man n. 座位，sad-mán m. 坐着的人。当这些词干与前置词复合时，后者几乎一直带重音；例如prá-bharman n. 讲演。

B. 派生后缀

a. 以in结尾的词干重音一直在后缀；例如aśv-ín拥有马的。

b. 若以tama结尾的词干是最高级，重音几乎不在后缀（除了puru-táma非常多，ut-tamá最高，śaśvat-tamá最频繁），但是如果是序数词，后缀的末音节带重音；例如śata-tamá第100。

c. 以ma结尾的词干，不管是最高级或序数词，重音一般在后缀；例如adha-má最低；aṣṭa-má第八，除了ánta-ma下一个（但anta-má出现两次）。

2. 复合词的重音

10. 一般来说，规则是重叠复合词、物主复合词以及支配复合词的重音在前部，而限定复合词（持业及依主）和规则形成的协调复合词，其重音在后部（通常在末音节）。单词在成为复合词的一部分时，一般会保留原来的重音。然而，有些则一直改变重音：因此víśva通常变为viśvá；其他的则只在某些组合中改变重音：因此pū́rva（前）在阴性词pūrvá-citti（第一思）、pūrvá-pīti（第一杯水）、pūrvá-hūti（第一呼叫）中均变为pūrvá；médha（祭祀）在medhá-pati（祭祀主）及medhá-sāti（接收祭祀）；vīrá（英雄）在puru-vī́ra（拥有众人）及su-vī́ra（英雄的）中。形容词复合词在成为名词或专有名词时，其重音可以从一个部分转移到另一个；例如sú-kṛta做得好，但是su-kṛtá n. 善行；á-rāya吝啬，但是a-rā́ya m. 魔鬼名。

a. 重叠复合词只在前部带重音，这两个词在诗节文本中被分字符分开，像其他复合词的组成部分一样；例如áhar-ahar一天天；yád-yad无论；yáthā-yathā每个情况；adyá-adya，śváḥ-śvaḥ每个今天、明天；prá-pra频频；píba-piba反复喝。

b. 在支配复合词中，若前部是一个动名词（除了śikṣā-nará“帮助人”），它总是带重音；例如trasá-dasyu强敌，人名；现在或过去分词将重音放在尾音节上，不管它原来在哪里；例如tarád-dveṣas战胜敌人的。当前部是前置词时，要么该词带重音，要么在该复合词的尾音节，如果它以a结尾；例如abhí-dyu朝向天空，但是adhas-pad-á脚下；anu-kāmá依据愿望（kā́ma）。

c. 多财释一般重音在其前部；例如rā́ja-putra以国王为子的（但rāja-putrá王子）；viśváto-mukha朝着所有方向；sahá-vatsa由它的小牛伴随的。

α. 但是，大约八分之一的多财释重音都会在后部（主要是在末音节）。当前部是以i或u结尾的双音节形容词时，通常会出现这种情况，当它是purú或bahú（多）时，在《梨俱吠陀》中无一例外；例如tuvi-dyumná有大荣耀；vibhu-krátu有大力量；puru-putrá有多子；bahv-anná有多食。[1]这也是前部为dvi（二）、tri（三）、dus（坏）、su（善）

[1] 后来的本集倾向于遵循一般规则；例如purú-nāman（SV.）多名。

或否定小品词a或an时的常规重音；[1]例如dvi-pád二足的，tri-nā́bhi三洞，dur-mánman病态的，su-bhága富有，a-dánt无齿的，a-phalá缺果（phála）。

d. 限定复合词重音在后部（主要在尾音节）。

1. 普通的“持业释”重音在尾音节；例如prathama-jā́ 头生，prātar-yúj早联，mahā-dhaná重赏。但是当尾部以i，man，van结尾或其本身是一个必要分词（作为一个中性名词），次末音节带重音；例如dur-gṛ́bhi难持；su-tárman好过道；raghu-pátvan快飞；pūrva-péya n. 饮用在前。

α. 然而，前部在下列条件下也带重音。当它是一个副词，且修饰以ta、na结尾的完成被动分词或以ti结尾的动名词时，它一般带重音；例如dúr-hita不善；sadhá-stuti共赞。若它是否定小品词a或an[2]与一个分词、形容词或者名词复合时，它几乎一直带重音；例如án-adant不吃，á-vidvāṃs不知，á-kṛta未做，á-tandra不困，á-kumāra非小孩。当否定小品词否定一个复合词时，它一般也带重音；例如án-aśva-dā未给马，án-agni-dagdha不用火烧。

2. 一般的依主释在尾音节带重音；例如gotra-bhíd开牛圈，agnim-indhá以火照，bhadra-vādín说贤语的；uda-meghá阵阵水声。但是当后部是一个以ana结尾的施动名词，以ya结尾的动作名词，或是一个以i或van结尾的形容词时，其部分的根音节带重音；例如deva-mā́dana诸神振奋；adhi-hátya n. 屠龙者；pathi-rákṣi护道；soma-pā́van喝娑摩酒的。

α. 当前部依靠以ta、na结尾的完成被动分词或以ti结尾的动名词时，它带有重音；例如devá-hita诸神决定，dhána-sāti获取财富。若

[1] 用a或an组成的多财释几乎都在末音节上带重音，以区别于持业释（通常在首音节上带重音，如á-manuṣa非人）；例如a-mātrá无量。

[2] 但有时，后部首音节带重音；例如a-jára不老；a-mítra敌人（mitrá朋友）；a-mṛ́ta不死（mṛtá）。

它依靠páti（主）时，它通常也带重音；例如gṛhá-pati家主。在这些带有páti的复合词中，有些是以其原来的重音来强调后部；在后来的本集中，还有一些符合一般规则，在尾音节上带重音；所以apsarā-patí（AV.）仙女之主，ahar-patí（MS.）日主，nadī-patí（VS.）河神。

β. 有一些句法为源头的依主释带有双重音，它们在前部有一个属格的格尾，且几乎总是跟着páti；例如bṛ́has-páti祭祀主。其他的是apā́ṃ-nápāt水之子，nárā-śáṃsa（代替nárām-śáṃsa）众人称赞，śúnaḥ-śépa狗尾，人名。与之相似的是一些在前部中没有格尾的依主释：śácī-páti霸主；tánū-nápāt他自己的儿子（tanū）；nṛ-śáṃsa众人称赞。

e. 规则形成的相违释（186A2.3）在词干末音节上带重音，而不考虑后部的原始重音；例如ajāváyaḥ m. pl. 山羊和绵羊；aho-rātrā́ṇi日夜；iṣṭā-pūrtám n. 牺牲和奉献的东西。

α. 非常罕见的副词相违释重音在前部：áhar-divi[1]日复一日，sāyáṃ-prātar晨昏。

β. 由两个神灵名组成的联合体，其中每个神灵的形式都是双数（Devatā-dvandvas神灵相违释），则两个成员都有重音；例如índrā-váruṇā二神；sū́ryā-mā́sā日、月神。其他一些由非神名词组成的复合词也有类似的重音；例如turváśā-yádū专名；mātárā-pitárā父母。[2]

3. 变格中的重音

11. a. 呼格如果有重音的话（18），总是在首音节上有锐音；例如pítar（主格pitā́），déva（主格devá-s）。dyú（dyáv）的常规呼格是dyàus，即díaus（它不规则地保留了主格的s，参考希腊语Ζεῦ），但主格dyáus的

[1] 这也许是一个不规则的迭代词，其中前部由一个同义词重复。

[2] 这些复合词偶尔会因为失去前部重音甚至通过变形而同化为正常类型；例如indrāgní因陀罗及阿耆尼，indra-vāyū́因陀罗和风神。

重音经常取代它。

b. 在a及ā变格中，重音一直保留在同一个音节（呼格除外）；例如devá-s，devá-sya，devā́-nām。这个规则包括单音节词干，代词，数词dvá及根元音为ā的词干；例如从má：máyā，má-hyam，máyi；从tá：tá-sya，té-ṣām，tā́-bhis；从dvá：dvā́-bhyām，dváyos；从jā́（m. f. 后代）：jā́-bhyām，jā́-bhis，jā́-bhyas，jā́-su。

α. 以a结尾的基数词词干páñca, náva, dáśa（及其复合词）将重音移到格尾bhis, bhyas, su之前的元音及属格词尾nām；aṣṭá将重音移到所有格尾，saptá移到属格格尾；例如pañcá-bhis，pañcā-nā́m；saptá-bhis，saptā-nā́m；aṣṭā-bhís，aṣṭā-bhyás，aṣṭā-nā́m。

β. 虽然代词a（这）有时候与这条规则冲突（例如á-smai，á-sya，ā́-bhis），但经常被当作不是以a结尾的单音节来处理；例如a-syá，e-ṣā́m，ā-sā́m。

c. 当词干的尾音节带重音，在弱变化时，锐音可以移到词尾（除了a变格）。

1. 在单音节（除了以a结尾的）词干中，该规则适用；[1]例如dhī́ f. 思想：dhiy-ā́，dhī-bhís，dhī-nā́m；bhū́ f. 土：bhuv-ás，bhuv-ós；náu f. 船：nāv-ā́，nau-bhís，nau-ṣú（希 ναυ-σί）；dánt m. 齿：dat-ā́，dad-bhís。

这条规则大约有十几个例外：gó 牛，dyó 天空；nṛ́ 人，stṛ́ 星；kṣám 土；tán 连续，rán 欢喜，ván 木；ví m. 鸟；víp 杆；svàr 光；例如gáv-ā，gáv-ām，gó-bhis；dyáv-i，dyú-bhis；nár-e，nṛ́-bhis，nṛ́-ṣu（但nar-ā́m及nṛ-ṇā́m）；stṛ́-bhis；kṣám-i；tán-ā（亦作tan-ā́）；ráṇ-e，rám̐-su；vám̐-su（但van-ā́m）；ví-bhis，ví-bhyas（但vī-nā́m）；属格víp-as；sū́r-as（但sūr-é）；为格不定式bā́dh-e（压）及vā́h-e（传送）亦同。其他几个单音节词干的不规则重音是由于它们是双音节的缩减形式；这些是drú 木（dā́ru），snú 顶

[1] 在一个复合词的末尾，单音节词干失去这种重音；例如su-dhī́ 明智，sudhī́-nām。

点（sā́nu），śván犬（希κύων），yūn（yúvan［年轻］的弱词干）；例如drú-ṇā；snú-ṣu；śúnā，śvá-bhis；yū́n-ā。

2. 当末位重音节因省音或变为半元音而失去元音时，锐音就会被后移到元音格尾；例如mahimán大：mahimnā́；agní火：agny-ós；dhenú牛：dhenv-ā́；vadhū́：vadhv-ái（AV.）；pitṛ́ 父：pitr-ā́。

α. 以í、ú、ṛ́ 结尾的多音节词干（在《梨俱吠陀》中通常是ī）也把锐音放在复数属格格尾上，尽管词干末元音在此处保留其音节特征；例如agnī-nā́m，dhenū-nā́m，dātṝ-ṇā́m，bahvī-nā́m（参考11bα）。

3. 以át和ánt结尾的现在分词在弱变格中将锐音前移到元音格尾；例如tud-ánt击打：tudat-ā́（但tudád-bhis）。该规则也适用于古分词mahā́nt（大）及bṛhánt（崇高）；例如mahat-ā́（但mahád-bhis）。

4. 在《梨俱吠陀》中，当尾音节缩合为īc或ūc时，由重音节-añc形成的派生词在弱变格中将锐音后移到元音格尾；例如praty-áñc向前：pratīc-ā́（但pratyák-ṣu）；anv-áñc跟随：anūc-ás；但prā́ñc向前：prā́c-i。[1]

4. 动词重音

a. 过去时系统

12. 如果动词有重音的话，增音总是带有锐音（19）；例如，未完成á-bhavat；不定过去时á-bhūt；过去完成时á-jagan；条件式á-bhariṣyat。无增音形式（也用作训诫式）的重音如下：未完成时的重音节与现在时相同；例如bhárat：bhárati；bhinát：bhinátti。过去完成时重音在词根；例如cākán（三单）；namámas，tastámbhat；tatánanta；但是在三复

[1] 然而，在其他本集中，重音一般保留在词干上；因此《阿达婆吠陀》形成阴性词干pratī́c-ī（RV. pratīc-ī́）。

中也出现cakṛpánta，dádhṛṣanta。

不定过去时处理多样化。s及iṣ形式重音在词根；例如váṃ-s-i（√van）；śáṃs-iṣ-am。词根不定过去时（包括被动式）的主动单数重音在词干元音，但是在其他地方语尾带重音；例如3单várk（√vṛj）；被动véd-i；2单中nut-thā́s。由-a[1]或-sa形成的不定过去时，其重音在那些音节；例如ruhám，vidát；budhánta；dhuk-ṣá-nta。重叠不定过去时重音或在重叠的音节，如nī́naśas，pī́parat，jī́janan；或在词根，如pīpárat，śiśnáthat。

b. 现在时系统

带插入元音变位的重音（和a变格一样）始终保持在同一个音节上：第一和第四类动词在根元音、第六类在词缀上（125）；例如bhávati；náhyati；tudáti。

多词干变位在强形式中的重音在词干（126），但在弱形式中是语尾。在强形式中，第二类动词重音在词干音节，[2]第三类重音在重叠音节；[3]而词干词缀在第五、八、七和第九类中带重音；例如ás-ti，ás-a-t；bíbhar-ti；kṛ-ṇó-ti，kṛ-ṇáv-a-t；man-áv-a-te；yu-ná-j-mi，yu-náj-a-t；gṛh-ṇā́-ti，gṛbh-ṇā́-s（二单虚拟）；但是ad-dhí，ad-yúr；bi-bhṛ-mási；[4]kṛ-ṇv-é，kṛ-ṇu-hí；van-u-yā́ma，van-v-ántu；[5]yuṅk-té，yuṅk-ṣvá；gṛ-ṇī-

[1] 在a不定过去时中，有几种形式是词根带重音；例如áranta，sádatam，sánat。

[2]. 这类中的11个动词始终在词根带重音：√ās、√īḍ赞扬、√īr开动、√īś统治、√cakṣ、√takṣ流行、√trā、√niṃs吻、√vas穿、√śī、√sū；例如śáye，等等。在其他动词中，二单命令中间态偶尔也会在词根带重音；例如yák-ṣva（√yaj）。

[3] 四个词根√ci注意、√mad、√yu分开、√hu的词干音节带重音；例如juhó-ti。其他几个动词在孤立的形式中也这样；例如bibhár-ti（一般是bíbhar-ti）。

[4] 在第三类中，如果语尾以元音开始，重叠音节在弱形式中也带重音；例如bí-bhr-ati。

[5] 在第二、五、七、八和第九类中，三复中间末音节在下列词中带不规则重音：rihaté（及riháte）；kṛṇv-até，vṛṇv-até，spṛṇv-até，tanv-até，manv-até；bhuñj-até（及bhuñj-áte）；pun-até，riṇ-até。

mási，gṛ-ṇī-hí。

c. 完成时

强形式（一、二、三单直陈，三单未完成主动以及整个虚拟式）重音在基音节，弱形式（参见140）重音在语尾；例如cakā́ra；jabhár-a-t，vavárt-a-ti；mumók-tu；但cakr-úr，cakṛ-máhe；vavṛt-yā́m；mu-mug-dhí。分词的重音在后缀；例如cakṛ-vā́ṃs，cakr-āṇá。

d. 不定过去时

训诫式在重音（以及形式）上与无增音直陈式相同（见上文，12）。

α. 在虚拟式中，词根不定过去时重音为基音节；例如 kár-a-t，śráv-a-tas，gám-a-nti，bháj-a-te；但在祈愿和命令式中是语尾（除了三单主动），[1]以及在分词中是后缀；[2]例如aś-yā́m，aś-ī-máhi；kṛ-dhí，ga-tám，bhū-tá（但是三单 sró-tu），kṛ-ṣvá；bhid-ánt，budh-āná。

β. 在虚拟式中，s及iṣ不定过去时重音在词根，但是在祈愿及命令式中，重音在语尾；例如yák-ṣ-a-t（√yaj），bódh-iṣ-a-t；但是bhak-ṣ-īyá（√bhaj），dhuk-ṣ-ī-máhi（√duh），edh-iṣ-ī-yá（AV.）；aviḍ-ḍhi，aviṣ-ṭám。[3]s不定过去时主动分词重音在词根，但是在不规则形成的中间语态中，重音几乎一直在后缀；[4]例如dák-ṣ-ant（√dah），arca-s-āná。

γ. a不定过去时在所有语气（就像在无增音直陈式）及分词中，重

[1] 根音节（强形式）在二复主动态中也有几个重音的例子；例如kár-ta及kṛ-tá；gán-ta(na)及ga-tá等。

[2] 在中间分词中，有好几个例子是词根带重音；例如dyút-āna。

[3] 在s不定过去时中没有出现带重音的命令式。siṣ不定过去时中唯一出现的重音情态形式是命令式：yā-siṣ-ṭám。

[4] iṣ及siṣ不定过去时没有形成分词。

音在连接元音；例如 vidā́t；vidéyam；ruhá-tam；tṛpánt，guhá-māna。[1]

δ. sa不定过去时的命令式重音在后缀：dhak-ṣá-sva（√dah）。同样的重音无疑会出现在虚拟和祈愿式中，但没有出现这些语气（及分词）的例子。

ε. 在重叠不定过去时中，对虚拟和祈愿式的处理不确定，因为没有出现正常形成的重音例子；但在命令式中，重音在语尾；例如 jigṛ-tám，didhṛ-tá。[2]

e. 将来时

该时态所有形式的重音保留在后缀 syá 或 i-ṣyá 上；例如 e-ṣyā́mi；kar-i-ṣyáti；kariṣyánt。

f. 派生变位

由于所有这些（除了原始加强式）都属于第一变位，它们的重音都在同一音节。致使动词（168）的重音在词干次末音节，如 krodh-áya-ti 激怒；被动态、派生加强式（172）及名转动词（175）重音在后缀 yá；例如 pan-yá-te 令人钦佩；rerih-yá-te 反复舔；gopā-yá-nti 他们保护。[3]愿望式（169）重音在重叠音节；例如 pí-prī-ṣa-ti 渴望取悦。第一加强式与第三类变位一致，即在直陈式主动态中，强形式重音在重叠音节，但在弱形式中，重音在以辅音开头的语尾上；例如 jó-havī-ti，jar-bhṛ-tás，但是三复 várvṛt-ati；在直陈式中间语态中，重叠音节带重音比不带更频繁；例如 té-tik-te，ne-nik-té 不太常见。在虚拟式及分词

[1] 但在几个命令式和分词中，词根带重音，例如 sána，sádatam，khyáta; sádant，dásamāna。

[2] 在该不定过去时中没有出现分词形式。

[3] 然而，有一些明确无误的名转动词有致使式的重音；例如 mantrá-yati 咨询（mántra）。

中，重叠音节一般带重音；例如ján-ghan-a-t，ján-ghan-a-nta；cékit-at，cékit-āna。命令式重音[1]可能与现在时重叠类（12b）相同；但唯一出现的重音形式在二单主动态中，如jāgṛ-hí，carkṛ-tā́t。

5. 动名词形式的重音

13. a. 时态分词与一个或多个前置词复合时，保留其原来的重音（而前置词失去重音）；例如apa-gáchant离去，vi-pra-yántaḥ推进，pary-ā-vívṛtsan希望转身；apa-gácha-māna；apa-jaganvā́ṃs，apa-jagm-āná。

α. 一个前置词，或两个中的前一个，经常因为插入一个或多个词或被置于分词之后而被分离。然后它被视为独立的词，并恢复其重音；例如ápa dṛḷhā́ni dárdrat冲破堡垒；ā́ ca párā ca pathíbhiś cárantam在他的路途上徘徊不已；mádhu bíbhrata úpa带来甜蜜；prá vayā́m ujjíhānāḥ飞上枝头；avasṛjánn úpa赐予。紧随其后的前置词不与分词复合，那么偶尔也会带重音；例如abhí dákṣat四处燃烧；ví vidvā́n[2]辨别性的；abhí ā-cárantaḥ接近。

b. 另一方面，当过去分词[3]与一个或多个前置词复合时，一般会失去重音；例如ní-hita存放的。[4]当有两个前置词时，第一个保持无重音；例如sam-ā́-kṛtam积累；或者第一个可以分开并独立带有重音；例如prá yát samudrá ā́hitaḥ当被派往海洋时。

c. 以ya（或tya）及tva结尾的必要分词，重音在词根：例如cákṣ-ya需要看，śrú-t-ya需要听，carkṛ́-tya需要称赞，vák-tva需要说；那些以

[1] 没有出现带重音形式的祈愿式。

[2] 可能与√vid（发现）的简单重叠分词vividvā́n加以区别。

[3] 它本身总是在末音节上带重音；例如ga-tá，pati-tá，chin-ná。

[4] 然而，它在一些情况下保留重音；例如，niṣ-kṛtá准备好的。这种情况适用于那些不独立使用的前置词。

āyya，enya，anīya结尾，重音在后缀次末音节；例如pan-ā́yya需要钦佩，ī́kṣ-eṇya值得看，upa-jīv-anī́ya（AV.）生活依赖于；而那些以tavya结尾的必要分词重音在尾音节：jan-i-tavyà（AV.）将下生。当与前置词复合时（这里总是不可分），必要分词几乎一直保留简单形式的重音；例如pari-cákṣ-ya被鄙视；abhy-ā-yaṃsénya需要靠近；ā-mantraṇī́ya（AV.）需要被致意。

14. 不定式的重音通常与由同一词干构成的普通变格一样。

a. 由i、ti、as、van等词干构成的为格不定式，重音在后缀；由dhyai构成的不定式，重音在前面的连接元音a；由词根构成的不定式，重音在词尾；例如dṛśáy-e看，pītáy-e喝；carás-e[1]移动，dā-ván-e[2]给，tur-váṇ-e[3]克服；iy-á-dhyai[4]去；dṛś-é看。

α. 当词根不定式与前置词复合时，词根带重音；例如sam-ídh-e点燃，abhi-pra-cákṣ-e[5]看。

b. 词干man的为格不定式，词根业格和从、属格，并且所有来自词干tu的不定式，重音在词根；例如dā́-man-e给；[6]śúbh-am闪耀，ā-sád-am坐下；ava-pád-as落下；dā́-tum给，gán-tos走，bhár-tav-e承受，gán-tav-ái[7]走。

α. 当复合时，来自tu词干的不定式重音在前置词；[8]例如sáṃ-kar-tum收集；ní-dhā-tos放下；ápi-dhā-tav-e掩盖；ápa-bhar-tavái[9]要被带走。当有两个前置词时，第一个可以分开并独立带有重音；例如

[1] 在这些词中，词根有时带重音，如cákṣ-as-e看。
[2] 这个不定式也和独立重音的前置词一起出现；prá dāváne及abhí prá dāváne。
[3] 该词根曾带重音为dhū́r-vane伤害。
[4] 词根在这些词中有时带重音；例如gáma-dhyai。
[5] 单音节词干在复合时的常规重音，参看11c1。
[6] 但是vid-mán-e知道。
[7] 在末音节上有第二重音，参考上文§7。
[8] 但当前置词分离时，不定式就会保留其重音；例如prá dāśúṣe dā́tave献给祭祀者。
[9] 保留末音节的次重音。

ánu prá-voḷhum沿路前进，ví prá-sartave传播。

15. 用tvī, tvā, tvāya形成的独立式，其重音在后缀，但当它们与前置词复合（此处总为不可分）并与yă 或tyă 组成时，其重音在词根；例如bhū-tvā́ 成为，ga-tvī́ 及 ga-tvā́ya走后；saṃ-gṛ̥́bh-yā已收集，upa-śrú-tya（AV.）已克服。

16. 用作副词的变格形式经常改变其重音，以明确表示意义的变化。[1]此处中性业格形式最常见；例如dravát快，但是drávat跑；aparám后来，但áparam作为中性形容词；uttarám更高，但是úttaram作为中性形容词；以vát结尾的副词，例如pratna-vát一如既往，但是以vant结尾的形容词，其中性业格的重音不在后缀上。其他格的例子如下：dív-ā按日，但是div-ā́ 通过天；aparā́ya为将来，但是áparā́ya对后来；sanā́t从前，但是sánāt来自旧的。

6. 连音中的重音

17. 1. 当两个元音组合成一个长元音或双元音时，如果原来的一个元音或两者都有高音，那么后者就会得到它；例如 ā́gāt = ā́ agāt；nudasvā́tha = nudasva átha；kvét = kvà ít；[2]nā́ntaraḥ = ná ántaraḥ。

α. 但是í和i的缩合重音作 ì，[3]此处黏着中音（íì）已取代前面的高音；例如divìva[4] = diví ìva。[5]

[1] 在名词中存在这样的转变，要么表示意义的简单改变，例如jyéṣṭha最大，但是jyeṣṭhá最老；要么表示类别的改变，例如gómatī富有牛的，但是gomatī́ 河流名；rājaputrá王子，但是rā́japutra有子嗣为王的。

[2] 但是，当末元音上的中音后面是一个无重音的首元音时，它当然会保留，例如kvèyatha = kvà iyatha。

[3] 《梨俱吠陀》《阿达婆吠陀》如此，但《泰氏本集》文本中不是，它们遵循一般的规则。

[4] 《梨俱吠陀》《阿达婆吠陀》如此，但在《泰氏本集》的文本中是divī́va。

[5] 此即《音韵学》的中音压缩（praśliṣṭa）。

2. 当带有高音的 ĭ 及 ŭ 变为y及v，后面的无重音元音接受中音；[1]例如vy ầnaṭ = ví ānaṭ。此处，中音呈现出一个独立的重音；但在《梨俱吠陀》中，带高音的未收缩形式几乎无一例外地必须读出来。

3. 当带重音的á被省音时，它将其高音抛向无重音的e或o；例如sūnávé ’gne = sūnáve ágne；vó ’vasaḥ = vo ávasaḥ。但是当无重音的a被省音时，它将前面的高音变为中音；[2]例如sò ’dhamáḥ = só adhamáḥ。[3]

7. 句子中的重音

18. 无论是单个词还是复合表达，呼格都可以只在其首音节上带重音。

a. 它只在句子或音步之首保留重音，[4]也就是说，在具有完整影响力的情况下，它占据了最被关注的位置；例如ágne, sūpāyanó bhava哦，阿耆尼，让我们便于接近！ ū́rjo napāt sahasāvan[5]哦，大力神英武之子。这条规则也适用于双数复合词的双重音；例如mítrā-varuṇā哦，密多罗及伐楼那。[6]句子开头的两个或更多的呼格都带重音；例如ádite, mítra, váruṇa哦，太阳神，哦，密多罗，哦，伐楼那。两个带重音的呼格有时可用于同一个人；例如 ū́rjo napād, bhádraśocișe哦，大

[1] 此即《音韵学》的中音快读（kṣaipra）。
[2] 此即《音韵学》的中音影响（abhinihita）。
[3] 此处中音（ó à）已取代了前面的高音。
[4] 这适用于诗行的第一及第二音步，表明这两个音步原本具有相互独立的特性，但由于严格应用连音以及诗节音步内部交界处标记重音时没有任何中断，这一点被遮蔽。
[5] 对应的主格应该是 ūrjó nápāt sáhasāvā。
[6] 主格是 mitrā́-váruṇā。

力神英武之子，哦，带来吉祥者（二者都是致火神阿耆尼）。[1]

b. 当呼格不在句子或音步之首时，由于不被强调，它就失去重音，例如úpa tvā ˘ agne divé-dive / dóṣāvastar[2] dhiyā́ vayám / námo bháranta émasi你，阿耆尼，日复一日，黑暗的照亮者，我们带着敬意和祈祷来到你面前；ā́ rājānā maha ṛtasya gopā[3] 两位伟大秩序的守护者，请到这里来；ṛténa mitrā-varuṇāv / rtāvṛdhāv ṛtaspṛśā / 通过法律、热爱法律、崇尚法律的密多罗和伐楼那；[4]yád indra brahmaṇaspate[5]/ abhidrohám̐ cárāmasi / 因陀罗，梵天，如果我们犯了一个罪行。

19. 动词的重音根据句子的性质而不同。

A. 主句中的变位动词无重音；如：agním īḷe puróhitam我赞美家庭祭司阿耆尼。这条一般规则受到以下限制：

a. 一个句子被认为只能有一个动词，所有与第一个动词的主语有句法联系的其他动词都作为新句子开端而带重音；[6]例如téṣāṃ pāhi, śrudhí hávam喝下它们，听听我们的呼唤；tarániṛ íj jayati, kṣéti, púṣyati精力充沛的人征服、统治、兴旺；jahí prajā́ṃ náyasva ca斩杀子裔，并将其带到这里！

b. 如果动词在句首，或者虽然不在句首，但与音步之首重合，那么它带重音；例如śáye vavríś, cárati jihváyādán / rerihyáte yuvatíṃ viśpátiḥ sán覆盖物放在（那里）；他（阿耆尼）移动并用舌头吃；他亲吻少女，是屋子的主人；áthā te ántamānāṃ / vidyā́ma sumatīnā́m那么，请允许我们

[1] 此处第二个呼格就像同位语一样带重音，而如果它用作属词，就会不带重音，像hótar yaviṣṭha sukrato（哦，最年轻的、明智的祭司）中那样。

[2] 带重音是由于音步首词。

[3] 这可能代表了两个针对同一人的呼格；那么它们的重音形式将是：rā́jānā, máha ṛtasya gopā。

[4] 整个复合呼格肯定无重音，此处这条规则高于“音步首词必须是重音”这条规则，即此处是ṛ́tāvṛdhāv。

[5] 独立非重音呼格的两个例子。

[6] 在两个这样的动词之间出现的主语或宾语一般算在第一个动词上。

可以体验到你最高的恩惠！

c. 呼格被视为一个句子的外在因素，紧跟在初始呼格之后的动词成为句子的首词，并被相应地加上重音；例如ágne, juṣásva no havíḥ哦，阿耆尼，请享受我们的祭祀。因此，这个句子índra, jíva; sū́rya, jíva; dévā, jívata（哦，因陀罗常在！哦，太阳神永生！哦，诸神长存！）包含三个带重音的动词，作为三个句子的开端，而前面三个呼格的重音是在这些句子的头部，虽然它们在句法上在这些句子之外。

d. 有时动词在强调时，虽然不是句子开端，但如果后面有íd或caná这些小品词，也会有重音；例如ádha smā no maghavañ carkṛtā́d ít请注意我们，富足的人；ná devā bhasáthaś caná哦，神啊，你俩永不会吃（他）。

B. 若由关系代词yá及其派生词引导或包含小品词ca和、céd若、néd若不、hí因为、kuvíd是否，则从句中的动词一直带重音；例如yáṃ yajñáṃ paribhū́r ási你保护所祭祀的；gṛhā́n gacha gṛhapátnī yáthā ∽ ásaḥ去那个房子！你可能成为其女主；índraś ca mṛḷáyāti no, ná naḥ paścā́d aghámṃ naśat如果因陀罗对我们恩慈，此后就不会再有邪恶降临；tváṃ hí baladā́ ási因为你是力量的赐予者。关系代词可能支配两个动词；例如yénā sūrya jyótiṣā bā́dhase támo, jágac ca víśvam udiyárṣi bhānúnā太阳啊，你用光束驱走了黑暗，唤醒了整个世界。

这条规则的延伸是，在以下条件下，形式上的主句可以作为意义上的从句带上重音：

α. 如果与由“若”或“当”引导的分句等价时，两个分句中的首个偶尔会有重音；例如sám áśvaparṇāś cáranti no náro, asmā́kam indra rathíno jayantu当我们的人有骏马在侧翼一起来时，愿我们的车斗士，因陀罗，赢得胜利。

β. 两个反义分句中的第一个经常带重音，[1] 特别是当反义句有

[1] 这种重音在梵书中的应用比在吠陀中更严格，而在本集中，《梨俱吠陀》最不严格。

相应的词明确表示时，如anyá-anyá，éka-éka，ca-ca，vā-vā；例如prá-pra-anyé yánti，páry anyá āsate有的人走了，有的人坐着；sáṃ ca- idhásva agne，prá ca bodhaya- enam阿耆尼，请你点燃，唤醒这个人的知识。当两个这样的分句的动词相同时，它通常只出现在第一个分句中（重音）；例如dvipā́c ca sárvaṃ no rákṣa，cátuṣpād yác ca naḥ svám保护我们的每一个两足动物和任何属于我们的四足动物。

γ. 如果第二分句的动词是具有最终意义的第一人称虚拟式或第二人称命令式，[1]并且第一分句的动词是ā+√i，√gam或√yā的第二人称命令式，那么第二分句的动词就带有重音；例如éta，dhíyaṃ kṛṇávāma来，我们要献祭；tū́yam ā́ gahi，káṇveṣu sú sácā píba快来，在Kaṇvas这里喝饱。在梵书中，第一分句的动词是 ā́-i或prá-i的命令式；例如éhi- idáṃ pátāva（ŚB.）来，我们现在就飞往那里；préta tád eṣyā́mo yátra- imā́m ásurā vibhájante（ŚB.）来吧，我们将前往阿修罗分割地球的地方。然而，在类似的段落中，第二个动词在梵书中经常不带重音。

动词前置词

A. 在主句中

20. 前置词带重音，它独立且大部分在动词前，但有时候也在其后；例如 ā́ gamat愿他来；gávām ápa vrajáṃ vṛdhi打开牛棚；jáyema sáṃ yudhí spṛ́dhaḥ我们会在战斗中克敌；gámad vā́jebhir ā́ sá naḥ愿他带着战利品来见我们。

a. 如果有两个前置词，两者独立且都带重音；例如úpa prá yāhi出来！ pári spáśo ní ṣedire间谍们在附近安置下来；ágne ví paśya bṛhatā́ abhí rāyā́ 哦，阿耆尼，以充足的财富向（我们）看视。

[1] 在梵书中，带重音的动词要不是虚拟式，要不是将来时。

α. 当 ā́ 前面紧挨着另外一个前置词（不以 i 结尾），只有它自己带重音，两个前置词都与动词复合；例如 sam-ā́-kṛṇoṣi jīváse 你让（他们）适于生存；但是 práty ā́ tanuṣva 拉（弓）对付（他们）。

B. 在从句中

与前完全相反，前置词一般复合且不带重音；例如 yád ... niṣī́dathaḥ 当你俩坐下。然而，当它在音步开端，或少见一些在动词之后，则经常被动词的其他词隔开；例如 ví yó mamé rájasī 测量了这两片广阔的区域；yás tastámbha sáhasā ví jmó ántān 用力量撑开地球二极。有时候，即使它后面紧跟动词，前置词也会独立且带重音；例如 yá ā́hutiṃ pári véda námobhiḥ 虔诚地了解祭祀的人。

a. 如果有两个前置词，要不两者都被复合且不带重音，或者只有前者独立且带重音；例如 yūyáṃ hí devīḥ pari-pra-yāthá 哦，众女神，因为你们在周围；yátra- abhí saṃ-návāmahe 那里，我们一起向（他）喊；sáṃ yám ā-yánti dhenávaḥ 牛群一起走向他。

α. 两个前置词都独立且都带重音则很罕见；例如 prá yát stotā́ ... úpa gīrbhír ī́ṭṭe 当赞美者用歌声赞美他时。

附录二：吠陀梵语动词变位表

动词词性的次序，当所有词性给出时，为一般现在时（PR.）、虚拟式（SB.）、训诫式（INJ.）、祈愿式（OP.）、命令式（IPV.）、分词（PT.）、未完成时（IPF.）、完成时（PF.）、过去完成时（PPF.）、不定过去时（AO.）、祈求式（PRC.）、将来时（FT.）、条件式（CO.）、被动语态（PS.）、现在、不定过去和过去分词（PP.）、将来被动分词、独立式（GD.）、不定式（INF.）、致使动词（CS.）、愿望式（DS.）、加强式（INT.）。

罗马数字表示动词的词类，P.表示动词的主动语态，Ā.表示动词的中间语态。

aṃś 得到 (attain) V.: PR. aśnóti; SB. aśnávat; IPV. aśnótu; PT. aśnuvánt; PF. ānáṃśa and ānā́śa; ānaśmá, ānaśá, ānaśúr; ānaśé; SB. anaśāmahai; OP. āsaśyā́m; PT. ānaśāná; PF. also ā́śa, āśátur, āśur; Ā. du. āśā́the, āśā́te. AO. root: Ā.3.s. ā́ṣṭa, pl. ā́śata; INJ. aṣṭa pl. aśata; OP. aśyā́t, PRC. 3.s. aśyā́s (= aśyā́s-t); s: SB. ákṣat; a: aśét. INF. áṣṭave

akṣ 切断、毁坏 (mutilate) V.: PR. IPV. akṣṇuhí. PF. PT. ākṣāṇá. AO. iṣ: ā́kṣiṣur.

ac 使弯曲 (bend) I.: PR. ácati. IPV.2. s. áca; ácasva. PS. acyáte; PT. acyámāna; IPF. acyánta; PP. akná (B.); GD. -acya.

aj 驱使 (drive) I.: PR. ájati, ájate; SB. ájāni, ájāsi, ájāti; OP. ájeta; IPV. ájatu; PT. ájant; IPF. ā́jat; PS. ajyáte; PT. ajyámāna. INF. -áje.

añj 涂油 (anoint) VII.: PR. anákti, aṅkté; SB. anájat; IPV. aṅdhí (= aṅgdhí), anáktu; PT. añjánt, añjāná. IPF. ā́ñjan. PF. ānáñja; ānajé, ānajré; SB. anajā; OP. anajyā́t; PT. ānajāná. PS. ajyáte; PT. ajyámāna; PP. aktá. GD. aktvā́ (B.), -ajya (B.).

ad 吃 (eat) II.: PR. ádmi, átsi, átti; adánti; SB. ádat, pl. ádān (AV.); OP. adyā́t; IPV. addhí, áttu; attám, attā́m; attá, adántu; PT. adánt, adāná. IPF. ā́dat. FT. atsyáti. PP. ánna. n. food. GD. attvā́ya (B.). INF. áttum, áttave, áttos(B.). CS. ādáyati (B.).

an 呼吸 (breathe) P.: I. ánati (AV.); VI.: anáti (AV.); II.: ániti; IPV. anihí; PT. anánt. IPF. ā́nīt. PF. ā́na. AO. ā́niṣur. FṬ aniṣyáti (B.). PP. anitá (B.). -anya (B.). INF. ánitum (B.). CS. anáyati.

am 损害，使受伤 (injure) II.: PR. ámīṣi, ámīti; I.: PR. áme; INJ. ámanta; IPV. ámīṣva; PT. ámamāna. IPF. ā́mīt. PF. āmiré (B.). AO. ā́mamat. PS. amyáte. CS. āmáyati.

arc 赞美，赞许 (praise) I.: PR. árcati; SB. árcā, árcāt; árcāma, árcān; INJ. árcat; árcan; IPV. árcatu; PT. árcant. IPF. ā́rcan. PF. ānṛcúr; ānṛcé. PS. ṛcyáte; PT. ṛcyámāna. INF. ṛcáse. CS. arcáyati.

arh 值得，应得 (deserve) I.: PR. árhati; SB. árhāt; PT. árhant. PF. ānṛhúr (TS.); arhiré. INF. arháse.

av 支持，赞同 (favour) I. P.: PR. ávati; SB. ávāt; INJ. ávat; OP. ávet; IPV. ávatu; PT. ávant; IPF. ā́vat. PF. ā́vitha, ā́va. AO.root: OP.2. avyā́s; PRC. 3. avyā́s(=avyā́s-t); iṣ: ā́vīt; SB. áviṣat; INJ. ávīt; IPV. aviḍḍhí, áviṣṭu; aviṣṭám, aviṣṭā́m; aviṣṭána. FT. aviṣyáti; PT. aviṣyánt. PP. -ūta. GD. -avya. INF. ávitave.

aś 吃 (eat) IX.: PR. aśnā́ti, aśnánti; aśnīté, aśnáte; OP. aśnīyā́t; IPV. aśāná; PT. aśnánt. IPF. ā́śnām, ā́śnāt; ā́śnan, aśnan. PF. ā́śa. AO. iṣ: ā́śiṣam, ā́śīs, ā́śīt; INJ. aśīt. FT. aśiṣyáti (B.). PS. aśyáte; PP. aśitá. GD. aśitvā́ (B.). -ásya (B.) CS. āśáyati (B.). DS. aśiśiṣati (B.).

1. as 存在，是 (be) II. P.: PR. ásmi, ási, ásti; sthás, stás; smás, sthá and sthána, sánti; SB. ásāni, ásasi and ásas, ásati and ásat; ásathas; ásāma, ásatha, ásan; INJ.3.pl. sán; OP. syā́m, syā́s, syā́t; syā́tam, syā́tām; syā́ma, syā́ta and syā́tana, syúr; IPV. edhí, ástu; stám, stā́m; stá, sántu; PT. sánt. IPF. ā́sam, ā́sīs, ā́s(=ā́s-t) and ā́sīt; ā́stam, ā́stām; ā́san. PF. ā́sa, ā́sitha, ā́sa; āsáthur, āsátur; āsimá, āsúr.

2. as 扔，掷 (throw) IV.: PR. ásyāmi, ásyati and ásyate; áyāmasi; ásyanti; IPV. ásya and ásyatāt, ásyatu; PT. ásyant. IPF. ā́syat. PF. ā́sa. FT. asiṣyáti. PS. asyáte; PP. astá. GD. -asya. INF. ástave, ástavai (B.).

ah 说 (say) P.: PF. ā́ha, ā́ttha (B.); āhátur (B.); āhúr.

āp 获得 (obtain) V.: PR. āpnóti. PF. ā́pa, ā́pitha; āpiré; PT. āpāná.

AO. red. ā́pipan (B.); a: ā́pat; OP. apéyam. (AV.). FT. āpsyáti, -te (B.); āptā (B.). PS. āpyáte (B.); AO. ā́pi; PP. āptá (B.). GD. āptvā́ (B.), -āpya(B.). INF. ā́ptum (B.). CS. āpáyati (B.) DS. ī́psati, ī́psate (B.); AO. áipsīt (B.); DS. of CS. āpipayiṣet (B.).

ās 坐 (sit) II. Ā.: PR. ā́ste; ā́sāthe, ā́sāte; ā́smahe, ā́sate; SB. ā́sate; OPT.ā́sīta; IPV.s.3. ā́stām, pl.2. ā́dhvam; PT. āsāná and ā́sīna. IPF. pl.3. ā́sata. PF. āsā́ṃ cakre(B.). AO. āsiṣṭa (B.). FT. āsiṣyáti, -te (B.). PP. āsitá (B.). GD. āsitvā́ (B.). INF. ā́situm (B.). CS. āsáyati (B.).

i 去 (go) II.: PR. éti; yánti; Ā.1.s. iye, du.3. iyāte, pl.1. ī́mahe; SB. áyā, áyasi and áyas, áyati and áyat; áyāma, áyan; INJ.pl.3. yán; OP. iyā́m, iyā́t; iyā́ma; IPV. ihí, étu; itám, itā́m; itá and eta, itána, yántu; PT. yánt, iyāná. IPF. ā́yam, áis, áit; áitam, áitām; áita, ā́yan; Ā. 3.pl. ā́yata. I.: áyati, áyate; INJ. áyanta; IPV. 3.du. áyatām, pl. áyantām. V.: PR. inóti; inviré. IPF. áinos, áinot.

PF. iyétha and iyátha, iyā́ya; īyáthur, īyátur; īyúr; PT. īyivā́ṃs. PPF. áiyes. FT. eṣyáti; ayiṣyati (B.).; etā́ (B.). PP. itá. GD. itvā́, -ítya. INF. étum (B.).; étave, étavái, ityái, iyádhyai, áyase; étos.

idh 点燃 (kindle) VII. Ā.: PR. inddhé; indháte and indhaté; SB. inádhate; IPV. indhā́m(=inddhā́m); indhvám(=inddhvám), indhátām; PT. indhāna. IPF. áindha. PF. īdhe; īdhiré. AO. SB. idhaté; OP. idhīmáhi; PT. idhāná; PS. idhyáte; IPV. idhyásva; PT. idhyámāma; PP. iddhá; INF. ídham; -ídhe. From the nasalized root, indh, the iṣ AO. is formed in B.: IND. áindhiṣṭa; OP. indhiṣīya.

inv 去 (go) I. P. (=V.i-nu+a): PR. ínvasi, ínvati; ínvathas, ínvatas. SB. ínvāt; IPV. ínva, ínvatu; ínvatam, ínvatām; PT. ínvant.

1. iṣ 渴望 (desire) VI.: PR. icháti, -te; SB. ichā́t; INJ. ichás; ichánta; OP. ichét; ichéta; IPV. ichá, ichátu; icháta; ichásva, ichátām; PT. ichánt; ichámāna. IPF. áichat. PF. (B.) iyéṣa, īṣúr; īṣé, īṣiré. AO. (B.) áiṣīt; áiṣīṣur. FT. (B.) eṣiṣyáti, -te. PP. iṣṭá. GD. -íṣya. INF. éṣṭum (B.); éṣṭavái (B.).

2. iṣ 送出、传递 (send) IV.: PR. íṣyati,-te; IPV. íṣyatam; íṣyata; PT. íṣyant. IX.: PR. iṣṇā́ti; PT. iṣṇánt; íṣṇāná. VI.: PR. iṣé; INJ. iṣánta; OP. iṣéma; IPF. áiṣanta. PF. īṣáthur, īṣúr; īṣé, īṣiré. PP. iṣitá. GD. -iṣya. INF. iṣádhyai. CS. iṣáyati, -te; INF. iṣayádhyai,

īkṣ 看、看见 (see) I. Ā: PR. ī́kṣe; PT. ī́kṣamāṇa. IPF. áikṣata; áikṣetām; áikṣanta. PER. PF. īkṣā́ṃ cakre (B.). AO. iṣ: áikṣiṣi. FT. īkṣiṣyáti, -te (B.). PP. īkṣitá (B.). GḌV. īkṣeṇyà. GD. īkṣitvā́ (B.). CS. īkṣáyati, -te.

īṅkh 摇摆 (swing): CS. īṅkháyati, -te; SB. īṅkháyātai (AV.), īṅkháyāvahai; IPV. īṅkháya; PT. īṅkháyant. PP. īṅkhitá.

īḍ 称颂，颂赞 (praise) II. Ā: PR. 1. ī́ḷe, 3. ī́tte; ī́ḷate; SB. ī́ḷāmahai and ī́ḷāmahe; INJ. īḷata (3. pl.) ; OP. īḷī́ta; IPV. ī́ḷiṣva; PT. ī́ḷāna. PF. īḷé (3.s.) PP. īḷitá. GDV. ī́ḍya, īḷénya.

īr 发动，启动 (set in motion) II.: PR. ī́rte; ī́rate; SB. ī́rat; IPV. ī́rṣva; īrāthām; ī́rdhvam, ī́ratām; PT. ī́rāṇa. IPF. áiram, áir-a-t, du.2. áir-a-tam; Ā.

airata (3.pl.). PP. īrṇá (B.). CS. īráyati; SB. īráyāmahe; INJ. īráyanta; IPV. īráya, īráyatam; īráyasva; īráyadhvam; PT. īráyant. IPF. áirayat; áirayata; INF. īrayádhyai. PP. īritá.

ī́ś 成为主人 (be master) II. Ā.: PR. 1. ī́śe, 2. ī́kṣe and ī́śiṣe, 3. ī́ṣṭe, ī́śe and (once) ī́śate; ī́śāthe; ī́śmahe, ī́śidhve, ī́śate; INJ. ī́śata (3.s.); OP. ī́sīya, ī́śīta; PT. ī́śāna. PF. ī́śire; PT. īśāná.

ī́ṣ 移动 (move) I. PR. ī́ṣati, -te; éṣati; INJ. éṣas; IPV. ī́ṣatu, éṣatu; PT. éṣant; ī́ṣamāṇa. PF. īṣé (1.3.). PP. -īṣita.

1. ukṣ 撒在……上 (sprinkle) VI.: PR. PT. ukṣáti,-te; IPV. ukṣátam, ukṣáta; ukṣéthām; PT. ukṣámāṇa. AO. iṣ: áukṣiṣam (B.). FT. ukṣiṣyáti (B.). PS. ukṣyáte (B.); PP. ukṣitá. GD. -úkṣya.

2. ukṣ (=vakṣ) 生长 (grow) I. and VI.: PR. úkṣant; ukṣámāṇa. IPF. áukṣat. AO. s: áukṣīs. PP. ukṣitá. CS. ukṣáyate.

uc 高兴、愉悦 (be pleased) IV. P.: PR. ucyasi. PF. uvócitha, uvóca; ūciṣe, ūcé; PT. okivā́ṃs, ūcúṣ. PP. ucitá.

ud 使……潮湿，把……弄湿 (wet) VII.: PR. unátti; undánti; undáte (3.pl.). IPV. undhí (=unddhí); unátta; PT. undánt. VI. P.: PR. undáti (B.). IPF. áunat. PF. ūdúr. PS. udyáte; PP. uttá. GD. -udya (B.).

ubj 强迫 (force) VI. P.: PR. ubjáti; IPV. ubjá, ubjátu; ubjátam; ubjántu; PT. ubjánt. IPF. 2. ubjas, 3. áubjat. PP. ubjitá. GD. -ubjya (B.).

ubh 限制、限定 (confine) VII. P.: IPF. unap (2.s.), áumbhan (TS.). VI. P.: IPV. umbhâta (2.pl.); IPF. áumbhat. IX. P.: IPF. ubhnā́s, áubhnāt. PP. ubdhá.

uṣ 使……燃烧 (burn) I. P: PR. óṣati; INJ. óṣas; IPV. ósa and óṣatāt, óṣatu; óṣatam; PT. óṣant. IX. P.: PT. uṣṇánt. IPF. uṣṇán. PF. uvóṣa (B.). AO. áuṣīt (B.). PP. uṣṭá (B.).

1. ūh 去除、移走 (remove) I.: PR. ū́hati; IPV. ū́ha. IPF. áuhat; áuhata, áuhan; Ā. áuhata (3.s.). AO. áuhīt (B.); OP. uhyāt (B.). PP. ūḍhá (B.). GD. -ūhya and -úhya (B.). INF. -ūhitavái (B.).

2. ūh 考虑、认为 (consider) I. Ā.: PR. óhate. II. Ā.: PR. óhate (3.pl.); PT. óhāna and ohāná. PF. ūhé; 2.du. ūhyā́the (=ūhā́the?). AO. áuhiṣṭa; PT. óhasāna

ṛ 去 (go) VI. P.: PR. ṛcháti (-te, B.) ; SB. ṛchā́t; IPV. ṛchátu; ṛchántu. III. P.: PR. íyarmi, iyárṣi, íyarti; IPV. iyarta (2.pl.). V.: PR. ṛṇómi, ṛṇóti; ṛṇvánti; ṛṇvé; ṛṇviré; INJ. ṛṇós; ṛṇván; Ā. ṛṇutá (3.ṣ); SB. ṛṇávas; IPV.: Ā. ṛṇvátām (3.pl.); PT. ṛṇvánt. IPF. ṛṇván. PF. ā́ritha, ā́ra; āráthur,ārúr; PT. ārivā́ṃs; ārāṇá. AO. root: ā́rta; ā́rata; INJ. arta (Ā.3.s.); OP. aryāt (TS.); arīta; PT. arāṇá; a: áram, ā́rat; ā́rata, ā́ran; Ā.ā́rata (3.s.); arānta; SB. arāma; INJ. aram; aran; Ā. arāmahi, aranta; IPV. aratam, aratām. FT. ariṣyáti (B.). PP. ṛtá. GD. ṛtvā́, -ṛ́tya. CS. arpáyati; AO. red: arpipam; PP. arpitá and árpita. GD. -árpya, arpayitvā́ (AV.). INT. álarṣi, álarti.

ṛj 指示、指导 (direct) VI.: PR. ṛñjáti, -te; IPV. ṛñjáta; PT. ṛñjánt. VII. Ā.: PR. ṛñjé; ṛñjáte (3. pl.); IV.: PR. ṛ́jyate; PT. ṛ́jyant. I.: PR. árjati

(B.). AO. PT. ṛñjasāná. INF. ṛñjáse.

ṛd 发起，激发 (stir) VI. P.: IPV. ṛdántu. IPF. ā́rdan. I.: PR. árdati (AV.). CS. ardáyati; SB. ardáyāti.

ṛdh 使……繁荣 (thrive) V. P.: PR. ṛdhóti; IPF. ā́rdhnot. IV.: PR. ṛ́dhyati, -te; IPV. ṛ́dhyatām. VII. P.: SB. ṛṇádhat; OP. ṛndhyā́m; PT. ṛndhánt. PF. ānardha (K.); ānṛdhúr; ānṛdhé. AO. root: ā́rdhma (B.); SB. ṛdhát; Ā. ṛdhā́the (2.du.); OP. ṛdhyā́m, ṛdhyā́s, ṛdhyā́ma; ṛdhīmáhi; PRC. ṛdhyā́sam; PT. ṛdhánt; a: OP. ṛdhét, ṛdhéma; iṣ: ā́rdhiṣṭa (B.). FT. ardhiṣyáte (B.); ardhitā (B.). PS. ṛdhyáte; IPV. ṛdhyátām; PP. ṛddhá. GDV. árdhya. CS. arháyati. DS. ī́rtsati; PT. ī́rtsant.

ṛṣ 冲、奔 (rush) I.: PR. árṣati, -te; SB. árṣat; INJ. árṣat; IPV. árṣa, árṣatu; árṣata, árṣantu; PT. árṣant. VI. P.: PR. ṛṣáti; PT. ṛṣánt. PP. ṛṣtá.

ej 搅动；发动，使……行动 (stir) I. P.: PR. éjati; SB. éjāti and éjāt; IPV. éjatu; PT. éjant. IPF. áijat. CS. ejáyati (B.).

edh 使……繁荣兴旺 (thrive) I. Ā.: PR. édhate (B.); IPV. édhasva, édhatām (B.). PER. PF. edhā́m cakrire (B.). AO. iṣ: OP. edhiṣīyá.

kan, kā 享受 (enjoy) IV.: PR. PT. kā́yamāna. PF. caké; SB. cākánas, cākánat; cākánāma; INJ. cākánanta; OP. cākanyāt; IPV. cākandhí, cākántu; PT. cakāná; PPF. cākán (2. s.). AO. ákāniṣam; SB. kā́niṣas.

kam 爱 (love): PF. PT. cakamāná. AO. red.: ácīkamata (B.). FT.

kamiṣyáte (B.); kamitā (B.); CS. kāmáyate; SB. kāmáyāse; PT. kāmáyamāna.

kāś 出现 (appear) I.: PR. kā́śate (B.). INT. cā́kaśīmi, cā́kaśīti; cākaśyáte (B.); SB. cākaśān (AV.); PT. cā́kaśat. IPF. ácākaśam. CS. kāśáyati.

kup 愤怒、生气 (be angry) IV.: PR. PT. kúpyant. PP. kupitá. CS. kopáyati.

1. kr. 做、制作 (make) V.: PR. kṛṇómi, kṛṇóṣi, kṛṇóti; kṛṇuthás, kṛṇutás; kṛṇmási, kṛṇuthá, kṛṇvánti; Ā. kṛṇvé, kṛṇusé, kṛṇuté; kṛṇmáhe, kṛṇváte; INJ. kṛṇváta (3.pl.); SB. kṛṇávā, kṛṇávas, kṛṇávat; kṛṇávāva; kṛṇávama, kṛṇávātha (VS.), kṛṇávan; Ā. kṛṇávai, kṛṇávase, kṛṇávate; kṛṇávāvahai, kṛṇváite (for kṛṇávaite); kṛṇávāmahai, kṛṇávanta; OP. kṛṇvītá; IPV. kṛṇú, kṛṇuhí and kṛṇutā́t, kṛṇótu; kṛṇutám, kṛṇutā́m; kṛṇutá, kṛṇóta, and kṛṇótana, kṛṇvántu; Ā. kṛṇuṣvá, kṛṇutā́m; kṛṇvā́thām; kṛṇudhvám; PT. kṛṇvánt; kṛṇvāná. IPF. kṛṇavam, ákṛṇos, ákṛṇot; ákṛṇutam; ákṛṇuta, ákṛṇota and ákṛṇotana, ákṛṇvan; Ā. ákṛṇuta (3.s.); ákṛṇudhvam, ákṛṇvata.

VIII.: karómi, karóti; kurmás,kurvánti; kurvé, kuruté; kurváte; SB. karávas, karávāt; IPV. kurú, karótu; Ā. kurvátām. PT. kurvánt; kurvāṇá. IPF. ákaros, ákarot; ákurvan; Ā. kuruthā́s, ákuruta; ákurvata.

II.: PR. kárṣi; kṛthás; kṛthá; A. kṛṣé.

PF. cakára, cakártha, cakā́ra; cakráthur, cakrátur; cakṛmá, cakrá, cakrúr; Ā. cakré, cakṛṣé, cakré; cakrā́the, cakrā́te; cakriré; OP. cakriyā́s; PT. cakṛvā́ṃs; cakrāṇá. PPF. cakáram, ácakrat; ácakriran. AO. root: ákaram, ákar, ákar; kártam, ákartām; ákarma, ákarta, ákran;

Ā. ákri, ákṛthās, ákṛta; ákrata; INJ. káram, kár; SB. kárāṇi, kárasi and káras, kárati and kárat; kárathas, káratas; kárāma, káranti and káran; Ā. kárase, kárate; kárāmahe; OP. kriyā́ma; PRC. kriyā́sma; IPV. kṛdhí; kṛtám and kártam; kṛta and kártana; Ā. kṛṣvá; kṛdhvám; PT. kránt; krāṇá. AO. a.: ákaras, ákarat; IPV. kara; karatam, karatām; s: ákārṣīt (B.); Ā. ákṛṣi (B.). FT. kariṣyáti; -te (B.); SB. kariṣyā́s. CO. ákariṣyat (B.). PS. kriyáte; PT. kriyámāṇa; AO. ákāri; PP. kṛtá. GDV. kártva. GD. kṛtvā́, kṛtvī́, kṛtvā́ya. INF. kārtave, kártavai; kártos; kártum. CS. kāráyati, kāráyate (B.). DS. cíkīrṣati. INT. PT. kárikrat and cárikrat.

2. kṛ 纪念 (commemorate): AO. s: ákārṣam; is.: ákāriṣam, ákārīt. INT. cárkarmi; SB. cárkiran; AO. cárkṛṣe (3.s.); GDV. carkṛ́tya.

kṛt 切 (cut) VI. P.: PR. kṛntáti; INJ. kṛntát; IPV. kṛntá; PT. kṛntánt. IPF. ákṛntat. PF. cakártitha, cakárta. AO. a: ákṛtas; PT. kṛtánt; red.: ácīkṛtas (B.). FT. kartsyā́mi. PS. kṛtyáte; PP. kṛttá. GD. -kṛ́tya.

kṛp 哀叹；痛惜 (lament) I. Ā: PR. kṛ́pate; PT. kṛ́pamāṇa. IPF. ákṛpanta. PF. cakṛpe (K.). PPF. cakṛpánta; AO. root: ákṛpran; iṣ: ákrapiṣṭa. CS. PT. kṛpáyant; IPF. ákṛpayat.

kṛś 倚靠 (be lean) IV. P.: PR. kṛ́śyati (B.); PF. cakárśa. PP. kṛ́sitá (B.). CS. karśáyati.

kṛṣ 耕地，犁地 (plough) I.: PR. kárṣati; -te (B.); INJ. kárṣat; IPV. kárṣa. VI.: PR. kṛṣáti; IPV. kṛṣátu; kṛṣántu; Ā. kṛṣásva; PT. kṛṣánt. PF. cakárṣa (B.). AO. red.: ácīkṛṣam; sa: ákṛkṣat (B.). FT. krakṣyé (B.). PS. kṛṣyáte; PP. kṛṣṭá. GD. kṛṣṭvā́ (B.). INT. 3.pl. cákṛṣati; SB. cárkṛṣat; PT. cárkṛṣat; IPF. ácarkṛṣur.

kṝ 分散、散开 (scatter) VI. P.: PR. kiráti, -te; SB. kirā́si; IPV. kirá, kirátu. IPF. ákirat. AO. iṣ: SB. kāriṣat. PS. kīryáte (B.); PP. kīrṇá (B.).

kḷp 适应 (be adapted) I.: PR. kálpate; IPV. kálpasva; PT. kálpamāna. IPF. ákalpata, ákalpanta. PF. cākḷpúr; cākḷpré. AO. red.: ácīkḷpat; SB. cīkḷpáti. FT. kalpsyáte (B.). PP. kḷptá. CS. kalpáyati; SB. kalpáyāti; kalpáyāvahai; IPV. kalpáya, kalpáyatu; kalpáyasva; PT. kalpáyant; IPF. ákalpayat. DS. cíkalpayiṣati (B.); GD. kalpayitvā́.

krand 呼喊，喊叫 (cry out) I. P.: PR. krándati; INJ. krándat; IPV. krända, krándatu; PT. krándant. IPF. ákrandas, krándat. PF. cakradé. PPF. cakradas, cakradat. AO. a.: INJ. kradas; red.: ácikradas, ácikradat; ácikradan; INJ. cikradas; s: ákrān (2.3.s.). CS. krandáyati. INT. kánikranti (3. s. = kánikrant-ti); PT. kánikradat.

kram 阔步行走 (stride) I. P. PR. krā́mati; OP. krā́mema; IPV. krā́ma; PT. krā́mant; IPF. ákrāmat; Ā.: krámate; SB. krámāma; IPV. krámasva. PF. cakrā́ma, cakramúr; cakramé; cakramā́the; PT. cakramāṇá. PPF. cákramanta; AO. root: ákran; ákramur; INJ. kramur; a: ákramat, ákraman, s: Ā. ákraṃsta; ákraṃsata; SB. kráṃsate; iṣ: ákramiṣam and ákramīm, ákramīs, ákramīt; kramiṣṭa (3. s.); INJ. krámīs; IPV. kramiṣṭám. FT. kraṃsyáte; kramiṣyáti, -te (B.); PP. krāntá. GD. krāntvā́ (B.), -krámya. INF. -kráme; krámitum (B.); krámitos (B.). CS. krāmáyati (B.). INT. IPV. caṅkram-a-ta (2.pl); caṅkramyáte (B.).

krī 买 (buy) IX.: PR. krīṇā́ti; krīṇīté; SB. krīṇā́vahai. IPF. ákrīṇan. PT. kreṣyáti, -te(B.). PS. krīyáte (B.); PP. krītá. GD. krītvā́, -krī́ya (B.).

krudh 生气，变得愤怒 (be angry) IV. P.: PR. krúdhyati. PF. cukródha (B.). AO. red.: ácukrudhat; SB. cukrdhāma; INJ. cukradham; a: INJ. krudhas. PP. kruddhá. PT. krodháyati.

kruś 喊叫 (cry out) I.: PR. króśati; IPV. króśatu; PT. króśant; króśamāna. AO. sa: ákrukṣat. PP. kruṣṭá (B.).

kṣad 分割，分隔 (divide) I. Ā.: PR. kṣádāmahe. PF. cakṣadé; PT. cakṣadāná. INF. kṣádase.

kṣam 忍受 (endure) I. Ā.: OP. kṣámeta; IPV. kṣámadhvam. PT. kṣámamāṇa. PF. cakṣamé (B.); OP. cakṣamīthās.

kṣar 流动 (flow) I. P.: PR. kṣárati; INJ. kṣárat; IPV. kṣára; kṣárantu; PT. kṣárant. IPF. ákṣarat; ákṣaran. AO. s: ákṣār. PP. kṣaritá (B.). INF. kṣáradhyai. CS. kṣāráyati (B.).

1. kṣi 拥有，具有 (possess) II. P.: PR. kṣéṣi, kṣéti; kṣitás; kṣiyánti; SB. kṣáyas, kṣáyat; kṣáyāma; PT. kṣíyánt. I.P.: PR. kṣáyati; OP. kṣáyema (AV.); PT. kṣáyant. IV. P.: PR. kṣíyati; OP. kṣíyema; IPV. kṣíya. AO. s: SB. kṣéṣat. FT. PT. kṣeṣyánt. CS. IPV. kṣayáya; INJ. kṣepáyat.

2. kṣi (destroy) IX.: PR. kṣiṇā́ti; kṣiṇánti; INJ. kṣiṇā́m. IPF. ákṣiṇās. V.: PR. kṣiṇómi. IV. Ā.: PR. kṣī́yate; kṣī́yante. AO. s: INJ. kṣeṣṭa (AV.). PS. kṣīyáte; PT. kṣīyámāṇa; PP. kṣitá; kṣīṇá (AV.). GD. -kṣī́ya (B.). INF. -kṣetos (B.). DS. cíkṣīṣati (B.).

kṣip 掷，扔 (throw) VI. P.: PR. kṣipáti; INJ. kṣipát; IPV. kṣipá; PT.

kṣipánt. AO. red.: INJ. cikṣipas; cikṣipan. PP. kṣiptá. INF. -kṣeptos (B.).

kṣṇu 磨 (whet) II.: PR. kṣṇáumi; PT. kṣṇuvāná. PP. kṣṇutá (B.). GD. -kṣṇutya (B.).

khan, khā 挖掘 (dig) I.: PR. khánati; SB. khánāma; OP. khánema; PT. khánant; IPF. ákhanat; ákhananta. PF. cakhā́na; cakhnúr. FP. PT. khaniṣyánt; PS. khāyáte (B.); PP. khātá. GD. khātvā́ (B.); khātvī́ (TS.), -khāya (B.). INF. khánitum.

khād 咀嚼 (chew) I. P.: PR. khā́dati; IPV. khā́da; PT. khā́dant. PF. cakhā́da. PP. khāditá (B.). GD. khāditvā (B.).

khid 撕 (tear), VI.: PR. khidáti; INJ. khidát; OP. khidét. IPV. khidá; khidánt. IPF. ákhidat. PF. PT. khidvā́ṃs. GD. -khidya (B.).

khyā 看，看到 (see): PF. cakhyáthur. AO. a: ákhyat; INJ. khyát; IPV. khyátam; khyáta. FT. khyāsyáti (B.). PS. khyāyáte (B.); PP. khyātá. GDV. -khyeya. GD. -khyā́ya. INF. khyā́tum (B.); -khyái. CS. khyāpáyati, -te (B.).

gam 去 (go) I.: PR. gáchāti, -te; SB. gáchāsi and gáchās, gáchāti and gáchāt; gáchātha, gáchān; Ā. gáchai; OP. gáchet; gáchema; IPV. gácha and gáchatāt, gáchatu and gáchatāt; gáchatam, gáchatām; gáchata, gáchantu; Ā. gáchasva (AV.), gáchatām; gáchadhvam; PT. gáchant; gáchamāna. IPF. ágachat; ágachanta. PF. jagáma, jagántha, jagā́ma; jagmáthur, jagmátur; jaganmá, jagmúr; jagmé; OP. jagamyā́m, jagamyā́t; jagamyā́tam, jagamyúr; PT. jaganvā́ṃs, jagmivā́ṃs; jagmāná. Per. PF. gamayā́ṃ cakāra

(AV.). PPF. ájagan (2.s.); ájaganta; Ā. ájagmiran. AO. root: ágamam, ágan (2.3.ṣ); áganma, ágman; ágathās, ágata; gánvahi; áganmahi, ágmata; SB. gámāni, gámas, gámat; gámathas, gámatas; gámāma, gámanti; INJ. gán; OP. gamyā́s; gmīya (B.); PRC. 3.s. gamyā́s; IPV. gadhí and gahí, gántu; gatám and gantám, gantām; gatá, gánta and gántana, gámantu; PT. gmánt; a: ágamat. ágaman; SB. gamātas; gamātha; INJ. gáman; gaméyam, gamés, gamét; gaméma; gamémahi; red.: ájīgamam, ájīgamat; s: ágasmahi; iṣ: gamiṣṭam; gmiṣīya (VS.). FT. gamiṣyáti (AV.); gantā́ (B.). PS. gamyáte; AO. ágāmi; PP. gatá. GD. gatvā́, gatvā́ya, gatvī́, -gátya. INF. gántave, gántavái, gámadhyai, gamádhye (TS.); gántos, -gámas. CS. gamáyati and gāmáyati. DS. jígāṃsati; jígamiṣati, -te (B.). INT. gánīganti; PT. gánigmat.

1. gā 去，前往 (go) III. P.: PR. jígāsi, jígāti; INJ. jigāt; IPV. jígātam; jígāta; PT. jígat. IPF. ájigāt. PF. OP. jagāyā́t. AO. root: ágām, ágās, ágāt; ágātam, ágātām; ágāma, ágāta, águr; SB. gā́ni, gā́s, gā́t; gā́ma; INJ. gā́m; gā́ma, gúr; IPV. gātá and gātána; s: INJ. geṣam (VS.); geṣma(AV.). DS. jī́gāsa (SV.). INF. gā́tave.

2. gā 唱 (sing) IV.: PR. gā́yasi, gā́yati; gā́yanti; Ā. gā́ye; INJ. gā́yat; IPV. gā́ya; gā́yata, gā́yantu; PT. gā́yant. IPF. ágāyat. PF. jagán (B.). AO. s: INJ. gāsi (1.s.); siṣ: ágāsiṣur; SB. gā́siṣat. FT. gāsyáti (B.). PS. PT. gīyámāna; PP. gītá. GD. gītvā́ (B.); -gāya (B.) and -gīya (B.). INF. gā́tum (B.). CS. gāpáyati,-te (B.). DS. jígāsati (B.).

gāh 突然下落，骤降 (plunge) I. Ā.: PR. gā́hase, gā́hate; OP. gā́hemahi; IPV. gā́hethām; PT. gā́hamāna. IPF. ágāhathās. INT. jáṅgahe.

gur 问候，致意 (greet) VI.: PR. IPV. gurásva. PF. SB. jugurat; OP.

juguryā́s, juguryā́t. AO. root.: gūrta (3.s.Ā.). PP. gūrtá. GD. -gū́rya.

guh 隐藏 (hide) I.: PR. gū́hati, -te; INJ. gū́haṣ; gū́hathās; IPV. gū́hata; PT. gū́hant; gū́hamāna. IPF. ágūhat. AO. a: guhás; INJ. guhás; PT. guhánt; guhámāna; sa: ághukṣat. PS. guhyáte; PT. guhyámāna; PP. gūḍhá; GDV. gúhya, -gohya. GD. gūḍhvī́. DS. júgukṣati.

1. gṛ 唱 (sing) IX.: PR. gṛṇā́mi, gṛṇā́ti; gṛṇītás; gṛṇīmási, gṛṇánti; Ā. gṛṇé, gṛṇīṣé, gṛṇīté (and gṛṇé), gṛṇīmáhe; INJ. gṛṇītá (3.s.Ā.); IPV. gṛṇīhi, gṛṇā́tu; gṛṇītám, gṛṇītā́m; gṛṇītá, gṛṇántu; PT. gṛṇánt; gṛṇāná. GD. -gī́rya (B.). INF. gṛṇīṣáṇi.

2. gṛ 唤醒、激发 (wake): AO.red.: 2. 3. ájīgar; IPV. jigṛtám; jigṛtá. INT. jāgarti; jā́grati; SB. jā́garāsi (AV.), jā́garat; OP. jāgriyāma (VS.), jāgṛyā́ma (TS.); IPV. jāgṛhí and jāgṛtā́t; jāgṛtám, jāgṛtā́m; PT. jā́grat. IPF. ájāgar. PF. 1. s. jāgára. 3. jāgā́ra. PT. jāgṛvā́ms; FT. jāgariṣyáti, -te (B.); PP. jāgaritá (B.). CS. jāgaráyati (B.).

gṛdh 贪 (be greedy) IV. P.: PR. gṛ́dhyant. PF. jāgṛdhúr. AO. a: ágṛdhat; INJ. gṛdhás; gṛdhát.

gṝ 吞下，吞没 (swallow) VI. P.: PR. giráti. PF. jagā́ra. AO. root: SB. gárat, gáran; red.: ájīgar (2. s.); iṣ: INJ. gā́rīt. FT. gariṣyáti (B.). PP. gīrṇá. GD. -gī́rya (AV.). INT. SB. jálgulas; jarguräṇá.

grabh 抓住，夺取 (seize) IX.: PR. gṛbhṇā́mi, gṛbhṇā́ti; gṛbhṇánti; gṛbhṇé; gṛbhṇáte; SB. gṛbhṇā́s; INJ. gṛbhṇītá (3.s.); IPV. gṛbhṇīhí. IPF. ágṛbhṇās, ágṛbhṇāt; ágṛbhṇan; ágṛbhṇata (3. pl. Ā). PF. jagrábha

(1.s.); jagṛbháthur; jagṛbhmá, jagṛbhúr; Ā. jagṛbhré and jagṛbhriré; OP. jagṛbhyā́t; PT. jagṛbhvā́ṃs; PPF. ájagrabham, ájagrabhīt. AO. root: ágrabham; ágṛbhran; PT. gṛbhāná; a: ágṛbham; red.: ájigrabhat; iṣ: ágrabhīm (TS.), ágrabhīt; ágrabhīṣma, ágrabhīṣur; ágṛbhīṣata (3.pl.Ā). INJ. grabhīṣṭa (2.pl.). PP. gṛbhītá. GD. gṛbhītvā́, -gṛ́bhya. INF. -grabhé, -gṛbhé. CS. PT. gṛbháyant.

gras 吞噬 (devour) I. Ā.: PR. grásate; OP. grásetām. PF. OP. jagrasītá; PT. jagrasāná. PP. grasitá.

grah 捉，抓 (seize) IX.: gṛhṇā́mi, gṛhṇā́ti; gṛhṇánti; gṛhṇé; gṛhṇīmáhe, gṛhṇáte; OP. gṛhṇīyā́t; IPV. gṛhṇāhi (AV.), gṛhṇītā́t and gṛhāṇá; gṛhṇā́tu; gṛhṇītám; gṛhṇántu; PT. gṛhṇánt; gṛhṇāná. IPF. ágṛhṇāt, ágṛhṇan. PF. jagráha, jagrā́ha; jagṛhmá, jagṛhúr; jagṛhé. AO. a: INJ. gṛhāmahi; iṣ: ágrahīt; ágrahīṣṭa. FT. grahīṣyáti (B.); CO. ágrahīṣyat (B.), ágrahaiṣyat (B.). PS. gṛhyáte; PP. gṛhītá. GD. gṛhītvā́, -gṛ́hya. INF. gráhītavái (B.). gráhītos (B.). CS. grāháyati (B.). DS. jíghṛkṣati, -te (B.).

ghas 吃 (eat): PF. jaghása, jaghā́sa; OP. jakṣīyā́t; PT. jakṣivā́ṃs (AV.). AO. root: ághas (2. 3. s.). ághat (3.s., B.); ághastām (3. du., B.); ághasta (2. pl, B.), ákṣan; SB. ghásas, ghásat; IPV. ghástām (3.du); s: ághās (2.s.); red.: ájīghasat. PF. -gdha (TS.). DS. jíghatsati.

ghuṣ 听起来，使发声 (sound) I.: PR. ghóṣati, ghóṣate; SB. ghóṣāt; ghóṣān; PT. ghóṣant. PF. jughóṣa (B.). PS. AO. ghóṣi. GD. -ghúṣya. CS. ghoṣáyati.

cakṣ 看 (see) II.: PR. cákṣe (= cákṣ-ṣe), cáṣṭe; cákṣāthe; cákṣate; P. cákṣí (= cákṣ-ṣi); IPF. cakṣur. I. Ā.: PR. cákṣate (3.s.); IPF. cákṣata (3.s.). PF. cacákṣa; cacakṣé (B.). PPF. ácacakṣam. GDV. cákṣya. GD. -cákṣya. INF. -cákṣe, cákṣase; -cákṣi. CS. cakṣáyati.

car 移动 (move) I. P.: PR. cárati; SB. cárāṇi; cárāva, cárātas; cárān; cárātai (AV.); INJ. cárat; OP. cáret; IPV. cára, cáratu; cárata, cárantu; PT. cárant. IPF. ácarat. PF. cacā́ra; cerimá, cerúr. AO. red.: ácīcarat; s: ácārṣam (B.); iṣ: ácāriṣam; INJ. cā́rīt. FT. cariṣyā́mi. PS. caryáte (B.); PP. caritá; GDV. -caréṇya. GD. caritvā́ (B.); -cárya (B.). INF. caráse, cáritave, carádhyai; cáritavái (B.); cáritum (B.); cáritos (B.). CS. cāráyati, -te (B.). DS. cícarṣati (B.), cícariṣati (B.). INT. cárcarīti; PT. carcūryámāṇa.

cāy 记录 (note) I.: PR. cā́yati (B.); PT. cā́yamāna. PER. PF. -cāyāṃ cakrur (B.). AO. iṣ: ácāyiṣam. PS. cāyyáte. GD. cāyitvā́; -cáyya.

1. ci 收集，聚集 (gather) V.: PR. cinóti; cinvánti; cinuté; SB. cinávat; OP. cinuyā́ma; IPV. cinuhí, cinótu; cinvántu; cinuṣvá; PT. cinvánt; cinvāná. I.: PR. cáyase, cáyate; cáyadhve; INJ. cáyat; OP. cáyema. PF. cikā́ya; cikyé; cikyiré. AO. root: ácet; IPV. citána, ciyántu; s: ácaiṣam (B.); iṣ: cáyiṣṭam. FT. ceṣyáti, -te (B.). PS. cīyáte (B.); PP. citá. GD. citvā́ (B.). INF. cétum (B.); cétavái (B.). DS. cíkīṣate (B.).

2. ci 记录 (note) III.: PR. cikéṣi (AV.); IPV. cikīhí (AV.), ciketu (TS.); Ā. (3.s.) cikitām (AV.); PT. cíkyat. IPF. áciket; ácikayur (B.). PF. cikā́ya; cikyátur; cikyúr; Ā. 2. du. cikéthe (for cikyā́the). AO. root: ácet; Ā. ácidhvam. PP. citá. DS. cíkīṣate.

cit 察觉，感知；认识，理解 (perceive) I.: PR. cétati; cétathas; cétatha; Ā. cétate; cétante; INJ. cétat; IPV. cétatām; PT. cétant; IPF. ácetat. II. Ā.: PR. cité (3.s.). PF. cikéta; cikitúr; Ā. cikité; cikitré and cikitriré; SB. cikitas, cíketati and cíketat; cíketathas; IPV. cikiddhí; PT. cikitvā́ṃs; cikitāná; PPF. ciketam; áciketat. AO. root: ácet; PT. cítāna; PS.: áceti; s: ácait. INF. citáye. CS. cetáyati, -te and citáyati, -te; SB. cetáyāni, cetáyātai (TS.); OP. citáyema. DS. INJ. cíkitsat. INT. cékite (3.s.); SB. cékitat; PT. cékitat.

cud 驱使，推动 (impel) I.: PR. códāmi; códate; INJ. códat; IPV. códa, códata; códasva, códethām. CS. SB. codayāsi, codáyāt; codáyāse, codáyāte; PP. coditá.

cyu 移动 (move) I.: PR. cyávate; INJ. cyávam; cyávanta; IPV. cyávasva; cyávethām; cyávadhvam. PF. cicyuṣé, cucyuvé (3.s.); INJ. cucyavat; OP. cucyuvīmáhi, cucyavīráta. PPF. ácucyavat, ácucyavīt; ácucyavītana, ácucyavur. AO. s: cyoṣṭhās. FT. cyoṣyate (B.). PP. cyutá. CS. cyāváyati, -te.

chad or chand 好像，似乎 (seem) II.: PR. chántsi. PF. cachánda; OP. cachadyā́t. AO. s: áchān; áchānta (=áchānt-s-ta), áchāntsur; SB. chántsat. CS. chadáyati; chandáyase; INJ. chadáyat; SB. chadáyātha; chandáyāte; IPF. áchadayan.

chid 切掉，切断 (cut off) VII.: PR. chinádmi, chinátti; IPV. chindhí (=chinddhí), chináttu; chintám (=chinttám). PF. cichéda; cichidé (B.). AO. root: chedma; a: áchidat; áchidan; s: áchaitsīt (B.); INJ. chitthā́s. FT.

chetsyáti, -te (B.). PS. chidyáte; PT. chidyámāna; AO. áchedi; PP. chinná. GD. -chídya; chittvā́ (B.). INF. chéttavái (B.); chéttum (B.). DS. cíchitsati,-te (B.).

jan 产生，引起 (generate) I.: PR. jánati; SB. jánāt; INJ. jánat; IPV. jánatu; PT. jánant; jánamāna. IPF. ájanat; jánata (3.s.); ájananta. PF. jajā́na; jajñátur; jajñúr and jajanúr; Ā. jajñiṣé, jajñé; jajñiré; PT. jajñāná. AO. root: ájani (1.s.); red.: ájījanat, ájījanan; INJ. jījanam; jījananta; iṣ: jániṣṭām (3.du.); Ā. ájaniṣṭhās, ájaniṣṭa; OP. janiṣīyá, janiṣīṣṭá. FT. janiṣyáti, -te; janitā́ (B.); CO. ájaniṣyata (B.). PS.: AO. ájani; jáni, jā́ni. GDV. jántva and jánitva. GD. janitvī́. INF. jánitos. CS. janáyati, -te; SB. janáyās; OP. janáyes; IPV. janáya, janáyatu; janáyatam; janáyata. DS. jíjaniṣate (B.).

jambh 咀嚼 (chew): AO. red.: ájījabham; iṣ: SB. jámbhiṣat. PP. jabdhá. CS.: IPV. jambháya; jambháyatam; PT. jambháyant. INT. jañjabhyáte (B.); PT. jáñjabhāna.

jas 耗尽，使竭尽 (be exhausted) I.: PR. PT. jásamāna; IV.: IPV. jásyata. PF. jajā́sa; IPV. jajastám. AO. red.: ájījasata (3.s, B.). CS. jāsáyati (B.).

jā 出生，生 (be born) IV. Ā: PR. jā́yate; INJ. jā́yata; OP. jā́yemahi; IPV. jā́yasva, jā́yatām; jā́yadhvam; PT. jā́yamāna. IPF. ájāyathās, ájāyata; ájāyanta. PP. jātá.

1. ji 征服 (conquer) I.: jáyati, -te; SB. jáyāsi, jáyās, jáyāti; jáyāva,

jáyātha; Ā. jáyātai (AV.); INJ. jáyat; OP. jáyema; IPV. jáyatu; Ā. jáyantām; PT. jáyant. IPF. ájayat. II. P.: PR. jéṣi. PF. jigétha, jigā́ya; jigyáthur; jigyúr; Ā. jigyé; PF. jigīvā́ṃs; jigivā́ṃs (B.); AO. root: INJ. jés; IPV. jitám; s: ájaiṣam, 3. ájais (= ájais-t); ájaiṣma; SB. jéṣas, jéṣat; jéṣāma; INJ. jéṣam (VS.), jés; jéṣma, jáiṣur (AV.) FT. jeṣyáti; PT. jeṣyánt. PP. jitá; GDV. jétva. GD. jitvā (B.); -jítya. INF. jiṣé; jétave (B.); jétum (B.). CS. jāpáyati (B.); ájījapata (VS.) and ájījipata (TS.). DS. jígīṣati, -te; PT. jígīṣamāṇa.

2. ji 加快，加速 (quicken) V.: PR. jinóṣi; jinvé. IPF. ájinot (B.).

jinv 加快 (quicken) (=V. ji-nu+a), I.: PR. jínvasi, jínvati; jínvathas; jínvatha, jínvanti; Ā. jínvate; IPV. jínva, jínvatu; jínvatam; jínvata; PT. jínvant.IPF. ájinvat; ájinvatam. PF. jijinváthur. FT. jinbiṣyáti (B.). PP. jinvitá.

jīv 住，居住 (live) I. P.: PR. jī́vati; SB. jī́vāni, jī́vās, jī́vāti and jī́vāt; jī́vātha, jī́vān; OP. jī́vema; IPV. jī́va, jī́vatu; jī́vatām; jī́vata, jī́vantu; PT. jī́vant. PF. jijī́va (B.) AO. root: PRC. jivyā́sam; iṣ: INJ. jī́vīt. FT. jīviṣyáti (B.). PS. jivyáte (B.); PP. jīvitá. GDV. jīvanī́ya. GD. jīvitvā́ (B.). INF. jīváse; jī́vitavái, jīvā́tave (TS. VS.); jī́vitum (B.). CS. jīváyati. DS. jíjīviṣati (B.); jújyūṣati (B.); PP. jijyūṣitá (B.).

juṣ 享受 (enjoy) VI.: PR. juṣáte; OP. juṣéta; juṣérata; PT. juṣámāna; IPF. ájuṣat; ájuṣata. PF. jujóṣa; jujuṣé; SB. jújoṣati, jújoṣat; jújoṣatha, jújoṣan; Ā. jújoṣate; IPV. jujuṣṭana; PT. jujuṣvā́ṃs; jujuṣāṇá. PPF. ájujoṣam. AO. root: ájuṣran; SB. jóṣati, jóṣat; Ā. jóṣase; PT. juṣāṇá; iṣ:

SB. jóṣiṣat. PP. juṣṭá (gladdened) and júṣṭa (welcome). GD. juṣṭvī́. CS. joṣáyate; SB. joṣáyāse.

jū 加速，促进 (speed) IX. P.: PR. junā́ti; junánti; SB. junā́s. I. Ā.: PR. jávate. PF. jūjuvúr; SB. jūjuvat (= jūjavat); PT. jūjuvā́ṃs; jūjuvāná. PP. jūtá. INF. javáse.

jūrv 消耗，消费 (consume) I. P.: PR. jū́rvati; SB. jū́rvās; IPV. jū́rva; PT. jū́rvant. AO. iṣ: jū́rvīt.

jṛ 唱 (sing) I. Ā.: PR. járate; SB. járāte; OP. járeta; IPV. járasva, járatām; PT. járamāṇa. INF. jarádhyai.

jṝ, jur 消耗，使耗尽 (waste away) I. P.: PR. járati; IPV. járatam; PT. járant. VI. P.: PT. juránt. IV. P.: PR. jī́ryati, jū́ryati; PT. jū́ryant; IPF. ájūryan. PF. jajā́ra; PT. jujurvā́ṃs. AO. iṣ: jāriṣur. PP. jīrṇá, jūrṇá. CS. jaráyati, -te; PT. jaráyant and jāráyant.

jñā 知，知道 (know) IX.: PR. jānā́ti; jānīmás, jānīthá, jānánti; jānīté; jānáte; SB. jānā́ma; jānā́mahai; OP. jānīthā́s; IPV. jānīhí, jānītā́t, jānā́tu; jānītá, jānántu; jānīdhvám, jānátām; PT. jānánt; jānāná. IPF. ájānām, ájānāt; ájānan; Ā. 3.pl. ájānata. PF. jajñáu; jajñé; PT. jajñivā́ṃs and jānivā́ṃs. AO. root: OP. jñeyā́s (Gk. γνοίης); s: ájñāsam (B.); ájñāsthās; INJ. jñeṣam; siṣ: ájñāsiṣam. FT. jñāsyáti, -te (B.); jñātā́ (B.). PS. jñāyáte; AO. ájñāyi; PP. jñātá; GDV. jñeya (B.). GD. jñātvā́ (B.), -jñā́ya (B.). INF. jñā́tum (B.), jñā́tos (B.). CS. jñapáyati; AO. ájijñipat (TS.); PS. jñapyáte (B.); PP. jñaptá (B.); jñāpáyati (B.). DS. jíjñāsate.

jyā 压倒，折伏 (overpower) IX.: PR. jinā́ti; OP. jinīyā́t; PT. jinánt. IV. Ā.: PR. jī́yate. PF. jijyáu (B.). AO. siṣ: ájyāsiṣam (B.). FT. jyāsyáti, -te (B.). PS. jīyáte; PP. jītá. DS. jíjyāsati.

jval 燃烧 (flame) I. P.: PR. jválati (B.). PF. jajvā́la (B.). AO. ájvālīt (B.). FT. jvaliṣyáti (B.). PP. jvalitá (B.). CS. jvaláyati (B.).

taṃs 摇晃 (shake): PF. tatasré. PPF. átataṃsatam. AO. a: átasat. CS. taṃsáyati, -te; INF. taṃsayádhyai. INT. SB. tantasáite; GDV. -tantasā́yya.

takṣ 制造，塑造 (fashion) I. P.: PR. tákṣati; SB. tákṣāma; INJ. tákṣat; IPV. tákṣatam; tákṣata, tákṣantu; PT. tákṣant. IPF. átakṣat. II. P.: PR. tāṣṭi (B.), tákṣati (3.pl.); IPV. tāḷhí. IPF. átakṣam, átaṣṭa. V. P.: PR. takṣṇuvanti (B.). PF. tatákṣa (takṣáthur, takṣúr); tatakṣé. AO. iṣ: átakṣiṣur. PP. taṣṭá.

tan 伸展，延长 (stretch) VIII.: PR. tanóti; tanmási, tanvánti; tanuté; SB. tanávāvahai; INJ. tanuthā́s; IPV. tanú, tanuhí, tanótu; Ā. tanuṣvá; tanudhvám; PT. tanvánt; tanvāná. IPF. átanuta; átanvata. PF. tatántha, tatā́na and tātā́na; Ā. 1. tatané, 3. tatné and taté (√tā); tatniré and teniré; SB. tatánat; tatánāma, tatánan; INJ. tatánanta; OP. tatanyúr; PT. tatanvā́ṃs. AO. root: átan; Ā. 2. átathās, 3. átata; átnata (3. pl.); a: átanat; INJ. tanat; s: átān and átāṃsīt; átasi (B.); átaṃsmahi (B.); iṣ: átānīt. FT. taṃsyáte (B.). PS. tāyáte; AO. átāyi (B.). PP. tatá. GD. tatvā́ (B.), tatvā́ya (VS.), -tátya (B.). INF. tántum (B.).

tap 加热，使变热 (heat) I.: PR. tápati, -te; SB. tápāti; INJ. tápat;

IPV. tápatu; PT. tápant. IPF. átapat. IV. P.: PR. tápyati (B.). PF. 1. tatápa. 3. tatā́pa; tepé; SB. tatápate; PT. tepāná. AO. root: PT. tapāná; red.: átītipe (3. s.); SB. tītipāsi; s: átāpsīt; átapthās; INJ. tāpsīt; tāptam. FT. tapsyáti (B.). PS. tapyáte; AO. átāpi; PP. taptá. GD. taptvā́ (B.), -tápya. INF. táptos (B.). CS. tāpáyati, -te (AV.); PS. tāpyáte (B.).

tam 昏倒，晕厥 (faint) IV. P.: PR. tā́myati (B.). PF. tatā́ma (B.). AO. a: INJ. tamát. PP. tāntá (B.). INF. támitos (B.). tamáyati (B.).

tij 削尖；使尖锐，敏锐 (be sharp) I. Ā.: PR. téjate; PT. téjamāna. PF. IPV. titigdhí (B.). PP. tiktá. DS. títikṣate. INT. tétikte.

tu 使强壮 (be strong) II. P.: PR. távīti. PF. tūtā́va. PPF. tūtos, tūtot. INT. PT. távītvat (=távītuat).

tuj 催促；力劝 (urge) VII.: PR. tuñjánti; tuñjáte (3. pl.); PT. tuñjāná. VI.: PR. tujéte; PT. tujánt. PF. OP. tutujyā́t; PT. tūtujāná and tū́tujāna. PS. tujyáte. INF. tujáse, tujáye, -túje. CS. PT. tujáyant.

tud 刺，冲 (thrust) VI. :PR. tudáti; IPV. tudá; tudántu; PT. tudánt. IPF. tudát. PF. tutóda. PP. tunná.

tur (=tṝ) 经过，越过 (pass) VI.: PR. turáti,-te; IV. P.: IPV. tū́rya; II. P.: OP. turyā́ma. PF. OP. tuturyā́t; tuturyā́ma. PP. tūrtá (B.). GD. -tū́rya. INF. turváṇe. CS. turáyate. DS. tūtūrṣati.

tṛd 分裂，分开 (split) VII.: PR. tṛṇádmi, tṛṇátti; tṛntte (B.); IPF.

átṛṇat; átṛndan. PF. tatárditha, tatárda; PT. tatṛdāná. AO. root: SB. tárdas. PP. tṛṇṇá (VS.). GD. -tṛ́dya. INF. -tṛ́das.

tṛp 使愉悦 (be pleased) V. P.: PR. tṛpṇóti; SB. tṛpṇávas; IPV. tṛpṇuhí; tṛpṇutám; tṛpṇutá; VI. P.: PR. tṛmpáti; IPV. tṛmpá; IV.: PR. tṛ́pyati. PF. tātṛpúr; PT. tātṛpāná. AO. root: PRC. tṛpyā́sma; a: átṛpat; PT. tṛpánt; red: átītṛpas; átītṛpāma. CO. átarpasyat (B.). PP. tṛptá. CS. tarpáyati, -te; DS. títarpayiṣati. DS. títṛpsati; SB. títṛpsāt.

tṛṣ 口渴 (be thirsty) IV.: PR. tṛ́ṣyati, -te; PT. tṛ́ṣyant. PF. tātṛṣúr; PT. tātṛṣāṇá and tatṛṣāṇá. AO. root: PT. tṛṣāná; a: tṛṣát; red.: átītṛṣāma; INJ. tītṛṣas. PP. tṛṣitá. CS. tarṣáyati (B.).

tṛh 挤压，压坏 (crush) VII. P.: PR. tṛṇéḍhi; tṛṃhánti; IPV. tṛṇéḍhu; SB. tṛṇáhān (AV.); PT. tṛṃhánt. PF. tatárha. AO. a: átṛham. PS. tṛhyáte; PP. tṛḷhá, tṛḍhá. GD. tṛḍhvā́.

tṝ 穿过 (cross) I.: PR. tárati, -te; SB. tárāthas; INJ. tárat; OP. táret; IPV. tára; PT. tárant. IPF. átarat.VI.: PR. tiráti, -te; SB. tirā́ti; INJ. tiránta; OP. tiréta, -tana (2.pl.); IPV. tirá; tiráta, tirántu; tirádhvam; PT. tiránt. IPF. átirat. III.: PT. títrat. VIII. Ā.: tarute. PF. tatā́ra; titirúr; PT. tatarus- (weak stem) and titirvā́ṃs. AO. red.: átītaras; iṣ: átārīt; átāriṣma and átārima, átāriṣur; SB. tā́riṣas, tā́riṣat; INJ. tā́rīs, tā́rīt; OP. tāriṣīmahi. PS. AO. átāri; PP. tīrṇá. GD. tīrtvā́. INF. -tíram, -tíre; tarádhyai; tarīṣáṇi. CS. tāráyati. DS. títīrṣati (B.). INT. tártarīti; tartūryánte; PT. táritrat.

tyaj 抛弃 (forsake): PF. tityā́ja; IPV. tityagdhí. PP. tyaktá (B.).

GD. -tyájya (B.).

tras 使惊恐 (be terrified) I. P.: PR. trásati. AO. red.: átitrasan; iṣ: trā́sīs (B.). PP. trastá (B.). INF. trasas. CS. trasáyati. INT. tātrasyáte (B.).

trā 救，救援 (rescue) IV. Ā.: PR. trā́yase; trā́yadhve, trā́yante; IPV. trā́yasva, trā́yatām; trā́yethām; trā́yetām; trā́yadhvam, trā́yantām; PT. trā́yamāṇa. II. Ā. IPV. trā́sva; trā́dhvam. PF. tatré. AO. s.: átrāsmahi (B.). SB. trā́sate; trā́sāthe; OP. trā́sīthām. FT. trāsyáte (B.). PP. trātá (B.). INF. trā́maṇe. CS. GDV. trayayā́yya.

tviṣ 使激动，被搅拌 (be stirred) II. P.: IPF. átviṣur. VI. Ā.: átviṣanta. PF. titviṣé; PT. titviṣāṇá. PPF. átitviṣanta. PP. tviṣitá. INF. tviṣé.

tsar 悄然接近 (approach stealthily) I. P.: PR. tsárati. PF. tatsā́ra. AO. s.: átsār; iṣ: átsāriṣam (B.). GD. -tsárya (B.).

daṃś, daś 咬 (bite) I. P.: PR. dáśati; IPV. dáśa; PT. dáśant. PF. PT. dadaśvā́ṃs. PP. daṣṭá. GD. daṃṣṭvā́ (B.). INT. PT. dándaśāna.

dakṣ 有可能，能够 (be able) I.: PR. dákṣati,-te; IPV. dákṣata; PT. dákṣamāṇa. PF. dadakṣé (B.). AO. red.: ádadakṣat (B.). FT. dakṣiṣyáte (B.). GDV. dakṣā́yya. CS. dakṣáyati (B.).

dagh 延伸，达到 (reach to) V.: PR. OP. daghnuyā́t (B.). AO. root: INJ. dhak (2. 3. s.); daghma; PRC. daghyā́s (3. s.); IPV. dhaktáṃ. FT. daghiṣyánte (B.). INF. -dághas (B.), -dághos (B.).

dabh,dambh 伤害 (harm) I. P.: PR. dábhati; SB. dábhāti; INJ. dábhat. V. P.: PR. dabhnuvánti; IPV. dabhnuhí. PF. dadā́bha, dadámbha; debhúr; INJ. dadabhanta. AO. root: dabhúr; INJ. dabhúr. PS. dabhyáte; PP. dabdhá. GDV. dábhya. INF. -dábhe; dábdhum (B.). CS. dambháyati. DS. dípsati; SB. dípsāt; PT. dípsant; PR. dhī́psati (B.).

das, dās 破坏，毁坏，使荒芜 (lay waste) IV. P.: PR. dásyati; OP. dásyet. I. P.: PR. dā́sati; SB. dā́sāt; INJ. dā́sat; PT. dā́sant. PF. PT. dadasvā́ṃs. AO. a: INJ. dasat; PT. dásamāna; iṣ: dā́sīt. PP. dastá (B.). CS. dasáyate; dāsáyati.

dah 燃烧 (burn) I. P.: PR. dáhati; SB. dáhāti. II. P.: PR. dhákṣi. PF. dadā́ha (B.). AO. s.: ádhākṣīt; ádhāk (3. s.); INJ. dhā́k (3. s.); PT. dhákṣant and dákṣant. FT. dhakṣyáti; PT. dhakṣyánt. PS. dahyáte; PP. dagdhá. GD. dagdhvā́ (B.); -dáhya (B.). INF. -dáhas (B.), dágdhos (B.). dágdhum (B.). DS. dhī́kṣate (B.).

1. dā 给 (give) III.: PR. dádāti; dátte; SB. dádas, dádat; dádan; dádātai (AV.), dádāmahe; INJ. dadās, dadāt; OP. dadyā́t; dadīmáhi, dadīrán; IPV. daddhí, dehí, dattā́t, dádātu; dattám, dattā́m; dattá and dádāta, dádātana, dádātu; Ā. datsvá; PT. dádat; dádāna; IPF. ádadām, ádadās. ádadāt; ádattam; ádadāta, ádattana, ádadur; Ā. ádatta. I.: dadati; dadate; INJ. dadat; IPV. dadatām (3. s.); IPF. ádadat; ádadanta. PF. dadā́tha, dadáu; dadáthur, dadátur; dadá, dadúr; Ā. dadé, dadā́the,dadriré; PT. dadvā́ṃs, dadivā́ṃs (AV.), dadāvā́ṃs (AV.); dadāná. AO. root: ádās, ádāt, dā́t; ádāma, ádur, dúr. Ā. ádi, ádithās (B.), ádita (B.); ádimahi (TS.) and ádhīmahi (VS.); SB. dā́s, dā́ti, dā́t; INJ. dúr; OP.

deyām; IPV. dā́tu; dātám, dātā́m; dātá; dīṣvá (VS.); a: ā́dat. s.: ádiṣi; SB. dā́sat, dā́sathas; INJ. deṣma (VS.); iṣ: ádadiṣṭa (SV.). FT. dāsyáti; -te (B.); dadiṣyé (K.); dātā́ (B.). PS. dīyáte; PT. dadyámāna; AO. dā́yi; PP. -dāta, dattá, -tta. GDV. déya. GD. dattvā́, dattvā́ya; -dā́ya, -dadya (AV.). INF. -dái, dā́tave, dā́tavái, dā́mane, dāváne; -dā́m (B.), dā́tum; dā́tos. CS. dāpáyati. DS. PT. dítsant, dídāsant.

2. dā 分割 (divide) II. P.: PR. dā́ti; dā́nti; IPV. dā́ntu. VI. P.: PR. dyā́mi, dyáti; dyā́masi; IPV. dyátu; dyátām; IV.: PR. dáyāmasi; IPV. dáyasva, dáyatām; PT. dáyamāna. IPF. dáyanta. PF. dadiré (B.). AO. root: ádimahi (B.), adīmahi (VS. K.); s: OP. diṣīyá. PS. dīyáte; PP. diná; -tta (B.). GD. -dā́ya.

3. dā 捆绑，系联，结合 (bind) VI. P.: PR. dyáti; IPF. ádyas. PS. AO. dā́yi; PP. ditá.

dāś 布施 (make offering) I. P.: PR. dā́śati; SB. dā́śāt; OP. dā́śema; IPF. ádāśat. II. P.: PR. dā́ṣṭi; PT. dā́śat. V. P.: PR. dāśnóti. PF. dadā́śa. SB. dadāśas, dádāśati and dádāśat; PT. dadāśvā́ṃs, dāśvā́ṃs, dāśivā́ṃs (SV.). CS. ádāśayat (B.).

diś 指，指向 (point) VI.: PR. diśā́mi. IPV. diśátu; PT. diśánt; diśámāna. PF. didéśa; SB. dídeśati; IPV. didiḍḍhí, dídeṣṭu; didiṣṭána. PPF. didiṣṭa (3. s. Ā.). AO. root: ádiṣṭa; s.: ádikṣi; sa: ádikṣat (B.). PP. diṣṭá. GD. -díśya. INF. -díśe. INT. dédiṣṭi; IPF. dediśam; ádediṣṭa; dediśyate.

dih 涂抹弄脏；诋毁 (smear) II.: PR. dégdhi; dihánti; SB. déhat; PT.

dihāná. IPF. ádihan. AO. s.: ádhikṣur (B.). PP. digdhá.

1. dī 飞 (fly) IV.: PR. dī́yati; -te; INJ. dī́yat; IPV. dī́ya. IPF. ádīyam. INT. INF. dédīyitavái.

2. dī, dīdī 照 (shine): PR. dīdyati (3. pl.); SB. dī́dayat; IPV. didīhí and dīdihí; PT. dī́dyat; dī́dyāna. IPF. ádīdes, ádīdet. PF. didéthe, dīdā́ya; dīdiyúr; SB. dīdáyasi and dīdáyas, dīdáyati and dīdáyat. PT. dīdivā́ṃs.

dīkṣ 皈依 (be consecrated) I. Ā.: PR. dī́kṣate (B.). PF. didīkṣé and didīkṣúr (B.). AO. red.: ádidīkṣas (B.); iṣ: ádīkṣiṣṭa (B.). FT. dīkṣiṣyáte (B.). PP. dīkṣitá. GD. dīkṣitvā́ (B.). CS. dīkṣáyati (B.). DS. dídīkṣiṣate (B.).

dīp 照 (shine) IV. Ā.: PR. dī́pyate. AO. red.: ádidīpat; ádīdipat (B.); INJ. didīpas. CS. dīpáyati.

dīv 玩，做 (play) IV.: PR. dī́vyati; dīvyate (B.). PF. didéva. PP. dyūtá. GD. dī́vya.

du, dū 燃烧 (burn) V. P.: PR. dunóti; dunvánti; PT. dunvánt. AO. iṣ: SB. dáviṣāṇi (or from du go?). PP. dūná.

duṣ 破坏，毁掉 (spoil) IV. P.: PR. dúṣyati (B.). AO. red.: ádūduṣat; a: duṣát (B.); iṣ: doṣiṣṭam (B.). CS. dūṣayati; FT. dūṣayiṣyā́mi.

duh 挤奶 (milk) II. P.: PR. dógdhi; duhánti; Ā. dugdhé; duháte and duhaté, duhrate and duhré; SB. dóhat; dóhate; OP. duhīyát, duhīyán; IPV. 3. du. dugdhā́m; Ā. 3. s. duhā́m; 3. du. duhāthām; 3. pl. duhrā́m (AV.) and duhrátām (AV.); PT. duhánt; dúghāna, dúhāna, and duhāná; IPF. ádhok; duhúr; áduhan (B.) and áduhran (AV.) I. Ā.: PR. dóhate. VI.: IPF. áduhat (TS.). PF. dudóha, dudóhitha; duduhúr; Ā. duduhé; duduhré and duduhriré; PT. duduhāná. AO. s.: ádhukṣata (3. pl.); INJ. dhukṣata (3. pl.); OP. dhukṣīmáhi; sa: ádhukṣas, ádukṣat and ádhukṣat; ádhukṣan, dukṣán and dhukṣán; Ā. ádhukṣata, dukṣata and dhukṣata; INJ. dukṣas; Ā. 3. dukṣata and dhúkṣata; pl. dhukṣánta; IPV. dhukṣásva. PS. duhyáte; PT. duhyámāna; PP. dugdhá. GD. dugdhvā́ (B.). INF. duhádhyai; doháse; dógdhos (B.). CS. doháyati (B.). DS. dúdukṣati.

1. dṛ 扎，刺破 (pierce) II. P.: PR. dársi. IX. P.: OP. dṛṇīyā́t (B.). PF. dadā́ra; PT. dadṛvā́ṃs. AO. root: ádar; s: SB. dárṣasi, dárṣat; Ā. dárṣate; OP. darṣīṣṭá. PS. dīryáte (B.); PS. dīrṇá (B.). GD. -dīrya (B.). CS. daráyati; dārayati (B.). INT. dárdarīmi, dárdarīti; SB. dárdirat; IPV. dardṛhí and dādṛhí, dardartu; PT. dárdrat; dáridrat (TS.); IPF. ádardar, dardar (2. 3. s.); ádardṛtam; ádardirur.

2. dṛ 留心，注意 (heed): AO. ádṛthās (B.); s.: dṛḍhvam (B.). PS. driyáte (B.). GD. -dṛ́tya.

dṛp 怒吼 (rave) IV. P.: PR. dṛ́pyati. AO. a: ádṛpat (B.). FT. drapsyáti (B.) and drapiṣyáti (B.). PP. dṛptá and dṛpitá.

dṛś 看，看见 (see): PF. dadárśa; Ā. dadṛkṣé, dádṛsé; dádṛśre, dadṛśrire (TS.); IPV. (3. pl. Ā.) dadṛśram (AV.); PT. dadṛśvā́ṃs; dádṛśāna. AO.

root: ádarśam (B.); ádarśma (TS.), ádṛśma (B.), ádarśur (B.); Ā. 3. pl. ádṛśran, ádṛśram; SB. dárśati, dárśathas, dárśan; INJ. dárśam; PT. dṛśāná and dṛ́śāna; a: ádṛśan; INJ. dṛśan; OP. dṛśéyam; s: ádrāk (B.) and ádrākṣīt (B.); Ā. ádṛkṣata (3. pl.); SB. dṛ́kṣase; sa: dṛkṣam (K.); red. ádīdṛśat (B.). FT. drakṣyáti (B.). PS. dṛśyáte; AO. ádarśi and dárśi; PP. dṛṣṭá; GDV. dṛśénya. GD. dṛṣṭvā́, dṛṣṭvā́ya, -dṛ́śya. INF. dṛśé, dṛśáye; drá̄ṣṭum. CS. darśáyati. DS. dídṛkṣase.

dṛh 使固定，使坚定 (make firm) I. P.: IPV. dṛ́ṃha; dṛ́ṃhata; IPF. ádṛṃhat. VI. Ā.: PR. dṛṃhéthe; IPV. dṛṃhántām; PT. dṛṃhánt. IPF. dṛṃháta (3. s.). IV.: IPV. dṛ́hya; dṛ́hyasva. PF. PT. dādṛhāṇá. PPF. ádadṛhanta. AO. iṣ: ádṛṃhīs, ádṛṃhīt. PP. dṛḍhá. CS. dṛṃháyati.

dyut 照亮 (shine) I. Ā.: PR. dyótate. PF. didyóta; didyutúr; Ā. didyuté; PT. didyutāná. AO. root: PT. dyutánt; dyútāna and dyutāná; a: ádyutat (B.); red.: ádidyutat; INJ. didyutas; s.: ádyaut. FT. dyotiṣyáti (B.). PP. dyuttá. GD. -dyutya (B.). CS. dyutáyati (shine), dyotáyati (illumine). INT. dávidyutati (3. pl.); SB. dávidyutat; PT. dávidyutat; IPF. dávidyot.

1. drā 跑 (run), II. P.: IPV. drā́ntu. PF. dadrúr; PT. dadrāṇá. AO. s.: SB. drāsat. CS. drāpáyati (B.); DS. dídrāpayiṣati (B.). INT. PT. dáridrat.

2. drā 睡 (sleep) II. P.: PR. drā́ti (B.). AO. siṣ: ádrāsīt (B.). FT. drāsyáti (B.). PP. drāṇá.

dru 跑 (run) I. P.: drávati. PF. dudrā́va (B.); SB. dudrávat. PPF. ádudrot. AO. red.: ádudruvat (B.). FT. droṣyáti (B.). PP. drutá (B.). GD. drutvā́

(B.); -drútya (B.). CS. draváyati (flows); drāváyati. INT. PF. dodrāva.

druh 反对，敌对 (be hostile) IV. P.: PR. drúhyati (B.). PF. 1. dudróha, 2. dudróhitha. AO. a.: druhás; INJ. druhás; druhán; sa: ádrukṣas (B.). FT. dhrokṣyáti. PP. drugdhá. GD. -drúhya. INF. drógdhavái. DS. dúdrukṣat.

dviṣ 恨 (hate) II.: PR. dvéṣṭi; dviṣmás; SB. dvéṣat; dvéṣāma; Ā. dvéṣate; IPV. dvéṣṭu; PT. dviṣánt. PF. didvéṣa (B.). AO. sa: INJ. dvikṣát; Ā. dvikṣata (3. s.). PP. dviṣṭá. GDV. dvéṣya, -dviṣeṇya. INF. dvéṣṭos (B.).

dhan 跑 (run): PF. SB. dadhánat; OP. dadhayúr; PT. dadhanvā́ṃs. CS. dhanáyan; Ā. dhanáyante; dhanáyanta.

dhanv 跑 (run) I. P.: PR. dhánvati; SB. dhánvāti; IPV. dhánva. PF. dadhanvé; dadhanviré. AO. iṣ: adhanviṣur.

dham, dhmā 吹 (blow) I. P.: PR. dhámati; PT. dhámant. IPF. ádhamat. PS. dhamyáte; dhmāyáte (B.); PP. dhamitá and dhmātá. GD. dhmā́ya (B.).

1. dhā 放，放置 (put) III.: PR. dádhāmi, dádhāsi, dádhāti; dhatthás; dadhmási and dadhmás,dhattá, dádhati; Ā. dadhé, dhatsé, dhatté; dadhā́the, dadhā́te; dádhate; SB. dádhāni, dádhas, dádhat; dádhathas; dádhāma, dádhan. Ā. dádhase, dádhate; dádhāvahai; OP. dádhīta and dadhītá; dadhīmáhi; IPV. dhehi and dhattā́t, dádhātu; dhattám, dhattā́m; dhattá and dhattána, dádhātu; Ā. dhatsvá; dádhatām. PT. dádhat;

dádhāna. IPF. ádadhām, ádadhās, ádadhāt; ádhattam; ádhatta, ádadhur; Ā. ádhatthās, ádhatta. PF. dadhā́tha, dadháu; dadhátur; dadhimá, dadhúr; Ā. dadhiṣé, dadhé; dadhā́the, dadhā́te; dadhidhvé, dadhiré and dadhré; IPV. dadhiṣvá; dadhidhvám. AO. root: ádhām, dhā́s, ádhāt and dhā́t; dhātam, ádhātām; ádhur; Ā. ádhithās, ádhita; ádhītām; ádhīmahi; SB. dhā́s, dhā́ti and dhā́t; dhā́ma; dhéthe, dháithe; dhā́mahe; INJ. dhā́m; dhúr; Ā. dhīmahi; OP. dheyā́m; dheyúr; IPV. dhā́tu; dhātam; dhā́ta, dhātana, and dhetana, dhā́ntu; Ā. dhiṣvá; a: ádhat (SV.), dhát; s: ádhiṣi (B.); ádhiṣata (B.); SB. dhā́sathas; dhā́satha; INJ. dhāsur; OP. dhiṣīyá (B.), dheṣīyá (MS.). FT. dhāsyati, -te (B.); dhātā́ (B.). PS. dhīyáte; AO. ádhāyi; PP. hitá,-dhita. GD. dhitvā́ (B.), -dhā́ya. INF. -dhe, dhā́tave, dhā́taváí, dhiyádhyai; -dhā́m; dhā́tum (B.); dhā́tos. CS. dhāpáyati; SB. dhāpáyāthas. DS. dídhiṣati, -te; INJ. dídhiṣanta; OP. dídhiṣema; dídhiṣeya; IPV. dídhiṣantu; PT. dídhiṣāṇa; dhítsati, -te; GDV. didhiṣā́yya.

2. dhā 吸 (suck) IV. P.: PR. dháyati. AO. root: ádhāt. PP. dhītá. GD. dhītvā́ (B.), -dhī́ya (B.). INF. dhā́tave. CS. dhāpáyate; -ti (B.).

1. dhāv 跑 (run) I.: PR. dhā́vati, -te. PPF. ádadhāvat. AO. iṣ: ádhāvīt (B.). CS. dhāváyati.

2. dhāv 洗 (wash) I.: PR. dhā́vati, -te. AO. iṣ: ádhāviṣṭa. PP. dhautá. CS. dhāvayati, -te (B.).

dhī 想，思考，认为 (think) III.: PR. dī́dhye; dīdhyāthām and dīdhīthām (AV.); SB. dī́dhayas; dī́dhayan; PT. dī́dhyat; dī́dhyāna. IPF. ádīdhet, dīdhet; ádīdhayur; A. ádīdhīta. PF. dīdháya; dīdhimá, dīdhiyúr and dīdhyúr; dīdhiré. PF. dhītá. INT. dedhyat (TS.).

dhū 动摇，摇晃 (shake) V.: PR. dhūnóti; dhūnuté; SB. dhūnávat; IPV. dhūnuhí and dhūnú; dhūnutá; Ā. dhūnuṣvá; PT. dhūnvant; dhūnvāná. IPF. ádhūnot; Ā. ádhūnuthās, ádhūnuta. VI. P.: PR. dhuváti; OP. dhūvét. PF.dudhuvé; OP. dudhuvītá. PPF. dūdhot. AO. root: PT. dhuvāná; s: Ā. ádhūṣata (3.pl.). FT. dhaviṣyáti, -te (B.). PS. dhūyáte; PP. dhūtá. GD. dhūtvā́ (B.), -dhū́ya. INT. dódhavīti; PT. dódhuvat and dávidhvat; PF. davidhāva.

dhṛ 持，拿着 (hold): PF. dādhártha, dādhā́ra; dadhré, dadhriré. AO. root: INJ. dhṛthā́s; red.: ádīdharat; dīdhār (2.3.s.); INJ. dī́dharat; IPV. didhṛtám; didhṛtá. FT. dhariṣyáte. PS. dhriyáte; PP. dhṛtá. GD. dhṛtvā́ (B.), -dhṛ́tya (B.). INF. dhármaṇe; dhartári; dhártavái (B.). CS. dhāráyati, -te; FT. dhārayiṣyáti; PS. dhāryáte (B.). INT. dárdharṣi; IPF. ádardhar; dādharti (B.); 3.pl. dādhrati (B.). IPV. dādhartu (B.).

dhṛṣ 敢于 (dare) V.: PR. dhṛṣṇóti; IPV. dhṛṣṇuhí. PF. dadhárṣa; dādhṛṣúr. SB. dadhárṣati and dadhárṣat; Ā. dadhṛṣate; INJ. dadharṣit; PT. dadhṛṣvā́ṃs; PPF. dádhṛṣanta. AO. a: INJ. dhṛṣát; PT. dhṛṣánt; dhṛṣámāṇa; dhṛṣāṇá (AV.); iṣ: ádharṣiṣur (B.). PP. dhṛṣtá and dhṛṣitá. GDV. -dhṛṣya. GD. -dhṛṣya (B.). INF. -dhṛ́ṣe; -dhṛ́ṣas. CS. dharṣáyati (B.).

dhyā 想，认为 (think) IV. P.: PR. dhyā́yati. PF. dadhyáu (B.). AO. siṣ: ádhyāsiṣam (B.). PER. FT. dhyātā́ (B.). PP. dhyātā́ (B.). GD. dhyātvā́. DS. dídhyāsate (B.).

dhraj, dhrāj 扫 (sweep) I.: PR. PT. dhrájant; dhrā́jamāna. IPF. ádhrajan. AO. iṣ: OP. dhrājiṣīyá.

dhvaṃs 撒，散开 (scatter) I. P.: PR. dhváṃsati,-te (B.). PF. dadhvasé. AO. a: dhvasán. PP. dhvasta (B.). CS. dhvasáyati; dhvaṃsáyati, -te (B.).

dhvan 听，听起来 (sound): AO. iṣ: ádhvanīt. PP. dhvāntá. CS. ádhvānayat; AO. INJ. dhvanáyīt.

dhvṛ 伤害，损害 (injure) I. P.: PR. dhvárati (B.). AO. s: Ā. ádhūrṣata (3. pl.). INF. dhū́rvaṇe. DS. dúdhūrṣati.

nakṣ 获得 (attain) I.: PR. nákṣati, -te; INJ. nákṣat; IPV. nákṣasva; PT. nákṣant; nákṣamāṇa. IPF. ánakṣan. PF. nanakṣúr; nanakṣé.

nad 听起来 (sound) I. P.: PR. nádati. CS. nadáyati. INT. nā́nadati (3. pl.); nānadyáte (B.); PT. nā́nadat.

nam 使弯曲，倾斜 (bend) I.: PR. námati, -te. PF. nanā́ma; nemé. PPF. nanámas. AO. red.: INJ. nīnamas; s: ánān (K.); Ā. ánaṃsata (3. pl., B.). SB. náṃsai, naṃsante; PT. namasāná. FT. naṃsyáti (B.). PP. natá; GDV. nántva. GD. -nátya (B.). INF. -námam, -náme. CS. namáyati. INT. nánnamīti; nánnate(3. s.); PT. nánnamat; nánnamāna; IPF. ánannata (3. s.).

1. naś 失去 (be lost) IV. P.: PR. náśyati; I.: PR. náśati, -te. PF. nanā́śa; neśúr (B.), AO. red.: ánīnaśat; néśat; INJ. nī́naśas; néśat. FT. naśiṣyáti. PP. naṣṭá. CS. nāśáyati; INF. nāśayádhyai.

2. naś 得到，获得 (attain) I.: PR. náśati, -te. AO. root: ā́naṭ (2. 3. s.), nát (3. s.); ánaṣṭām; INJ. nák and náṭ (3. s.); Ā. náṃśi; OP. naśīmáhi; s:

SB. nákṣat. INF. -náśe. DS. ínakṣasi; INJ. ínakṣat.

nas 联合，团结 (unite) I. Ā.: PR. násate; násāmahe; INJ. násanta. AO. root: OP. nasīmáhi.

nah 连接，捆绑；约束 (bind) IV.: PR. náhyati; IPV. náhyatana (2. pl.); PT. náhyamāna. PF. nanā́ha. PS. PT. nahyámāna; PP. naddhá. GD. -náhya (B.).

nāth, nādh 寻求帮助 (seek aid) I. Ā.: PR. nā́thate (B.); PT. nā́dhamāna. PP. nāthitá; nādhitá.

nij 洗 (wash) II. Ā.: PT. nijāná. III.: IPV. niniktá (2. pl.). AO. a.: ánijam; s: ánaikṣīt; INJ. nikṣi. PP. niktá. GD. niktvā́ (B.), -níjya (B.). INF. -níje. CS. nejáyati (B.). INT. nenikté; IPV. nenigdhí.

nind 辱骂，斥骂 (revile) I. P.: PR. níndati; SB. níndāt; IPV. nindata. PF. nindimá; ninidúr. AO. root: PT. nidāná; iṣ: ánindiṣur; SB. níndiṣat. PS. nindyáte; PP. ninditá. DS. SB. nínitsāt.

nī 领导，引导 (lead) I.: PR. náyati, -te; SB. náyāti, náyāt; Ā. náyāsai (AV.); INJ. náyat; náyanta; IPV. náyatu; Ā. náyasva; PT. náyant; náyamāna; IPF. ánayat. II.: PR. néṣi (= IPV.); nethá; IPF. ánītām (3. du.). PF. ninétha, ninā́ya; ninyáthur; ninye (B.); SB. ninīthás; OP. ninīyā́t; IPV. ninétu. AO. s: ánaiṣṭa (2. pl.); áneṣata (3. pl.); SB. néṣati, néṣat; néṣatha; INJ. naiṣṭa (2. pl.); Ā. neṣṭa (3. s.); iṣ: ánayīt (AV.). FT. neṣyáti; -te (B.); nayiṣyáti (B.). PS. nīyáte; PP. nītá. GD. nītvā́ (B.), -nī́ya. INF. neṣáṇi;

nétavái (B.); nétum (B.), náyitum (B.); nétos (B.). DS. nínīṣati (B.). INT. nenīyáte.

nu 赞赏 (praise) I.: PR. návati; návāmahe, návante; INJ. návanta; PT. návant; návamāna. IPF. ánavanta. II. P.: PT. nuvánt; IPF. ánāvan. PPF. ánūnot, nūnot; AO. s: Ā. ánūṣi; ánūṣātām; ánūṣata; INJ. nūṣata (3. pl.); iṣ: Ā. ánaviṣṭa. GDV. návya. INT. nónavīti; nonumás and nonumási; SB. nónuvanta; IPF. návīnot; ánonavur; PF. nónāva; nónuvur.

nud 推，推动 (push) VI.: PR. nudáti, -te; PF. nunudé; nunudré. AO. root: INJ. nutthā́s; iṣ: INJ. nudiṣṭhā́s. FT. notsyáte (B.). PP. nuttá; nunná (SV.). INF. -núde; -nudas. INT. ánonudyanta (B.).

nṛt 舞蹈 (dance) IV. P.: PR. nṛ́tyati; IPV. nṛ́tya, nṛ́tyatu; PT. nṛ́tyant. AO. root: nṛtur (PF. ?); a: PT. nṛtámāna; iṣ: ánartiṣur. PP. nṛttá. CS. nartáyati.

pac 煮 (cook) I. PR. pácati, -te; SB. pácāni, pácāti, pácāt; INJ. pácat; IPV. pácata, pácantu. IV. Ā.: PR. pácyate. PF. papā́ca; pecé. PPF. ápeciran. AO. s.: SB. pákṣat. FT. pakṣyáti, -te (B.); paktā́ (B.). PS. pacyáte. GD. paktvā́. INF. páktave. CS. pācáyati. -te (B.).

pat 飞 (fly) I. P.: PR. pátati; SB. pátāti, pátāt. INJ. pátat; OP. pátet; IPV. pátatu; PT. pátant. IPF. ápatat. PF. papā́ta; petáthur, petátur; paptimá, paptúr; OP. papatyā́t; PT. paptivā́ṃs. AO. red.: ápaptat and ápīpatat; ápaptāma, ápaptan; INJ. paptas, paptat; paptan; IPV. paptata. FT. patiṣyáti; CO. ápatiṣyat (B.). PS. AO. ápāti (B.); PP. patitá. GD. patitvā́, -pátya (B.). INF. páttave; pátitum (B.). CS. patáyati,-te; pātáyati. DS.

pípatiṣati. INF. pā́patīti; SB. pā́patan.

pad 去 (go) IV.: PR. pádyate; padyati (B.); IPV. pádyasva; PT. pádyamāna; IPF. ápadyanta. PF. papā́da; pedé (B.). AO. root: ápadamahi, ápadran; SB. padāti, padāt; PRC. padīṣṭá; red.: ápīpadāma; s: INJ. patsi (1. s.), patthā́s. FT. patsyati (B.). PS. AO. ápādi, pā́di; PP. panná. GD. -pádya. INF. -pádas; páttum (B.), páttos (B.). CS. pādáyati, -te; PS. pādyáte (B.); DS. pípādayiṣati (B.).

pan 欣赏 (admire) I. Ā.: PR. INJ. pánanta. PF. papána (1. s.); papné. AO. iṣ: paniṣṭa (3. s.). PS. panyáte; PP. panitá. CS. panáyati, -te; GDV. panayā́yya. INT. PT. pánipnat.

paś 看 (see) IV.: PR. páśyati, -te; SB. páśyāni, páśyasi and páśyās, páśyāt; páśyāma, páśyān; INJ. páśyat; OP. páśyet; páśyeta; IPV. páśya; páśyasva; PT. páśyant; páśyamāna; IPF. ápaśyat; ápaśyanta. Cp. spáś.

1. pā 喝 (drink) I.: PR. píbati, -te; SB. píbāsi, píbāti and píbāt; píbāva, píbāthas, píbātas; iNJ. píbat; IPV. píbatu; píbasva; píbadhvam; PT. píbant; IPF. ápibat. III.: PR. pipīte (B.), pipate (B.); OP. pipīya (B.); IPF. ápipīta (B.); IPV. pipatu (K.); PT. pipāná and pípāna (AV.). PF. papā́tha, papáu; papáthur, papúr; Ā. papé; papiré; OP. papīyā́t; PT. papivā́ṃs; papāná. AO. root: ápām, ápas, ápāt; ápāma, ápur; SB. pā́s; pāthás; pā́nti; PRC. peyā́s (3. s.); IPV. pāhí, pātu; pātám, pātā́m; pātá and pātána, pā́ntu; PT. pā́nt; s: INJ. pāsta (3. s.). FT. pāsyáti, -te (B.). PS. pīyáte; AO. ápāyi; PP. pītá. GD. pītvā́, pītvī́; -pā́ya. INF. pītáye, pā́tave, pā́tavái; pā́tos (B.); píbadhyai. CS. pāyáyati; DS. pípāyayiṣet

(K.). DS. pípāsati; pípīṣati; PT. pípīṣant.

2. pā 保护 (protect) II.: PR. pā́mi, pā́si, pā́ti; pāthás, pātás; pāthá, pāthána, pā́nti; SB. pā́t; pā́tas; IPV. pāhí, pā́tu; pātám, pātā́m; pātá, pā́ntu; PT. pā́nt; pāná; IPF. ápām, ápās, ápāt; ápāma, ápur. AO. s.: SB. pā́sati.

pi 膨胀 (swell) I. Ā.: PR. páyate. II. Ā.: PT. píyāna. V.: PR. pinvire; PT. pinvánt, f. pinvatī́; pinvāna. PF. pīpétha, pīpā́ya; pipyáthur; pipyúr; pipyé (3. s.); SB. pīpáyas, pīpáyat; pīpáyatas; pīpáyan; pīpáyata; pīpáyanta; INJ. pīpes; IPV. pīpihí, pīpaya; pipyatam, pipyatām; pipyata. PT. pīpivā́ṃs; pī́pyāna and pīpyāná. PPF. ápipe; ápipema, ápīpyan; ápīpayat; ápīpayanta. PP. pīná (AV.).

pinv 长胖，养肥 (fatten) I.: PR. pínvati, -te; INJ. pínvat; pínvanta; IPV. pínva; pínvatam; pínvata; Ā. pínvasva, pínvatām; pínvadhvam; PT. pínvant; pínvamāna; IPF. ápinvam, ápinvas, ápinvat; ápinvatam; ápinvata, ápinvan; Ā. 3. s. ápinvata. PF. pipinváthur. PP. pinvitá (B.). CS. pinváyati (B.). Cp. pi (膨胀 swell).

piś 爱，喜爱 (adorn) VI.: PR. piṃśáti, -te. PF. pipéśa; pipiśúr; Ā. pipiśé; pipiśre. AO. root: PT. piśāná. PS. piśyáte; PP. piṣṭá; piśitá. INT. PT. pépiśat; pépiśāna.

piṣ 挤压 (crush) VII. P.: PR. pinásti; piṃṣánti; INJ. piṇák (2. 3. s.); IPV. pináṣṭana; PT. piṃṣánt; IPF. piṇák. VI. P.: IPF. ápīṣan (AV.). PF. pipéṣa; pipiṣé. AO. sa: ápikṣan (B.). PS. piṣyáte (B.); PP. piṣṭá. GD. piṣṭvā́ (B.). INF. péṣṭavái (B.); péṣṭum (B.).

pīḍ 按压 (press): PF. pipīḍe. CS. pīḍáyati.

puṣ 繁荣兴旺 (thrive) IV. P.: PR. púṣyati. PF. pupóṣa; OP. pupuṣyā́s; PT. pupuṣvā́ṃs. AO. root: PRC. puṣyā́sam (B.); puṣyā́sma (B.); a: OP. puṣéyam; puṣéma. PP. puṣṭá. INF. puṣyáse. CS. poṣáyati.

pū 使清洁 (cleanse) IX.: PR. punā́mi, punā́ti; punánti; punīté; punáte (AV.) and punaté; IPV. punīhí and punītā́t, punā́tu; punītām; punītá, punītána and punāta, punántu; PT. punánt; punāná; IPF. ápunan. I. A.: PR. pávate; SB. pávāte; IPV. pávasva, pávatām; pávadhvam, pávantām; PT. pávamāna; IPF. ápavathās. PF. pupuvúr (B.); pupuvé (B.). PPF. ápupot. AO. iṣ: ápāviṣur; INJ. paviṣṭa (3. s.). PS. pūyáte; PP. pūtá. GD. pūtvī́; pūtvā́; -pūya (B.). INF. pavitum (B.). CS. paváyat, -te (B.), pāváyati (B.).

pṛ 经过 (pass) III. P.: PR. píparṣi, píparti; pipṛthás; pipṛthá, píprati; IPV. pipṛhí and pipṛtā́t, pípartu; pipṛtám; pipṛtá and pípartana. AO. red.: ápīparam, ápīparas; ápīparan; INJ. pī́paras, pī́parat and pīpárat; s: SB. párṣati, párṣat; IPV. parṣa; iṣ: SB. pā́riṣat. INF. parṣáṇi. CS. pāráyati; SB. pāráyāti; PT. pāráyant.

pṛc 混合 (mix) VII.: PR. pṛṇákṣi; pṛñcánti; Ā. pṛñcé, pṛṅkté; pṛñcáte (3. pl.); INJ. pṛṇák (3. s.); OP. pṛñcītá; IPV. pṛṅdhí (= pṛṅgdhí), pṛṇáktu; pṛṅktám; PT. pṛñcánt; pṛñcāná; IPF. ápṛṇak (3. s.). III. P.: IPV. pipṛgdhí; pipṛktá. PF. papṛcúr (B.); SB. papṛcāsi; OP. papṛcyā́m, papṛcyā́t; PT. papṛcāná. AO. root: SB. párcas; OP. pṛcīmáhi; PT. pṛcāná; s: áprāk; Ā. ápṛkṣi, ápṛkta. PS. pṛcyáte; PP. pṛktá; -pṛgṇa. INF. -pṛ́ce; pṛ́cas.

pṛṇ 填满 (fill) VI.: PR. pṛṇáti; SB. pṛṇáithe (du. 2.); IPV. pṛṇá; pṛṇáta; pṛṇásva; pṛṇádhvam; IPF. ápṛṇat; INF. pṛṇádhyai. Cp. pṝ (fill).

pṝ 填满，使充满 (fill) IX.: PR. pṛṇā́mi, pṛṇā́si, pṛṇā́ti; pṛṇītás; pṛṇánti; SB. pṛṇā́ti, pṛṇāt; OP. pṛṇīyā́t; IPV. pṛṇīhí, pṛṇántu; pṛṇītám; pṛṇītá, pṛṇītána; Ā. pṛṇīṣvá; PT. pṛṇánt; IPF. ápṛṇās, ápṛṇāt. III.: PR. píparmi, píparti; píprati (3. pl.); IPV. pípartu; pipṛtā́m; pípartana; IPF. ápiprata (3. s. = ápipṛta). PF. OP. pupūryā́s; PT. papṛvā́ṃs. AO. root: IPV. pūrdhí; PRC. priyāsam (AV.); red.: ápūpuram (B.); INJ. pīparat; IPV. pūpurantu; iṣ.: pūriṣṭhās (B.). PS. pūryáte (B.); PP. pūrṇá; pūrtá. INF. -puras (K.). CS. pūráyati; SB. pūráyāti.

pyā 填满 (fill up) IV. Ā.: PR. pyā́yase; IPV. pyā́yasva, pyā́yatām; pyā́yantām; PT. pyā́yamāna. AO.siṣ: OP. pyāsiṣīmahi (AV.). PP. pyātá. CS. pyāyáyati; PS. pyāyyáte (B.).

prach 问 (ask) VI.: PR. pṛcháti, -te; SB. pṛchāt; pṛchā́n; Ā. pṛchái. PF. paprácha; paprachúr (B.). AO. s: áprākṣām, áprāt; áprākṣīt. FT. prakṣyáti (B.). PS. pṛchyáte; PP. pṛṣṭá; GDV.papṛkṣéṇya. INF. -pṛ́cham, -pṛ́che; práṣṭum.

prath 传播 (spread) I. Ā.: PR. práthate. PF. 2. paprā́tha (=paprátttha?); Ā. paprathé and páprathe (3. s.); SB. papráthas, papráthat; papráthan; INJ. paprathanta; PT. paprathāná. AO. root: PT. prathāná; iṣ: 3. s. Ā. áprathiṣṭa; práthiṣṭa. CS. pratháyati, -te.

prā 填满 (fill) II. P.: PR. prā́si. PF. paprā́tha, paprā́ and paprāu;

papráthur, paprátur; paprúr; Ā. paprṣé, papré; PT. paprvā́ṃs. AO. root: áprāt; SB. prā́s; s: 3. s. áprās. PS. AO. áprāyi; PP. prātá.

prī 使愉悦 (please) IX.: PR. prīṇā́ti; prīṇīté; PT. prīṇánt; prīṇāná. IPF. áprīṇāt. PF. pipriyé; SB. pipráyas, pipráyat; IPV. piprīhí; pipráyasva; PT. pipriyāṇá. PPF. ápiprayam, ápipres (B.); ápiprayan. AO. s: ápraiṣīt (B.); SB. préṣat. PP. prītá. GD. prītvā́ (B.). DS. píprīṣati.

pruth 用鼻子哼 (snort) I.: PR. próthati; PT. prothánt; próthamāna. GD. -prúthya. INT. PT. pópruthat.

pruṣ 洒，撒 (sprinkle) V.: PR. pruṣṇuvánti; pruṣṇuté; SB. pruṣṇávat. VI. P.: IPV. pruṣá; PT. pruṣánt. IV. P.: IPF. ápruṣyat (B.). IX. P.: PT. pruṣṇánt (B.). FT. PT. proṣiṣyánt. PP. pruṣitá.

plu 浮，浮动 (float) I.: PR. plávate; plávati (B.). PF. pupluvé (B.). AO. red.: ápiplavam (B.); s: áploṣṭa (B.). FT. ploṣyáti, -te (B.). PP. plutá. GD. -plūya (K.). CS. plāváyati (B.). INT. poplūyáte (B.).

psā 吞没 (devour) II. P.: PR. psā́ti. PS. ápsīyata (B.); PP. pastá. GD. -psā́ya (B.).

phaṇ 跳跃 (spring): CS. phāṇáyati. INT. PT. pánīphaṇat.

bandh 捆绑；结合 (bind) IX.: PR. badhnā́mi; badhnīmás, badhnánti; Ā. badhnáte (3. pl.); IPV. badhāná, badhnā́tu;badhnántu; Ā. badhnītā́m (3. s.). IPF. ábadhnāt; ábadhnan; Ā. ábadhnīta (3. s.). PF. babándha;

bedhúr. FT. bhantsyáti. PS. badhyáte; PP. baddhá. GD. baddhvā́; baddhvā́ya (B.); -bádhya (B.). INF. -bádhe. CS. bandháyati (B.).

bādh 压迫，强制(oppress) I. Ā.: PR. bā́dhate. PF. babādhé. AO. iṣ: INJ. bādhiṣṭa. PP. bādhitá. GD. -bā́dhya. INF. bā́dhe. CS. bādháyati. DS. bī́bhatsate; díbādhiṣate (B.). INT. bābadhe (3. s.); badbadhé; PT. bā́badhāna; badbadhnāná.

budh 醒来，唤醒 (wake) I. P.: PR. bódhati; SB. bódhāti; INJ. bódhat; IPV. bódhatu. IV.: PR. búdhyate; OP. búdhyema; IPV. búdhyasva; búdhyadhvam; PT. búdhyamāna. PF. bubudhé; SB. bubodhas, búbodhati; bubodhatha; PT. bubudhāná. AO. root: Ā. 3. pl. ábudhran, ábudhram; IPV. bodhí (2. s.); PT. budhāná; a: INJ. budhánta; red.: ábūbudhat; s: Ā. ábhutsi; ábhutsmahi, ábhutsata; iṣ: SB. bódhiṣat. FT. bhotsyáti (B.). PS. AO. ábodhi; PP. buddhá. GD. -budhya (B.). INF. -búdhe. CS. bodháyati; bodháyate (B.). INT. bóbudhīti (B.).

bṛh 变大 (make big) VI. P.: PR. bṛháti. I.: PR. bṛ́ṃhati, -te (B.). PF. babárha; PT. babṛhāṇá. AO. iṣ: INJ. bárhīs, bárhīt. CS. barháya. INT. SB. bárbṛhat; IPV. barbṛhi.

brū 说 (say) II.: PR. brávīmi, brávīṣi, brávīti; brūmás, bruvánti; Ā. bruvé, brūṣé, brūté and bruvé; bruvā́te; bruváte; SB. brávāṇi and brávā, brávasi and brávas, brávat; brávāma, brávātha (AV.), brávan; Ā. brávāvahai, brávaite; brávāmahai; OP. brūyā́t; brūyā́tam; Ā. bruvītá; bruvīmáhi; IPV. brūhí and brūtā́t, brávītu; brūtám; brútá and brávītana, bruvántu; PT. bruvánt; bruvāṇá. IPF. ábravam, ábravīs, ábravīt;

ábrūtām; ábravīta, ábruvan.

bhakṣ 吃 (eat): AO. red.: ábabhakṣat (B.); CS. bhakṣáyati; bhakṣáyate (B.); PS. bhakṣyáte (B.).

bhaj 分开 (divide) I.: PR. bhájati, -te. II. P.: PR. bhákṣi (=IPV.) PF. 2. s. babháktha (B.), 3. s. babhā́ja; Ā. bhejé; bhejā́te; bhejiré; PT. bhejāná. AO. red.: ábībhajur (B.); s: ábhāk and ábhākṣīt; Ā. ábhakṣi, ábhakta; SB. bhákṣat; INJ. bhā́k (2. 3. s.); OP. bhakṣīyá, bhakṣītá; bhakṣīmáhi; PRC. bhakṣīṣṭá. FT. bhakṣyáti, -te (B.). PS. bhajyáte; PP. bhaktá. GD. bhaktvā́; bhaktvā́ya; -bhajya (B.). CS. bhājáyati; PS. bhājyáte.

bhañj 打破 (break) VII. P.: PR. bhanákti; IPV. bhandhí, bhanáktu; PT. bhañjánt. IPF. ábhanas (for ábhanak, AV.). PF. babháñja. PS. bhajyáte.

bhan 讲，说 (speak) I.: PR. bhánati; bhánanti; INJ. bhánanta. IPF. bhánanta.

bhas 吞没，吞噬 (devour) III.: PR. bábhasti; bápsati; SB. bábhasat; bápsathas; PT. bápsat. VI. P.: PR. bhasáthas. I. P.: INJ. bhásat.

bhā 照 (shine) II. P.: bhā́si, bhā́ti; bhā́nti; IPV. bhāhí; PT. f. bhā́tī. FT. bhāsyáti (B.).

bhikṣ 请求 (beg) I. Ā.: PR. bhíkṣate; INJ. bhíkṣanta; OP. bhíkṣeta; PT. bhíkṣamāna. PF. bibhikṣé (B.).

bhid 分割，分裂 (split) VII.: PR. bninádmi, bhinátsi, bhinátti; bhindánti; SB. bhinádas, bhinádat; INJ. bhinát (2. 3. s.); OP. bhindyā́t; IPV. bhindhí, bhináttu; bhinttá; PT. bhindánt; bhindāná. IPF. bhinát (2. 3. s.); ábhinat (3. s.); ábhindan. PF. bibhéda; bibhidúr. AO. root: ábhedam, bhét (2. 3. s.). ábhet (3. s.); SB. bhédati; INJ. bhét (2. s.); PT. bhidánt; a: OP. bhidéyam; s: INJ. bhitthā́s. FT. bhetsyáte (B.); PS. bhidyáte (B.); AO. ábhedi (B.); PP. bhinná. GD. bhittvā́; -bhídya. INF. bhéttavái (B.); bhéttum (B.). DS. bíbhitsati.

bhī 害怕，恐惧 (fear) III. P.: PR. bibhéti; bíbhyati; INJ. bibhés; OP. bibhīyā́t; IPV. bibhītá, bibhītána; PT. bíbhyat; IPF. bibhés, ábibhet. I. Ā.: PR. bháyate; SB. bháyāte; IPV. bháyatām (3. s.); IPF. ábhayanta; PT. bháyamāna. PF. bibháya (1. s.), bibhā́ya (B. also bībhāya); bibhyátur; bibhyúr; PT. bibhīvā́ṃs; PER. PF. bibhayā́ṃ cakāra. AO. root: INJ. bhés (TS.); bhema; PT. bhiyāná; red.: bībhayat; ábībhayur (Kh.); ábībhayanta; s: bhaiṣīs (AV.); ábhaiṣma, ábhaiṣur; PT. bhiyásāna (AV.). CO. ábheṣyat (B.). PP. bhītá. INF. bhiyáse. CS. bhīṣáyate (B.); AO. bībhiṣas; bībhiṣathās.

1. bhuj 享受 (enjoy) VII. Ā.: PR. bhuṅkté; bhuñjáte and bhuñjaté; SB. bhunájāmahai; PT. f. bhuñjatī́. PF. bubhujé; bhbhujmáhe, bubhujriré. AO. root: SB. bhójate; INJ. bhójam; a: OP. bhujéma; IPV. bhujá (TS.). PS. bhujyáte (B.). INF. bhujé; bhójase. CS. bhojáyati.

2. bhuj 使弯曲，倾斜 (bend) VI. P.: INJ. bhuját; IPV. bhujá (VS.). PPF. ábubhojīs. GD. -bhujya (B.).

bhur 颤抖，颤动 (quiver) VI.: INJ. bhuránta; IPV. bhurántu; PT.

bhurámāṇa. INT. járbhurīti; PT. járbhurat; járbhurāṇa.

bhū 是，存在 (be) I.: PR. bhávati; bhávate (B.). PF. babhū́va, babhū́tha and babhū́vitha, babhū́va; babhūváthur, babhūvátur; babhūvimá, babhūvá, babhūvúr; OP. babhūyā́s, babhūyā́t; IPV. babhū́tu; PT. babhūvā́ṃs. AO. root: ábhuvam, ábhūs, ábhūt; ábhūtam, ábhūtām; ábhūma, ábhūta and ábhūtana, ábhūvan; SB. bhúvāni, bhúvas, bhúvat; bhūthás, bhūtas; bhúvan; INJ. bhúvam, bhū́s, bhū́t; bhūma; OP. bhūyā́s, bhūyāt; bhūyā́ma; PRC. bhūyā́sam, 3. bhūyā́s, bhūyā́sma, bhūyā́sta; IPV. bodhí (for bhūdhí), bhūtu; bhūtám; bhūtá and bhūtána; a: bhúvas, bhúvat; red.: ábūbhuvas. FT. bhaviṣyáti; bhavitā́ (B.). PP. bhūtá. GDV. bhávya and bhāvyá; bhávītva. GD. bhūtvī́, bhūtvā́; -bhū́ya. INF. bhuvé, -bhúve, -bhvé; bhūṣáṇi; bhávitum (B.); bhávitos (B.). CS. bhāváyati. DS. búbhūṣati. INT. bóbhavīti.

bhṛ 忍受 (bear) I.: PR. bhárati, -te. III.: PR. bíbharmi, bíbharṣi, bíbharti; bibhṛthás, bibhṛtás; bibhṛmási and bibhṛmás, bibhṛthá, bíbhrati; SB. bíbharāṇi, bíbharat; OP. bibhṛyā́t; IPV. bibhṛhí, bíbhartu; bibhṛtā́m; bibhṛtā́ (TS.); PT. bíbhrat; IPF. ábibhar. PF. jabhártha, jabhā́ra; jabhrúr; Ā. jabhṛṣé, jabhré; jabhriré; babhā́ra (B.); Ā. babhré; PT. bahrāṇá; SB. jabhárat. PPF. ájabhartana. AO. root: PRC. bhriyā́sam; IPV. bhṛtám; s: ábhārṣam, 3. ábhār; ábhārṣṭam; SB. bhárṣat; INJ. 3. s. bhā́r; iṣ: ábhāriṣam. FT. bhariṣyáti; bhartā́ (B.). CO. ábhariṣyat. PS. bhriyáte; SB. bhriyāte; AO. bhā́ri; PP. bhṛtá. GD. -bhṛtya. INF. bhártum; bhártave, bhártavái; bháradhyai; bhármaṇe. DS. búbhūrṣati (B.). INT. jarbhṛtás; bháribhrati (3. pl.); SB. bháribharat; PT. bháribhrat.

bhraṃś 下降，落下 (fall) I.: PR. INJ. bhráṃśat. AO. a: INJ. bhraśat. PP. -bhṛṣṭa; bhraṣṭá, CS. PT. bhrāśáyant.

bhrāj 照 (shine), I. Ā.: PR. bhrā́jate; PT. bhrā́jamāna. AO. root: ábhrāṭ; PRC. bhrājyā́sam. PS. AO. ábhrāji.

maṃh, mah 变大 (be great) I.: PR. máṃhate; máhe (3. s.); OP. máhema, máheta; IPV. máṃhatam; PT. máṃhamāna. IPF. ámaṃhata. PF. māmahé (1. 3.); SB. māmáhas; INJ. māmahanta; IPV. māmahasva, māmahantām; PT. māmahāná. PP. mahitá (B.). INF. mahé, maháye. CS. maháyati, -te; INJ. maṃháyam; PT. maháyant; maháyamāna.

majj 沉，下沉 (sink) I. P.: májjati. AO. root: OP. majjyā́t (B.). FT. maṅkṣyáti, -te (B.). GD. -májjya. CS. majjáyati (B.).

math, manth 搅动；摇动 (stir) IX.: PR. mathnā́mi; mathnīté (B.); IPV. mathnītá, mathnántu; PT. mathnánt; IPF. ámathnāt; I. mánthati,-te; máthati (AV.). PF. mamā́tha; methúr (B.); A. methiré (B.). AO. root: SB. máthat; iṣ: ámanthiṣṭām (3. du.); ámathiṣata (B.); INJ. máthīs, máthīt. FT. manthiṣyáti (B.); mathiṣyáti, -te (B.). PS. mathyáte; PP. mathitá. GD. mathitvā́ (B.); -máthya (B.). INF. mánthitavái; máthitos (B.).

mad 使兴奋 (be exhilarated) I.: PR. mádati; -te. III. P.: PR. mamatsi. II. P.: PR. mátsi (=IPV.). IV. P.: PR. mā́dyati (B.). PF. mamā́da; SB. mamádas, mamádat; mamádan; IPV. mamaddhí, mamáttu; mamattána. PPF. amamadur. AO. root.: IPV. mátsva; red.: ámīmadas; Ā. ámīmadanta; s: ámatsur; Ā. ámatta (3. s.); ámatsata (3. pl.); SB. mátsati and mátsat; mátsatha; INJ. matsata

(3. pl.); iṣ: ámādiṣur. PS. PT. madyámāna; PP. mattá. GDV. -mā́dya. INF. máditos (B.). CS. madáyati; mādáyati, -te; SB. mādáyāse, mādáyāte; mādáyaite; mādáyādhve and mādáyādhvai; INF. mādayádhyai; PP. maditá.

man 想，思考 (think) IV. Ā.: PR. mányate. VIII. Ā.: PR. manvé; manmáhe, manvaté; SB. manávai, manávate; INJ. manvata (3. pl.); OP. manvītá; IPV. Ā.: manutā́m (3. s.); PT. manvāná; IPF. ámanuta (3. s.); ámanvata (3. pl.). PF. mené (B.); mamnā́the, mamnā́te; OP. mamanyā́t; IPV. mamandhí. PPF. ámaman (3. s.). AO. root: ámata; ámanmahi; SB. mánāmahe, mánanta; PT. manāná; s: Ā. ámaṃsta; ámaṃsātām; ámaṃsata; SB. máṃsai, máṃsase, máṃsate and máṃsatai (TS.); máṃsante; INJ. máṃsthās, maṃsta and māṃsta (AV.); OP. masīyá, maṃsīṣṭhā́s, maṃsīṣṭá; maṃsīmáhi; maṃsīrata; IPV. mandhvam (B.). FT. maniṣye; maṃsyáte (B.). PP. matá. GD. -matya (B.). INF. mántave, mántavái; mántos (B.). CS. mānáyati; OP. mānáyet. DS. mī́māṃsate (AV.), -ti (B.); AO. iṣ: ámīmāṃsiṣṭhās (B.). PP. mīmāṃsitá (AV.).

mand 使兴奋，愉悦 (exhilarate) I.: PR. mándati, -te. PF. mamánda; SB. mamandat; PT. f. mamandúṣī. PPF. ámamandur. AO. root: mandúr; PT. mandāná; iṣ: ámandīt; ámandiṣur; mándiṣṭa (3. s. Ā.); ámandiṣātām (3. du. Ā.); OP. mandiṣīmáhi (VS.). INF. mandádhyai. CS. mandáyati; INF. mandayádhyai.

1. mā 测量，衡量 (measure) III.: PR. mime, mímīte; mimāte; mimīmahe, mimate; OP. mimīyās, mímīyāt; IPV. mimīhí, mímātu; mimītám, mimītā́m; Ā. mimīṣva; mímāthām; PT. mímāna. IPF. ámimīthās, ámimīta. PF. mamátur; mamúr; mamé (1. 3.); mamā́te; mamiré; AO. root: IPV.

māhí; māsvá; PT. mā́na (TS.); s: ámāsi; SB. mā́sātai (AV.). PS. AO. ámāyi; PP. mitá; GDV. méya (AV.). GD. mitvā́; -mā́ya. INF. -mé, -mái.

2. mā 吼叫，怒吼 (bellow) III. P.: PR. mímāti; mimanti. PF. mimā́ya; SB. mīmayat. PPF. ámīmet. INF. mā́tavai. INT. PT. mémyat.

mi 附，系；建立 (fix) V. P.: PR. minómi, minóti; SB. minávāma; INJ. minván; IPV. minótu. IPF. minván. PF. mimā́ya; mimyúr. PS. mīyáte; PT. mīyámāna; PP. mitá. GD. -mitya (B.).

mikṣ 使混合 (mix): PF. mimikṣáthur, mimikṣátur; mimikṣé; mimikṣiré. IPV. mimikṣvá. CS. mekṣáyati (B.).

mith 交替，轮换 (alternate) I.: PR. méthāmasi; Ā. méthete. VI. P.: PT. mithánt. PF. mimétha. PP. mithitá.

miś 混合 (mix): DS. mímikṣati; IPV. mímikṣa; mímikṣatam, mímikṣatām.

miṣ 眨眼；闪烁 (wink) VI. P.: PR. miṣáti; miṣánti; PT. miṣánt. INF. -míṣas.

mih 使水流 (shed water) I.: PR. méhati; PT. méhant; méghamāna. AO. sa: ámikṣat (B.). FT. mekṣyáti. PP. mīḍhá. INF. mihé. CS. meháyati. INT. mémihat (B.).

mī 毁坏 (damage) IX.: PR. minā́mi, minā́ti; minīmási, minánti; SB.

minat; minā́ma; INJ. minīt (AV.); minan; PT. minánt; minānā́. IPF. áminās, áminat; áminanta. IV. Ā.: PR. mī́yase, mī́yate; OP. mīyeta (B.). PF. mimā́ya; mīmaya (AV.). AO. s.: INJ. meṣi, meṣṭhās, meṣṭa. PS. mīyáte; AO. ámāyi (B.); PP. mītá. INF. métos (B.); -míyam, -míye. INT. PT. mémyāna.

mīv 推 (push) I. P.: PR. mī́vati; PT. mī́vant. PP. -mūta; mīvitá (B.). GD. mī́vya (B.).

muc 放出、释放；免除 (release) VI.: PR. muñcáti, -te; SB. muñcā́si, muñcā́t; IPV. muñcátu; Ā. muñcátām; PT. muñcánt; muñcámāna. IPF. ámuñcat; Ā. ámuñcata. IV. Ā.: PR. múcyase; SB. múcyātai (AV.). PF. mumucmáhe, mumucré; SB. mumucas; múmocati, múmocat, mumucat; IPV. mumugdhí, mumóktu; 2. du. mumuktám, mumócatam; mumócata; PT. mumucānā́. PPF. ámumuktam. AO. root: ámok; ámuktam; Ā. ámugdhvam; PRC. mucīṣṭa; a: mucás, ámucat; SB. mucā́ti; mucā́te; INJ. mucás, mucát; IPV. mucá; Ā. mucádhvam; s: ámauk (B.); Ā. ámukṣi, ámukthās; INJ. mauk (VS.); Ā. mukṣata (3. pl.); OP. mukṣīya. FT. mokṣyáti, -te (B.). PS. mucyáte; AO. ámoci; INJ. móci; PP. muktá. GD. muktvā́ (B.); -múcya. INF. moktum (B.). DS. múmukṣati, -te; mókṣate (B.); PT. múmukṣamāṇa.

mud 快乐的 (be merry) I. Ā.: PR. módate. PF. mumóda. AO. root: OP. mudīmáhi; iṣ: PRC. Ā. modiṣīṣṭhās. PS. AO. ámodi. INF. mudé. CS. modáyati, -te (B.); DS. múmodayiṣati (B.).

muṣ 偷 (steal) IX. P.: PR. muṣṇā́ti; muṣṇánt; IPF. ámuṣṇās, ámuṣṇat;

ámuṣṇītam. I. P.: PR. móṣatha. AO. iṣ: INJ. móṣīs. PP. muṣitá. GD. -múṣya. INF. muṣé.

muh 使眩晕 (be dazed) IV. P.: PR. múhyati. PF. mumóha (B.). AO. a: ámuhat (B.); red.: ámūmuhat. FT. mohiṣyáti (B.). PP. mugdhá; mūḍhá (AV.). INF. muhé. CS. moháyati; GD. mohayitvā́.

mūrch, mūr 变厚 (thicken), I. P.: IPF. ámūrchat. PP. mūrtá (B.). CS. mūrcháyati (B.).

1. mṛ 死亡(die), I.: PR. márati, márate; márāmahe; SB. márāti; márāma; Ā. márai. PF. mamā́ra; mamrúr; PT. mamṛvā́ṃs. AO. root: ámṛta; INJ, mṛthā́s; OP. murīyá; red.: ámīmarat(B.). FT. mariṣyáti (AV.). PS. mriyáte; PP. mṛtá. GD. mṛtvā́ (B.). CS. mārá yati.

2. mṛ 撞击 (crush), IX. P.: IPV. mṛṇīhí; PT. mṛṇánt. PS. mūryáte (B.); PP. mūrṇá (AV.). INT. IPV. marmartu.

mṛc 使受伤、损害 (injure): AO. s: PRC. mṛkṣīṣṭá. PP. mṛktá. CS. marcáyati; SB. marcáyāt.

mṛj 擦，拭 (wipe), II.: PR. mā́rṣṭi; mṛjánti; mṛjé; mṛjmáhe; IPV. mā́rṣṭu; Ā. mṛkṣvá; mṛḍḍhvám; PT. mṛjāná; IPF. mṛṣṭá (3. S. Ā); ámṛjata. VII.: OP. mṛñjyā́t (B.); IPV. mṛṇájāni (B.); IPF. mṛñjáta (3. pl.). PF. mamā́rja; māmṛjur; mamṛjé and māmṛjé; OP. māmṛjītá. AO. sa: ámṛkṣat; ámṛkṣāma; Ā. ámṛkṣanta; IPV. mṛkṣatam; red.: ámīmṛjanta (B.); s: ámārkṣīt (B.); iṣ: ámārjīt (B.). FT. mrakṣyáte(B.), mārkṣ yáte (B.); mraṣṭā́ (B.). PS. mṛjyáte; PP. mṛṣṭá; GDV. márjya. GD. mṛṣṭvā́;

mārjitvā́ (B.); -mṛ́jya. INF. -mṛ́jas (B.). CS. marjáyati, -te; mārjáyati, -te (B.). INT. marmṛjyáte; marīmṛjyáte (B.); SB. mármṛjat; mármṛjanta; PT. mármṛjat; mármṛjāna and marmṛjāná; marmṛjyámāna; IPF. marmṛjmá, marmṛjata.

mṛḍ 使愉快 (be gracious) VI.: PR. mṛḍáti; mṛḍáte (B.); SB. mṛḷā́ti and mṛḷā́t; IPV. mṛḷá and mṛḍátāt (AV.), mṛḷátu. PF. OP. mamṛḍyúr. CS. mṛḍáyati.

mṛṇ 撞 (crush) VI. P.: PR. mṛṇáti; INJ. mṛṇát; IPV. mṛṇá. IPF. ámṛṇat. AO. root: mṛṇyúr (K.); red.: ámīmṛṇan.

mṛd 撞 (crush) AO. PRC. mṛdyā́sam (B.); FT. mardiṣyáte (B.). PS. mṛdyáte (B.); PP. mṛditá. GD. -mṛ́dya (B-). INF. márditos (B.).

mṛdh 忽视 (neglect), I. P.: PR. márdhati. VI.: PR. SB. mṛdhā́ti. AO. root：OP. mṛdhyā́s; iṣ: SB. márdhiṣat; INJ. márdhīs; mardhiṣṭam. PP. mṛddhá.

mṛś 触，触摸 (touch) VI. PR. mṛśati, -te. PF. māmṛśúr; mamṛśé (B.). AO. sa: ámṛkṣat; INJ. mṛkṣas; mṛkṣata (2. pl.). PP. mṛṣṭá. GD. -mṛ́śya. INF. -mṛ́śe. CS. marśáyati (B.). INT. SB. mármṛśat; IND. marīmṛśyáte (B.).

mṛṣ 没有留意 (not heed) IV.: PR. mṛ́ṣyate. PF. mamárṣa. AO. root: INJ. mṛṣṭhā́s; a: INJ. mṛṣánta; red.: INJ. mīmṛṣas; iṣ: INJ. marṣiṣṭhās. INF. -mṛ́ṣé.

med 变胖 (be fat) IV. P.: IPV. médyantu. VI. Ā.: IPV. medátām (3. s.). CS. medáyati.

myakṣ 住，位于(be situated) I. P.: IPV. myákṣa. PF. mimyákṣa; mimikṣúr; Ā. mimikṣiré. AO. root: ámyak; PS. ámyakṣi.

mrad 压坏、挤进；毁坏 (crush) I: PR. mrádate; IPV. mráda. FT. mradiṣyáti, -te. INF. -mrade (B.). CS. mradáyati.

mruc, mluc 放置 (set) I. P.: PR. mrócati; mlócati (B.); PT. mrócant. PF. mumlóca (B.). AO. a: ámrucat (B.). PP. mruktá (B.); mluktá. INF. mrúca.

mlā 使放松 (relax) IV. P.: PR. mlā́yati (B.). PP. mlātá; mlāná (B.). CS. mlāpáyati.

yaj 牺牲 (sacrifice) I.: PR. yájati, -te; SB. yájati, -te; OP. yájeta; IPV. yájatu; yájantām; PT. yájant; yájamāna. IPF. áyajat; áyajanta. PF. ījé (1. 3. s.), yejé (3. s.); ījā́the, ījiré; PT. ījaná. AO. root: IPV. yákṣva; red.: áyīyajat (B.); s: áyās, áyā́ṭ; s: áyākṣīt; Ā. áyaṣṭa (3. s.); SB. yākṣat; du. 2. yákṣatas, 3. yákṣatām; Ā. yákṣate; INJ. yā́t (2. s.); Ā. yákṣi (1. s.) ; OP. yakṣīyá; sa: IPV. yakṣatām (3. du.). FT. yakṣyáte; yakṣyáti (B.); yaṣṭā́ (B.). PP. iṣṭá. GD. iṣṭvā́. INF. yájadhyai; yajádhyai (TS.); yáṣṭave; yáṣṭum. CS. yājáyati (B.). DS. íyakṣati, -te; SB. íyakṣān; PT. íyakṣant; íyakṣamāṇa.

yat 拉长，伸展 (stretch) I.: PR. yátati, -te; SB. Ā. yátaite (3. du.); OP. yátema; yátemahi; IPV. yátatam; Ā. yátasva; yátantām; PT. yátant;

yátamāna. PF. yetiré. AO. root: PT. yatāná and yátāna; iṣ: áyatiṣṭa (B.). FT. yatiṣyáte (B.). PP. yattá. GD. -yátya (B.). CS. yātáyati, -te; PS. yātyáte (B.).

yam 伸出，伸开 (stretch out) I.: PR. yáchati, -te; SB. yáchāt; OP. yáchet; IPV. yácha and yáchatāt, yáchatu. IPF. áyachat; Ā. áyachathās. PF. yayántha, yayā́ma; yemáthur, yemátur; yemimá, yemá, yemúr; Ā. yemé (3. s.); yemā́te; yemiré; PT. yemāná. AO. root: yamam; áyamur; SB. yámas, yámati and yámat; yáman; Ā. yámase, yámate; OP. yamīmáhi; PRC. yamyā́s (3. s.); IPV. yandhí; yantam; yanta and yantana; a: OP. yamet; s: áyāṃsam, áyān (3. s.); Ā. áyāṃsi (B.), áyaṃsta; áyaṃsata; SB. yáṃsat; yáṃsatas; yáṃsan; Ā. yáṃsate; INJ. Ā. yaṃsi; PT. yamasāná; iṣ: yámiṣṭa (3. s. Ā.). FT. yaṃsyáti (B.). PS. yamyáte; AO. áyāmi (B.); PP. yatá; GDV. yaṃsénya. GD. -yátya. INF. yámitavái, yántave; yámam; yántum (B.). CS. yāmáyati; yamáyati (B.). DS. yíyaṃsati (B.). INT. yáṃyamīti.

yas 被加热 (be heated) III. P.: IPV. yáyastu. IV. P.: PR. yásyati. PP. yastá; yasitá (B.).

yā 去，前往 (go) II. P.: PR. yā́ti; yā́nti; OP. yāyā́m; IPV. yāhí, yā́tu; yātám; yātá and yātána, yā́ntu; PT. yā́nt. IPF. áyās, áyāt; áyātam; áyāma, áyātana, áyur (B.). PF. yayā́tha, yayáu; yayáthur; yayá, yayúr; PT. yayivā́ṃs. AO. s: áyāsam; áyāsur; SB. yā́sat; INJ. yeṣam; siṣ: áyāsiṣam, áyāsīt; áyāsiṣṭām; áyāsiṣṭa, áyāsiṣur; SB. yā́siṣat; PRC. Ā. yāsiṣīṣṭhās; IPV. yāsiṣṭam; yāsiṣṭa. FT. yāsyáti. PP. yātá. GD. yātvā́ (B.); -yā́ya (B.). INF. yā́tave, yā́tavái (B.); -yái. CS. yāpáyati (B.).

yāc 问 (ask) I.: PR. yā́cati, -te. PF. yayā́ce (B.). AO. iṣ: áyācīt; áyāciṣṭa (B.); SB. yā́ciṣat; Ā. yā́ciṣāmhe. FT. yāciṣyáte. PP. yācitá; yācitvā́ and yā́cya (B.). INF. yācitum. CS. yācáyati.

1. yu 联结，团结 (unite) VI.: PR. yuváti, -te. II. yáuti; Ā. yuté; SB. yávan; IPV. yutā́m (3. s. Ā.); PT. yuvāná. PF. yuyuvé. PER. FT. yuvitā́ (B.). PP. yutá. GD. -yū́ya. DS. yúyūṣati. INT. yoyuvé; PT. yóyuvat (AV.); yóyuvāna.

2. yu 分离 (separate) III.: PR. yuyóti; SB. yuyávat; INJ. yuyothā́s, yuyota; OP. yuyuyā́tām; IPV. yuyodhi, yuyótu; yuyutám and yuyótam; yuyóta and yuyótana. I. P.: PR. yúchati; IPV. yúchantu; PT. yúchant. AO. root: SB. yávanta; OP. yuyā́t (B.); 3. du. yūyā́tām (B.); PRC. yūyā́s (3. s.); red.: INJ. yūyot; s: yóṣati and yóṣat; yóṣatas; INJ. yūṣam (AV.); yáus (2. s.); yauṣṭam; yauṣam, yauṣṭa, yauṣur; Ā. yoṣṭhās (B.); is.: INJ. yā́vīs. PS. AO. áyāvi; PP. yutá. INF.yótave, yótavái; yótos. CS. yāváyati; yaváyati. INT. PT. yóyuvat; IPF. áyoyavīt; PF. yoyāva.

yuj 加入，联合 (join) VII.: yunákti; yuñjánti; yuṅkté; yuñjáte; SB. yunájat; yunájan; Ā. yunájate (3. s.); INJ. yuñjáta (3. pl.); IPV. yuṅdhí, yunáktu; yunákta, yuñjántu; Ā. yuṅkṣvá, yuṅtā́m; 2. du. yuñjā́thām; yuṅgdhvám; PT. yuñjánt; yuñjāná; IPF. áyunak and ā́yunak; ā́yuñjan; Ā. áyuñjata (3. pl.). PF. yuyója; yuyujmá; Ā. yuyujé; yuyujré; SB. Ā. yuyójate (3. s.); PT. yuyujāná. AO. root: Ā. áyuji, áyukthās, áyukta; áyujmahi, áyugdhvam, yújata and áyujran; SB. yójate; INJ. yójam; Ā. yukta (3. s.); OP. yujyāva, yujyā́tam; IPV. yukṣvá; PT. yujāná; s: áyukṣi; áyukṣātām (3. du.); áyukṣata (3. pl.). FT. yokṣyáti (B.); yokṣyáte; yoktā́ (B.). PS. yujyáte; AO. áyoji; INJ. yóji; PP. yuktá. GD.

yuktvā́, yuktvā́ya. INF. yujé; yóktum (B.).

yudh 打架，战斗 (fight) IV.: PR. yúdhyati, -te; SB. yúdhyai. IV.: IPV. yúdhya; PT. yúdhyant; yúdhyamāna; IPF. áyudhyas, áyudhyat. I. P.: PR. yódhanti (AV.). II. P. yótsi (= IPV.). PF. yuyódha; yuyudhúr; Ā. yuyudhā́te (3. du.). AO. root: SB. yódhat; IPV. yódhi; PT. yodhāná; iṣ: áyodhīt; SB. yódhiṣat; INJ. yódhīs; IPV. yodhiṣṭam. FT. yotsyáti, -te (B.). PP. yuddhá. GDV. yódhya, yudhénya. GD. -yuddhvī́. INF. yudhé, yudháye; yúdham. CS. yodháyati. DS. yúyutsati, -te.

yup 阻碍 (obstruct): PF. yuyópa; yuyopimá. AO. red.: áyūyupan (B.). PP. yupitá. CS. yopáyati. INF. yoyupyáte (B.).

yeṣ 加热 (be heated) I. P.: PR. yéṣati; PT. yéṣant.

raṃh 加速，促进 (hasten) I.: PR. rá̄ṃhate; PT. rá̄ṃhamāṇa. IPF. áraṃhas; Ā. áraṃhata (3. s.). PF. PT. rārahāṇá. CS. raṃháyati, -te.

rakṣ 保护 (protect) I.: PR. rákṣati, -te. PF. rarákṣa; PT. rārakṣāṇá. AO. iṣ: árakṣīt; árākṣīt (B.); SB. rákṣiṣas, rákṣiṣat. PP. rakṣitá. CS. rakṣáyate (B.).

raj 着色，上色 (colour) IV.: IPF. árajyata. PP. raktá (B.). CS. rajáyati. INT. rā́rajīti.

rad 挖 (dig) I.: PR. rádati, -te; INJ. rádat; IPV. ráda; rádantu; Ā. rádantām (3. pl.); PT. rádant. IPF. áradat, rádat. II. P.: rátsi (= IPV.).

PF. rarā́da. PP. raditá.

radh, randh (make subject) IV. P.: IPV. rádhya, rádhyatu. PF. rāradhúr. AO. root: IPV. randhí (=randdhí); a: SB. rádhāma; INJ. rádham; red.: SB. rīradhā; INJ. rīradhas, rīradhat; rīradhatam; rīradhata; iṣ: INJ. rándhīs. PP. ráddhá. CS. randháyati; SB. randháyāsi.

ran 感到欣喜 (rejoice) I.: PR. ráṇati; INJ. ráṇanta; IPV. ráṇa. IV. P.: PR. ráṇyasi, ráṇyati; ráṇyathas; ráṇyanti. PF. rāráṇa (1. s.); SB. rāráṇas, rāráṇat; rarā́ṇatā (2. pl.). INJ. rārán (3. s.); IPV. rārandhí; rāranta (2. pl.), rārántu. PPF. árāraṇur. AO. iṣ: árāṇiṣur; INJ. ráṇiṣṭana. CS. raṇáyati.

rap 喋喋不休，唠叨 (chatter) I. P.: PR. rápati; INJ. rápat; OP. rápema. IPF. árapat. INT. rā́rapīti.

rapś 充满 (be full) I. Ā.: rápśate; rápśante. PF. rarapśé.

rabh, rambh 抓住；理解、领会 (grasp) I.: PR. rábhate. PF. rarabhmá; Ā. rārabhé; rebhiré; PT. rebhāṇá. AO. s: 3. s. Ā. árabdha; PT. rabhasāná. PP. rabdhá. GD. -rábhya. INF. -rábham; -rábhe. CS. rambháyati, -te (B.). DS. rípsate (B.).

ram 感到高兴 (rejoice) I. Ā.: rámate. IX. P.: IPF. áramṇās, áramṇāt. AO. red.: árīramat; SB. rīramāma; INJ. rīraman; s: Ā. áraṃsta (3. s.); áraṃsata (3. pl.); INJ. raṃsthā́s; siṣ: INJ. raṃsiṣam. FT. raṃsyáte; -ti (B.). PP. ratá (B.). GD. ratvā́ (B.). INF. rántos (B.). CS. ramáyati and rāmáyati.

1. rā 给 (give) III.: IPV. ririhi; Ā. rarāsva (AV.); rarāthām (3. du.); rarīdhvam; SB. rárate; PT. rárāṇa. II.: PR. rā́si (= IPV.); raté (B.); PF. rarimá; raré (1. s.), rariṣé; rarā́the; PT. rarivā́ṃs; rarāṇá. AO. root: árādhvam; IPV. rā́sva; s: árāsma; árāsata (3. pl.); SB. rā́sat; rā́san; Ā. rā́sate (3. s.); OP. rāsīyá; IPV. Ā. rāsatām (3. s.); rāsāthām (2. du.); rāsantām (3. pl.); PP. rātá.

2. rā 吠 (bark) IV. P.: PR. rā́yasi; IPV. rā́ya; PT. rā́yant.

rāj 统治、支配 (rule) I. P.: PR. rā́jati. II. P.: PR. rā́ṣṭi; INJ. rā́ṭ. AO. iṣ: árājiṣur. INF. rājáse. CS. rājáyati (B.), -te.

rādh 完成，成就 (succeed) IV. Ā.: IPV. rā́dhyatām; PT. rā́dhyamāna. V. P.: PR. rādhnóti (B.). PF. rarā́dha. AO. root: árādham (B.); SB. rādhat and rādhati; rādhāma; PRC. rādhyā́sam; rādhyā́sma; red.: árīradhat (B.); s: árātsīs; iṣ: INJ. rādhiṣi (1. s.). FT. rātsyáti. PS. AO. árādhi; PP. rāddhá; GDV. rā́dhya. GD. rāddhvā́ (B.). -rādhya (B.). INF. irádhyai. CS. rādháyati.

ri 流 (flow) IX.: PR. riṇā́ti; riṇīthás; riṇánti; Ā. riṇīté; riṇáte; INJ. riṇā́s; riṇán; PT. riṇánt; riṇāná. IPF. riṇā́s, áriṇāt; áriṇītam; áriṇīta. IV.: PR. rī́yate; rī́yante; PT. rī́yamāṇa

ric 离开、撤出 (leave) VII. P.: PR. riṇákti; SB. riṇácāva; INJ. riṇák (3. s.). IPF. áriṇak (2. s.); riṇák (3. s.). PF. riréca; riricáthur; Ā. ririkṣé, ririccé; riricā́the; riricré; OP. riricyā́m, riricyā́t; PT. ririkvā́ṃs; riricāná. PPF. árirecīt. AO. root: INJ. Ā. rikthā́s; IPV. riktám; s: ā́raik (3. s.); Ā. árikṣi; red.: árīricat (B.). FT. rekṣyáte (B.). PS. ricyáte; IPF. áricyata;

AO. áreci; PP. riktá. CS. recáyati (B.).

rip 诽谤、中伤 (smear): PF. riripúr. PP. riptá. Cp. lip.

ribh 唱咏 (sing) I. P.: PR. rébhati; rébhanti; PT. rébhant. IPF. rébhat. PF. rirébha. PS. ribhyáte.

riś 撕破 (tear) IV.: PR. riśā́mahe; IPV. riśántām; PT. riśánt. PP. riṣṭá.

riṣ 受伤 (be hurt) IV.: PR. ríṣyati; SB. ríṣyās, ríṣyāti and ríṣyāt; OP. ríṣyet; ríṣyema. I. P.: SB. réṣāt; INJ. réṣat. AO. a: áriṣan; SB. riṣāma, riṣātha and riṣāthana; PT. ríṣant and rī́ṣant; red.: INJ. rīriṣas, rīriṣat; rīriṣata (2. pl.); OP. rīriṣes; PRC. Ā. rīriṣīṣṭa and ririṣīṣṭa (3. s.). PP. riṣṭá. INF. riṣé; riṣás. CS. reṣáyati; INF. riṣayádhyai. DS. ríriksati.

rih 舔、吻 (lick) II.: PR. réḍhi; rihánti; 3. pl. riháte and rihaté; PT. rihánt; ríhāṇa (VS.) and rihāṇá. PF. PT. ririhvā́ṃs. PP. rīḍhá. INT. rerihyáte; PT. rérihat; rérihāṇa. Cp. lih.

1. ru 哭 (cry) VI. P.: PR. ruváti; INJ. ruvát; IPV. ruvá; PT. ruvánt. II. (B.) ráuti; ruvánti. PF. ruruviré (B.). AO. iṣ: árāvīt; árāviṣur. PP. rutá. INT. róravīti; PT. róruvat; róruvāṇa (B.); IPF. ároravīt.

2. ru 打破 (break): AO. iṣ: rā́viṣam. PP. rutá. INṬPT. róruvat.

ruc 照、照亮 (shine) I.: PR. rócate. PF. ruróca; rurucúr; rurucé (3. s.); INJ. rurucanta; OP. rurucyā́s; PT. rurukvā́ṃs; rurucāná. AO. root: PT. rucāná; red.: árūrucat; Ā. árūrucata (3. s., B.); iṣ: Ā. árociṣṭa (3. s.); OP.

rucișīyá (AV.) and rocișīyá (B.). PS. AO. ároci. PP. rucitá (B.). INF. rucé. CṢ rocáyati; -te (B.). INT. PT. rórucāna.

ruj 打碎 (break) I. P.: PR. rujáti. PF. rurójitha, rurója. AO. root: INJ. rók; red.: árūrujatam (2. du.). PP. rugṇá. GD. ruktvā́ (B.); -rújya (B.). INF. -rúje.

rud 流泪 (weep) II. P.: PR. róditi; rudánti; SB. ródāt (Kh.); PT. rudánt. IPF. árodīt (B.). AO. a.: árudat. CS. rodáyati.

1. rudh 堵塞、阻碍 (obstruct) VII.: PR. ruṇádhmi, ruṇáddhi; Ā. rundhé (= runddhé); rundhate (3. pl.); SB. Ā. ruṇádhāmahai; IPV. rundhí (= runddhí); Ā. rundhām (= runddhām, 3. s.); PT. rundhāná; IPF. Ā. árundhata (3. pl.). PF. rurodhitha; Ā. rurudhré. AO. root: árodham; árudhma; a: árudhat; árudhan; INJ. rudhát; PT. rudhánt; s: áraut; árautsīt (B.); Ā. árutsi (B.), áruddha (B.). FT. rotsyáti, -te (B.). PS. rudhyáte; PP. ruddhá. GD. -rúdhya. INF. -rúdham, rúndham (B.), -ródham (B.); róddhos (B.). DS. rúrutsate (B.).

2. rudh 生长、成长 (grow) I. P.: PR. ródhati; INJ. ródhat.

rup 打碎 (break) IV. P.: PR. rúpyati (B.). AO. red.: arūrupat. PP. rupitá. CS. ropáyati (B.).

ruh 上升、达到 (ascend) I.: PR. róhati, -te. PF. ruróhitha, ruróha; ruruhúr. AO. root: PT. rúhāṇa; a: áruham, áruhas, áruhat; áruhāma, áruhan; SB. ruhā́va; INJ. ruham, rúhat; OP. ruhéma; IPV. ruhá; ruhátam; sa: rukṣás, árukṣat; árukṣāma. FT. rokṣyáti (B.). PP. rūḍhá.

GD. rūḍhvā́, -rúhya. INF. -rúham; róhiṣyai (TS.); róḍhum (B.). CS. roháyati; -te (B.); ropáyati (B.). DS. rúrukṣati.

rej 颤抖 (tremble) I.: PR. réjati, -te; INJ. réjat; réjanta (3. pl.); PT. réjamāna; IPF. árejetām (3. du.); árejanta. CS. rejáyati.

lap 讲瞎话、空谈 (prate) I. P.: PR. lápati; PT. lápant. FT. lapiṣyáti (B.). PP. lapitá. CS. lāpáyati; -te (B.). INT. lā́lapīti.

labh 拿、抓住 (take) I. Ā.: PR. lábhate. PF. lebhiré; PT. lebhāná. AO. s. (B.): Ā. álabdha; álapsata. FT. lapsyáti, -te (B.). PS. labhyáte (B.); PP. labdhá. GD. labdhvā́; -lábhya (B.). CS. lambháyati, -te (B.). DS. lípsate; lī́psate (B.); PS. lipsyáte (B.).

likh 刮、划伤 (scratch) VI.: PR. likháti; -te (B.). PF. lilékha (B.). AO. red.: álīlikhat (B.); iṣ: INJ. lékhīs. PP. likhitá. GD. -líkhya (B.).

lip 涂抹，弄脏；中伤 (smear) VI. P.: PR. limpáti. PF. lilépa, lilipúr (B.). AO. s.: álipsata (3. pl.). PS. lipyáte (B.); PP. liptá. GD. -lípya (B.).

lih 舔，尝 (lick) II.: PR. léḍhi (B.). CS. leháyati. INT. PP. lelihitá (B.).

lī 倚靠 (cling) I. Ā.: PR. láyate; IPV. láyantām. PF. lilyé (B.); lilyúr; -layāṃ cakre. AO. s: áleṣṭa (B.). PP. līná. CS. lāpáyati (B.). INT, lelā́yati; PF. lelā́ya.

lup 破坏 (break) VI. P.: PR. lumpáti; OP. lumpét. PS. lupyáte; PP.

luptá. GD. -lúpya. CS. lopáyati, -te (B.).

lubh 渴望 (desire) IV. P.: PR. lúbhyati. AO. red.: álūlubhat (B.). PP. lubdhá (B.). CS. lobháyati; DS. lúlobhayiṣati (B.).

lū 切 (cut) (B.), IX. P.: PR. lunā́ti. V. P.: PR. lunóti. PP. lūná.

vakṣ 增长，变强 (increase) (= 2. ukṣ): PF. vavákṣitha, vavákṣa; vavakṣátur; vavakṣúr; Ā. vavakṣé; vavakṣiré. PPF. vavákṣat. CS. vakṣáyati.

vac 说、讲话 (speak) III. P.: PR. vívakmi, vívakti; IPV. vívaktana. PF. uváktha, uvā́ca and vavā́ca; ūcimá, ūcúr; Ā. uciṣé; PT. ūcāná. AO. root: PRC. ucyā́sam (B.); red.: ávocat; SB. vócā, vócāsi, vócāti and vócati; vócāma; Ā. vócāvahai; INJ. vócam, vócas, vócat; vócan; Ā. vocé; vócanta; OP. vocéyam, vocés, vocét; vocétam; vocéma, vocéyur; Ā. vocéya; vocémahi; IPV. vocatāt, vocatu; vocatam, vocata. FT. vakṣyáti; CO. ávakṣyat (B.); vaktā́ (B.). PS. ucyáte; AO. ávāci; PP. uktá; GDV. vā́cya. GD. uktvā́ (B.); -úcya (B.). INF. váktave; -vā́ce; váktum (B.); váktos (B.). CS. vācáyati (B.). DS. vívakṣati, -te (B.). INT. IPF. ávāvacīt (B.).

vaj 变强壮 (be strong); CS. 增强 (strengthen): PR. vājáyāmas, -masi; Ā. vājáyate; IPV. vājáya; PT. vājáyant.

vañc 弯曲移动 (move crookedly) I. P.: PR. váñcati. PF. vāvakré. PS. vacyáte.

vat 理解、领会 (apprehend) I. PR. OP. vátema; PT. vátant. AO. red.: ávīvatan. CS. vātáyati.

vad 说、讲 (speak) I.: PR. vádati, -te; SB. vádāni, vádāsi and vádās, vádāti; vádāthas; vádāma, vádān; INJ. vádat; OP. vádet; Ā. vádeta; IPV. váda, vádatu; Ā. vádasva; vádadhvam; PT. vádant. IPF. ávadan; Ā. ávadanta. PF. ūdimá; ūdé (B.). AO. root: PRC. udyā́sam (B.); iṣ: ávādiṣam; ávādiṣur; Ā. ávādiran (AV.); SB. vā́diṣas; INJ. vā́diṣur. FT. vadiṣyáti; -te (B.). PS. udyáte; PP. uditá. GD. -udya (B.). INF. váditum (B.): váditos (B.). CS. vādáyati, -te (B.); PS. vādyáte (B.). DS. vívadiṣati (B.). INT. vā́vadīti; IPV. vāvadītu; PT. vā́vadat; Ā. vāvadyáte (B.).

vadh 杀死，残害 (slay) I. P.: OP. vádheyam, vádhet; IPV. vádha. AO. root: PRC. vadhyā́sam; OP. vadhyā́t (B.); iṣ: ávadhiṣam and vádhīm, ávadhīs, ávadhīt and vádhīt; ávadhiṣma; SB. vádhiṣas; INJ. vádhīs, vádhīt; vadhiṣṭa and vadhiṣṭana (2. pl.), vadhiṣur; Ā. vadhiṣṭhās; IPV. vadhiṣṭam (2. du.).

van 赢，征服 (win) VIII.: PR. vanósi, vanóti; vanuthás; Ā. vanvé, vaunté; SB. vanávat; Ā. vanávase; INJ. vanvan; OP. vanuyā́ma; IPV. vanvántu; Ā. vanuṣvá, vauntā́m; vanudhvám, vanvátām; PT. vanvánt; vanvāná; IPF. ávanos; ávanvan; Ā. ávanvata. VI. and I.: PR. vanáti and vánati; Ā. vanase, vánate; SB. vanā́ti; vánās; vánāva; Ā. vánāmahai; INJ. vanas; Ā. vanta (=vananta); OP. vanés; vanéma; vanémahi; IPV. vánatam; vanata; Ā. vanatām (3. s.). PF. vāvántha, vāvā́na; vavanmá; Ā. vavné; SB. vāvánat; IPV. vāvandhí; PT. vavanvā́ṃs. AO. root: vámṣva; SB. váṃsat;

váṃsāma; Ā. váṃsate; INJ. váṃsi; OP. vaṃsīmáhi and vasīmáhi; iṣ: SB. vániṣat; Ā. vániṣanta. PRC. vaniṣīṣṭá; siṣ: OP. vaṃsiṣīyá. PP. -vāta. INF. -vantave. CS. vānáyantu. DS. vívāsati; SB. vívāsāt.

vand 欢迎 (greet) I. A.: PR. vándate. PF. vavánda; vavandimá; Ā. vavandé; vavandiré. AO. iṣ: OP. vandiṣīmáhi. PS. AO. vándi; PP. vanditá; GDV. vándya. INF. vandádhyai.

vap 散布 (strew) I.: PR. vápati, -te. PF. ūpáthur; Ā. ūpiṣé, ūpé (3. s.). AO. s: ávāpsīt (B.). FT. vapsyáti (B.). PS. upyáte; AO. vā́pi; PP. uptá. GD. -úpya. CS. vāpáyati (B.).

vam 吐出，涌出 (vomit) II.: SB. váman. IPF. ávamīt; ávamat (B.). PF. uvā́ma (B.). AO. s: ávān (B.). PP. vāntá (B.).

valg 跳 (leap) I. P.: PR. válganti. IPF. ávalgata (2. pl.). PT. válgant.

vaś 愿望，渴望 (desire) II.: PR. váśmi, vákṣi, váṣṭi; uśmási and śmási, uśánti; IPV. váṣṭu; PT. uśánt; uśānā́. I. P.: PR. váśanti; SB. váśāma; INJ. váśat; IPF. ávaśat. III. P.: PR. vavákṣi; vivaṣṭi; IPV. vivaṣṭu. PF. vāvaśúr; Ā. vāvaśé; PT. vāvaśānā́.

1. vas 照亮 (shine) VI. P.: PR. ucháti; SB. uchā́t; uchā́n; INJ. uchát; OP. uchét; IPV. uchá, uchátu; ucháta, uchántu; PT. uchánt; IPF. áuchas áuchat. PT. uvā́sa; ūṣá (2. pl.), ūṣúr; PT. f. ūṣúṣī (TS.). AO. root: ā́vas (2. 3. s.); Ā. ávasran; s: ávāt (3. s.). CO. ávatsyat (B.). PP. uṣṭá. INF. vástave. CS. vāsáyati.

2. vas 穿（衣）(wear) II. Ā.: PR. váste; vásāthe; vásate (3. pl.); INJ. vásta (3. s.); vásata (3. pl.); OP. vasīmahi; IPV. vásiṣva, vástām (3. s.); vásāthām (TS.); PT. vásāna; IPF. ávasthās; ávasta. PF. vāvasé; PT. vāvasāná. AO. iṣ: ávasiṣṭa (3. s.). CS. vāsáyati, -te; FT. vāsayiṣyáte.

3. vas 居住，栖身 (dewll) I.: PR. vásati; vásate (B.). PF. ūṣátur; ūṣimá; PT. ūṣivā́ṃs; vāvasāná. PER. -vāsāṃ cakre (B.). AO. root: vásāna; red.: ávīvasat; s: ávātsīs. FT. vatsyáti (B.). GD. uṣitvā́ (B.); -úṣya (B.). DS. vívatsati (B.). CS. vāsáyati, -te; PS. vāsyáte (B.).

vah 搬运，运输 (carry) I.: PR. váhati, -te. PF. uvā́ha; ūháthur, ūhátur; ūhúr; Ā. uhiṣé; ūhiré. AO. root: OP. uhītá; IPV. voḷhám (2. du.), voḷhā́m; Ā. voḍhvám; PT. úhāna; s: ávāṭ, vā́t; ávākṣur; SB. vákṣas, vákṣati and vákṣat; vákṣathas, vákṣatas; vákṣan; INJ. vā́kṣīt. FT. vakṣyáti; voḍhā́ (B.). PS. uhyáte; PP. ūḍhá. GD. ūḍhvā́ (B.); -úhya. INF. vóḍhum; vóḍhave, vódhavái (B.); -vā́he; váhadhyai. CS. vāháyati (B.); INT. vanīvāhyáte (B.).

1. vā（风）吹 (blow) II. P.: PR. vā́mi, vā́ti; vātás; vā́nti; IPV. vāhí,vā́tu; PT. vā́nt; IPF. ávāt. IV. P.: PR. vā́yati; vā́yatas; vā́yanti. PF. vaváu (B.). AO. siṣ: ávāsīt (B.). CS. vāpáyati.

2. vā 编织 (weave) IV.: PR. váyati; váyate (B.); IPV. váya; váyata; PT. váyant; IPF. ávayat; ávayan. PF. ūvúr. FT. vayiṣyáti. PS. ūyáte (B.); PP. utá. INF. ótum; ótave, ótavái; vā́tave (AV.).

vājayá 渴求战利品 (desire booty) den.: PR. PT. vājayánt.

vāñch 渴望 (desire) I. P.: IPV. vā́ñchantu.

vāś 吼叫 (bellow) I. P.: PR. vā́śati. IV. Ā.: PR. vā́śyate. PF. vavāśiré and vāvaśré; PT. vāvaśāná. PPF. ávāvaśītām (3. du.); ávāvaśanta. AO. red.: ávīvaśat; ávīvaśan; Ā. ávīvaśanta; iṣ: Ā. ávaśiṣṭhās (B.). INT. PT. vā́vaśat. CS. vāśáyati.

vic 筛；细查，挑选 (sift) VII. P.: PR. viñcánti; IPV. vináktu; PT. viñcánt; IPF. ávinak. III. P.: PR. vívekṣi. PF. PT. vivikvā́ṃs. PS. vicyáte; PP. viktá (B.).

vij 颤抖，战栗 (tremble) VI.: PR. vijánte; IPV. vijántām; PT. vijámāna; IPF. ávije. PF. vivijré. AO. root: INJ. Ā. vikthā́s, viktá; red.: INJ. vīvijás. PS. viktá. CS. vejáyati (B.). INT. vevijyáte; PT. vévijāna.

1. vid 认识，知道 (know) II. P.: PR. vidmás; SB. védas, védati and védat; védathas; OP. vidyā́m, vidyā́t; vidyā́tam; vidyā́ma, vidyúr; IPV. viddhí and vittā́t, véttu; vittám. IPF. ávedam, ávet and vét; ávidur (B.). PF. véda (1. 3.), véttha; vidáthur; vidmá, vidá, vidúr; Ā. vidmáhe (B.), vidré; PER. vidā́ṃ cakāra (B.); PT. vidvā́ṃs. AO. iṣ: ávedīt (B.); PER. vidām akran (B.). FT. vediṣyáti, -te (B.); veditā́ (B.). PP. viditá. GD. viditvā́. INF. vidmáne; véditum (B.); véditos (B.). CS. vedáyati, -te. DS. vívidiṣati (B.).

2. vid 寻找，找到 (find) VI.: PR. vindáti, -te. II. vitsé, vidé (3. s.); vidré; IPV. viddhí; Ā. 3. s. vidām (AV.); PT. vídāna and vidāná. PF. vivéditha, vivéda; vividáthur; vividúr; Ā. vividé, vivitsé; vividré and vividriré; SB. vividat; PT. vividvā́ṃs. AO. a.: ávidam, ávidas, ávidat; ávidāma, ávidan; Ā. ávidanta; SB. vidā́s, vidā́t; vidāthas; vidātha; INJ. vidám, vidás, vidát; vidán; Ā. vidáta (3. s.); vidánta; OP. vidéyam,

vidét; vidéma; Ā. vidéya; PRC. videṣṭa (AV.); IPV. vidátam; PT. vidánt; s: Ā. ávitsi. FT. vetsyáti, -te (B.). PS. vidyáte; AO. ávedi, védi; PP. vittá; vinná. GDV. vidā́yya. GD. vittvā́, -vídya (B.). INF. vidé, véttave; véttos (B.). DS. vívitsati (B.). INT. SB. vévidāma. PT. vévidat; vévidāna.

vidh 崇敬，礼拜 (worship) VI.: SB. vidhā́ti; INJ. vidhát; vidhán; Ā. vidhánta; OP. vidhéma; vidhémahi; PT.vidhánt; IPF. ávidhat.

vip 颤动 (tremble) I.: PR. vépate; PT. vépamāna; IPF. ávepanta. PF. vivipré. AO. root: PT. vipāná; red.: ávīvipat; iṣ: ávepiṣṭa (B.). CS. vepáyati, vipáyati.

viś 进入 (enter) VI.: PR. viśáti, -te. PF. vivéśa (1. 3.), vivéśitha; viviśúr and (once) viveśur; Ā. viviśré; OP. viviśyā́s; PT. viviśivā́ṃs (TS.), -viśivā́ṃs (AV.). PPF. áviveśīs. AO. root: Ā. áviśran; s: ávikṣmahi, ávikṣata (3. pl.); iṣ: INJ. véśīt; sa: ávikṣat (B.). FT. vekṣyáti (B.). PP. viṣṭá. GD. -víśya. INF. -víśam; véṣṭavái (B.). CS. veśáyati, -te.

viṣ 行动，做 (be active) III.: PR. vívekṣi, víveṣṭi; viviṣṭás; viviṣmás; SB. víveṣas; IPV. viviḍḍhí; IPF. áviveṣ and vivéṣ (2. s.), vivéṣ (3. s.). I. P.: PT. véṣant; IPF. áveṣan. PF. vivéṣa; viviṣúr. PPF. áviveṣīs. AO. iṣ: véṣiṣas. FT. vekṣyáti, -te (B.). PS. viṣyáte (B.); PP. viṣṭá. GD. viṣṭvī́; -víṣya. INF. -víṣe. INT. vévеṣmi; veviṣyáte (B.); OP. veviṣyāt; PT. véviṣat; véviṣāṇa.

viṣṭ, veṣṭ 包裹 (wrap) I. P.: IPV. véṣṭatām (3. du.). PP. viṣṭitá. CS.

veṣṭáyati, -te (B.).

vī 享受 (enjoy) II.: vémi, véṣi, véti; vīthás; vyánti; SB. váyati; INJ. vés; IPV. vīhí, vihí and vītā́t, vétu; vītám; vyántu; PT. vyánt; vyāná. IPF. ávyan. PF. vivā́ya; vivyé. AO. s.: SB. véṣat. PS. vīyáte. PP. vītá. INF. vītáye. INT. véveti; vevīyáte.

vīd 使强壮 (make strong): CS. SB. vīḷáyāsi; IPV. vīḷáyasva. PP. vīḷitá.

1. vṛ 遮盖，隐藏 (cover) V.: PR. vṛṇóti; Ā. vṛṇvé; vṛṇváte and vṛṇvaté; PT. vṛṇvánt; IPF. ávṛṇos, ávṛṇot; Ā. ávṛṇvata (3. pl.); PR. ūrṇómi, ūrṇóti; ūrṇuthás, ūrṇutás; Ā. ūrṇuṣé, ūrṇuté; INJ. ū́rṇot; IPV. ūrṇuhí and ūrṇú, ūrṇótu; ūrṇutá, ūrṇuvántu; Ā. ūrṇuṣvá; PT. ūrṇuvánt; ūrṇvāná; IPF. áurṇos, áurṇot. I.: PR. várathas; Ā. várate; várethe; várante; SB. várāte; INJ. váranta. IX.: IPF. ávṛṇīdhvam (AV.). PF. vavártha, vavā́ra; vavrúr; Ā. vavré; PF. vavṛvā́ṃs. PPF. ávāvarīt. AO. root: vā́m (=váram), ā́var and vár (2. 3. s.); ávran; Ā. ávṛta; INJ. vár (2. 3. s.); vrán; IPV. vṛdhí; vartam; varta; vrāṇá; red.: ávīvaran; Ā. ávīvarata (3. s.); s: SB. várṣathas; iṣ: ávārīt (B.). PS. AO. ávāri; PP. vṛtá. GD. vṛtvā́, vṛtvī́; vṛtvā́ya; -vṛ́tya. INF. vártave. CS. vāráyati, -te; DS. vívārayiṣate (B.). INT. ávarīvar.

2. vṛ (choose) IX. Ā.: PR. vṛṇé, vṛṇīsé, vṛṇīté; vṛṇīmáhe, vṛṇáte; INJ. vṛṇītá (3. s.); OP. vṛṇītá; IPV. vṛṇīṣvá; vṛṇīdhvám, vṛṇátām; PT. vṛṇāná; IPF. ávṛṇi, ávṛṇīta; ávṛṇīmahi. PF. vavṛṣé; vavṛmáhe. AO. root: ávri, ávṛta; SB. váras, várat; váranta; INJ. vṛtá (3. s.); OP. vurītá (3. s.); PT. urāṇá; s: ávṛṣi; ávṛḍhvam (B.), ávṛṣata. FT. variṣyáte (B.). PP. vṛtá. GDV. vā́rya; váreṇya.

vṛj 扭 (twist) VII.: PR. vṛṇákṣi, vṛṇákti; vṛñjánti; Ā. vṛñjé, vṛṅkté; vṛñjā́te; vṛñjáte; SB. vṛṇájan; IPV. vṛṅdhí, vṛṇáktu; vṛṅktá, vṛñjántu; Ā. vṛṅkṣvá. IPF. ávṛṇak (2. 3. s.); ávṛñjan. PF. vavṛjúr; Ā. vāvṛjé; OP. vavṛjyúr; IPV. vavṛktám (2. du.); PT. f. vavarjúṣ-ī; (á-) varjuṣī (AV.). AO. root: várk (2. 3. s.), ávṛk (AV.); ávṛjan; Ā. ávṛkta; SB. várjati; várjate; INJ. várk; OP. vṛjyā́m; vṛjyā́ma; PRC. vṛjyā́s (3. s.); IPV. varktam (2. du.); s: ávārkṣīs (B.); Ā. ávṛkṣmahi; INJ. Ā. vṛkṣi; sa: ávṛkṣam. FT. varkṣyáti, -te (B.). PS. vṛjyáte; PP. vṛktá. GD. vṛktvī́; -vṛ́jya. INF. -vṛ́je; vṛjádhyai; vṛñjáse. CS. varjáyati. DS. vívṛkṣate (B.). INT. PT. várīvṛjat; CS. PT. varīvarjáyant (AV.).

vṛt 转，转动 (turn) I. Ā.: vártate. PF. vavárta and vāvárta; vāvṛtúr; Ā. vāvṛté; SB. vavártati, vavártat and vavṛtat; OP. vavṛtyā́m, vavṛtyā́s, vavṛtyā́t; IPV. vavṛttána (2. pl.); PT. vavṛtvā́ṃs. PPF. ávavṛtran; Ā. ávavṛtranta. AO. root: ávart; Ā. ávṛtran; SB. vártat; IPV. varta (= vartta, 2. pl.); a: ávṛtat; red.: ávīvṛtat; s: Ā. ávṛtsata. FT. vartsyáti; vartitā (B.). CO. ávartsyat (B.). PP. vṛttá. GD. -vṛ́tya. INF. -vṛ́te; -vṛ́tas (B.). CS. vartáyati, -te; PS. vartyáte (B.); INF. vartayádhyai. DS. vívṛtsati; -te (B.). INT. várvarti (= várvartti) and varīvarti (= varīvartti); várvṛtati (3. pl.); Ā. varīvṛtyáte (B.); IPF. ávarīvar (3. s.); ávarīvur (3. pl.).

vṛdh 生长，成长 (grow) I.: PR. várdhati, -te. PF. vavárdha; vāvṛdhátur; vāvṛdhúr; Ā. vāvṛdhé; vāvṛdhā́te; SB. vāvṛdhāti; Ā. vāvṛdhate; OP. vāvṛdhīthā́s; IPV. vāvṛdhásva; PT. vāvṛdhvā́ṃs; Ā. vāvṛdhāná. PPF. vāvṛdhanta. AO. a: ávṛdham, ávṛdhat; vṛdhāma, ávṛdhan; PT. vṛdhánt; vṛdhāná; red.: ávīvṛdhat; ávīvṛdhan; Ā. ávīvṛdhadhvam, ávīvṛdhanta; s: PT. vṛdhasāná; iṣ: OP. vardhiṣīmáhi.

PP. vṛddhá. INF. vṛdhé; vṛdháse; vāvṛdhádhyai (PF.). CS. vardháyati, -te. INT. GDV. vāvṛdhénya.

vṛṣ 下雨 (rain) I. P.: PṚ várṣati; IPV. várṣantu; PT. várṣant. VI. Ā.: vṛṣásva; vṛṣéthām (2. du.). PF. IPV. vāvṛ́ṣasva; PT. vāvṛṣāṇá. AO. s: ávarṣīs, ávarṣīt. FT. varṣiṣyáti (B.); vraṣṭā́ (MS.). PP. vṛṣṭá. GD. vṛṣṭvī́; vṛṣṭvā́ (B.); -várṣṭos (B.). CS. varṣáyati.

vṛh 撕 (tear) VI. P.: PR. vṛháti; INJ. vṛhát; OP. vṛhéva; IPV. vṛhá and vṛhátāt; vṛhátam; vṛháta; IPF. ávṛhas. PF. vavárha. AO. sa: ávṛkṣat (B.). PS. vṛhyáte (B.); AO. várhi; PP. vṛḍhá (B.). GD. -vṛ́hya. INF. -vṛhas.

ven 渴望 (long) I. P.: PR. vénati; INJ. vénas; IPV. vénatam (2. du.); PT. vénant. IPF. ávenat.

vyac 延长，扩展 (extend) III. P.: PR. viviktás (3. du.); INJ. vivyak (3. s.). IPF. ávivyak; áviviktām (3. du.); ávivyacur. PF. vivyáktha, vivyā́ca. PPF. vivyácat; Ā. vivyacanta.

vyath 摇动，波动 (waver) I.: PR. vyáthate. AO. red.: vivyathas (B.); iṣ: SB. vyáthiṣat; INJ. vyáthiṣṭhās; vyáthiṣmahi. PP. vyathitá. INF. vyathiṣyai (B.). CS. vyatháyati; AO. vyathayīs (AV.).

vyadh 扎穿 (pierce) IV. P.: PR. vídhyati. PF. vivyā́dha (B.); PT. vividhvā́ṃs. AO. s: vyā́tsīs (B.). PP. viddhá. INF. -vídhe. CS. vyādháyati (B.). DS. vívyatsati (B.).

vyā 包住 (envelope) IV.: PR. vyáyati, -te; OP. vyáyeyam; IPV. vyáyasva; PT. vyáyant. IPF. ávyayam, ávyayat. PF. vivyathúr; Ā. vivyé; PT. vivyāná; PER. PF. -vyayā́ṃ cakāra (B.). AO. a: ávyat; ávyata (2. pl.); Ā. ávyata (3. s.) and vyáta. PS. vīyáte (B.); PP. vītá. GD. -vī́ya (B.).

vraj 前进 (proceed) I. P.: IPV. vrájata (2. pl.); PT. vrájant. PF. vavrā́ja. AO. iṣ: ávrājīt (B.). FT. vrajiṣyáti (B.). PP. vrajitá (B.). GD. -vrájya (B.). CS. vrājáyati (B.).

vraśc 切开 (cut up) VI. P.: PR. vṛścáti; SB. vṛścā́t; INJ. vṛścás; IV.: vṛścá, vṛścátu; PT. vṛścánt. IPF. ávṛścat and vṛścát. PS. vṛścyáte; PP. vṛkṇá. GD. vṛṣṭvā́; vṛktvī́.

śaṃs 赞赏 (praise) I.: PR. śáṃsati, -te. PF. śaśáṃsa (B.); śaśaṃsé (B.). AO. root: IPV. śastá (2. pl.); iṣ: áśaṃsiṣam, áśaṃsīt; SB. śáṃsiṣas, śáṃsiṣat; INJ. śáṃsiṣam. FT. śaṃsiṣyáti (B.). PS. śasyáte; AO. śáṃsi; PP. śastá; GDV. śáṃsya; śaṃstavya (B.). GD. śastvā́ (B.). INF. -śáse.

śak 能，能够 (be able) V. P.: PR. śaknómi, śaknóti; śaknuvánti; SB. śaknávāma. IPF. áśaknuvan. PF. śaśā́ka; śekimá, śeká, śekúr. AO. root: SB. śákas, śákat; OP. śakyā́m; IPV. śagdhí, śaktám; a: áśakam, áśakat; áśakan; INJ. śakan; OP. śakéyam; śakéma. FT. śakṣyáti, -te (B.). INF. śáktave. DS. śíkṣati, -te.

1. śad超越，胜过 (prevail): PF. śāśadúr; Ā. śāśadmáhe, śāśadré; PT. śā́śadāna.

2. śad 下降，降落 (fall): PF. śaśā́da (B.); śedúr (B.). FT. śatsyáti.

śap 诅咒，指责 (curse) I.: PR. śápati; śápate (AV.); SB. śápātas (3. du.); PT. śápant. IPF. áśapata (2. pl.). PF. śaśā́pa; śépé (1. 3. s.), śepiṣé. AO. s.: INJ. śāpta (2. pl.). PP. śaptá (B.) CS. śāpáyati.

1. śam, śim 努力工作；困难地行进 (labour) IV. P.: śámyati (B.); śimyati; IPV. śimyantu; PT. śimyant. PF. śaśamé; SB. śaśámate (3. s.); PT. śaśamāná. AO. iṣ: Ā. áśamiṣṭhās, áśamiṣṭa. PP. śamitá (B.).

2. śam 安抚，使平静 (be quiet) IV. (B.).: PR. śā́myati, -te. PF. śasā́ma (B.); śemúr (B.). AO. a: áśamat (B.); red. áśīśamat. PP. śāntá. CS. śamáyati.

śā 使锋利、使尖锐；加强，提高 (sharpen) III.: PR. śíśāmi, śíśāti; śiśīmási; Ā. śíśīte; IPV. śiśīhí, śíśātu; śiśītám, śiśītā́m; śiśītá (2. pl.); PT. śíśāna. IPF. śiśās, áśiśāt; Ā. śiśīta (3. s.). PF. PT. -śaśāná. PP. śitá. GD. -śā́ya.

śās 命令 (order) II.: śā́smi, śāssi; Ā. śāsté; śāsmáhe, śāsáte; SB. śā́san; IPV. śādhí; śāstána, śāsátu; PT. śā́sat; śā́sāna. IPF. áśāsam; Ā. áśāsata (3. pl.). PF. śaśā́sa; śaśāsúr; INJ. śaśā́s; IPV. śaśādhí. AO. root: SB. śā́sas; a: Ā. śiṣāmahi; INJ. śíṣat; PT. śiṣánt. PP. śiṣṭá; GD. -śíṣya (B.).

śikṣ 有助于 (= DS. of śak) (be helpful): PR. śíkṣati, -te; SB. śíkṣās, śíkṣāt; śikṣān; INJ. śikṣat; OP. śíkṣeyam; śikṣema; IPV. śíkṣa, śíkṣatu; śíkṣatam; PT. śíkṣant; Ā. śíkṣamāṇa. IPF. áśikṣas; áśikṣatam.

śiṣ 遗留 (leave) VII. P.: PR. śináṣṭi (B.). PF. śiśiṣé (B.). AO. a: śiṣas.

FT. śekṣyáti, -te (B.). PS. śiṣyáte; AO. śéṣi; PP. śiṣṭá. GD. -śiṣya (B.).

śī 躺下 (lie) II. Ā.: PR. śéṣe, śáye (3. s.); śáyāte (3. du.); śémahe, śére and śérate; OP. śáyīya, śáyīta (3. s.); IPV. 3. s. śétām and śáyām (AV.); PT. śáyāna; IPF. áśeran. I.: PR. śáyate; śáyadhve, śáyante; IPF. áśayat; áśāyatam; Ā. áśāyata (3. s.). PF. śiśyé (B.); śiśyiré (B.); PT. śaśayāná. AO. s.: SB. śéṣan; iṣ: Ā. áśayiṣṭhās. FT. śayiṣyáti, -te (B.); śayitā́se (B.). INF. śayádhyai.

śuc 闪烁 (gleam) I.: PR. śócati, -te. PF. śuśóca; OP. Ā. śuśucītá (3. s.); IPV. śuśugdhí; PT.śuśukvā́ṃs; śuśucāná. AO. a: áśucat; PT. śucánt; Ā. śucámāna; red.: śūśucas; INJ. śūśucas; śūśucan; iṣ: INJ. śócīs; PS. áśoci. INF. súcádhyai. CS. socáyati; PT. súcáyant. INT. SB. śóśucan; Ā. śóśucanta; PT. śóśucat; śóśucāna.

śudh, śundh 使干净，使纯净 (purify) I. P.: PR. śúndhati; IPV. śúndhata (2. pl.). IV. P.: PR. śúdhyati (B.). PP. śuddhá. CS. śundháyati; śódháyati (B.).

śubh, śumbh 使美丽，装饰 (beautify) I. Ā.: PR. śóbhate; PT. śóbhamāna; śúmbhate; PT. śúmbhamāna; VI. P.: PR. śumbháti; SB. śumbhā́ti; IPV. śumbhá; śumbháta, śumbhántu; PT. śumvhámāna. AO. root: PT. śubhāná; śúmbhāna; red.: áśūśubhan; áśūśubhanta (B.). PP. śumbhitá; śubhitá (B.). INF. śubhé; śobháse; śúbham. CS. śubháyati, -te; śobháyati.

śuṣ 变干 (dry) IV. P.: PR. śúṣyati; IPV. śúṣya, śúṣyatu; śúṣyantu.

GD. -śúṣya (B.). CS. śoṣáyati.

śū, śvā 膨胀，增大 (swell) IV. P.: PR. PT. śváyant. PF. śūśuvúr; Ā. śūśuvé; SB. śūśuvat; śūśávāma; OP. śūśuyā́ma; PT. śūśuvā́ṃs; Ā. śū́śuvāna. AO. a.: áśvat (B.); s: PT. śavasāná. INF. śūṣáṇi; śváyitum (B.).

śṛdh 反抗 (be defiant) I.: PR. śárdhati; śárdhate (B.); INJ. śárdhat; IPV. śárdha; PT. śádhant. CS. śardháyati.

śṝ 撞击 (crush) IX.: PR. śṛṇā́mi, śṛṇā́si; śṛṇā́ti; śṛṇīmási; IPV. śṛṇīhí, śṛṇā́tu; śṛṇītám; śṛṇántu; PT. śṛṇāná. IPF. áṣṛṇāt. PF. śaśré. AO. iṣ: áśarīt. FT. śariṣyáte (B.). PS. śīryáte; AO. śā́ri; PP. śīrṇá, -śīrta. GD. -śī́rya (B.). INF. śárītos.

śnath 刺破，穿透 (pierce) II. P.: SB. śnáthat; IPV. śnathihi. AO. red.: śiśnatham, áśiśnat and śiśnáthat; INJ. śiśnathas; iṣ: IPV. śnathiṣṭam; śnathiṣṭana. PP. śnathitá. INF. -śnáthas. CS. śnatháyati, -te.

śyā 凝结 (coagulate) IV.: PR. śyā́yati (B.). PS. śīyáte (B.); PP. śītá; śīná. CS. śyāyáyati (B.).

śrath 放松，松懈 (slacken) IX.: PR. śrathnīte; PT. śrathnāná. IPF. śrathnās; áśrathnan. PF. śaśrathé. AO. red.: śiśráthas, śiśráthat; IPV. śiśrathantu. PP. śṛthitá. CS. śratháyati, -te.

śram 感到疲惫 (be weary) IV. P.: PR. śrā́myati. PF. śaśramúr; PT. śaśramāṇá. AO. a: áśramat; INJ. śramat; is.: Ā. áśramiṣṭhās; INJ.

śramiṣma. PP. śrāntá. GD. -śrámya (B.).

śrā (śrī, śṛ) 煮熟 (boil) IX.: PR. śrīṇánti; śrīṇīṣé; IPV. śrīṇīhí; śrīṇītá and śrīṇītána; PT. śrīṇánt; Ā. śrīṇāná. IPF. Ā. áśrīṇīta (3. s.). pp. śrātá; śṛtá. CS. śrapáyati; PS. śrapyáte (B.); AO. áśiśrapat (B.).

śri 诉诸，凭借；去 (resort) I.: PR. śrayati, -te. PF. 1. śiśráya, 3. śiśrā́ya; Ā. śiśriyé; OP. śiśrītá (3. s.); PT. śiśriyāṇá. PPF. áśiśret; áśiśrayur. AO. root: áśres, áśret; áśriyan; red.: áśiśriyat; s: áśrait (AV.). FT. śrayiṣyáti, -te (B.). PS. śrīyáte (B.); PP. śritá; AO. áśrāyi. INF. śráyitavái (B.). CS. śrāpáyati (VS.).

śriṣ 扣紧，抓紧 (clasp) I.: SB. śréṣāma. AO. a: INJ. śriṣat. INF. -śríṣas.

śrī 混合 (mix) IX.: PR. śrīṇā́ti; śrīṇīté. PP. śrītá. INF. śriyáse.

śru 听到 (hear) V.: PR. śṛṇómi, sṛṇóti; śṛṇvánti; Ā. śṛṇviṣé, śṛṇuté and śṛṇvé; śṛṇviré; SB. śṛṇávas, śṛṇávat; śṛṇávāma, śṛṇávan; OP. śṛṇuyā́t; śṛṇuyā́ma; IPV. śṛṇudhí, śṛṇuhí and śṛṇú, śṛṇótu; śṛṇutám; śṛṇutá and śṛṇóta, śṛṇótana, śṛṇvántu; śṛṇuṣvá; PT. śṛṇvánt; IPF. áśṛṇavam, áśṛṇos; áśṛṇvan. PF. 1. śuśráva, 3. śuśrā́va; Ā. śuśruvé (3. s.); SB. śuśravat; OP. śuśrūyā́s; śuśrūyā́tam; PT. śuśruvā́ṃs. PPF. áśuśravur; Ā. áśuśravi (1. s.). AO. root: áśravam, áśrot; áśravan (AV.); SB. śrávat; śrávathas, śrávatas; PRC. śrūyā́sam, śrūyā́s (3. s.); IPV. śrudhí, śrótu; śrutám; śrutá and śróta, śruvántu; a: INJ. śrúvat; red.: áśuśravat; áśuśruvat (B.); s: áśrauṣīt (B.). FT. śroṣyáti (B.). PS. śrūyáte;

AO. áśrāvi, śrā́vi; PP. śrutá; GDV. śrútya; śravā́yya. GD. śrutvā́; -śrútya. CS. śraváyati, śrāváyati. DS. śúśruṣate.

śruṣ 听 (hear) I.: INJ. śróṣan; IPV. śróṣantu; PT. śróṣamāṇa.

śvañc 传播，扩散 (spread) I. Ā.: IPV. śváñcasva; PT. śváñcamāna. PF. Ā. SB. śaśvacái. CS. śvañcáyas.

śvas 吹 (blow) II.: PR. śvásiti; Ā. śuṣé; IPV. śvasihi; PT. śvasánt and śuṣánt; Ā. śuṣāná; IPF. áśvasīt (B.). I.: PR. śvásati,-te (AV.). PP. śvasitá (B.). INF. -śvásas. CS. śvāsáyati. INT. PT. śā́śvasat.

śvit 变亮 (be bright) AO. root: áśvitan; PT. śvitāná; red. áśiśvitat; s: áśvait.

ṣṭhīv 吐出 (spew) I. P.: PR. ṣṭhī́vati. IPF. áṣṭhīvan. PF. tiṣṭhéva (B.). PP. ṣṭhyūtá (B.).

sagh 等同于，与……相等 (be equal to) V. P.: IPF. ásaghnos. AO. root: SB. sághat; PRC. saghyā́sam (B.).

sac 伴随，与……相联系 (accompany) I. Ā.: PR. sácate. III.: PR. síṣakṣi; síṣakti; sáścati (3. pl.); INJ. Ā. saścata (3. pl.); IPV. siṣaktu; siṣakta; PT. sáścat and saścát. I.; PR. sáścasi; Ā. sáśce (1. s.); INJ. sáścat; IPV. sáścata (2. pl.); IPF. ásaścatam (2. du.). PF. saścimá, saścur; Ā. saściré; seciré (AV.); PT. saścivā́ṃs. AO. root: IPV. sákṣva; PT. sacāná; s: Ā. ásakṣata (3. pl.); SB. sákṣat; INJ. sakṣata (3. pl.); OP.

sakṣīmáhi. INF. sacádhyai; sakṣáṇi.

saj, sañj 挂 (hang) I. P.: PR. sájati. IPF. ásajat. PF. sasáñja (B.); sejúr (B.). AO. s.: Ā. ásakta. PS. sajyáte (B.); AO. ásañji (B.); PP. saktá. GD. -sajya (B.). INF. sáṅktos (B.). DṢ sísaṅkṣati (B.).

sad 坐 (sit) I. P.: PR. sī́dati; SB. sī́dāti; INJ. sī́dan; OP. sī́dema; IPV. sī́datu; PT. sī́dant. IPF. ásīdat. PF. sasáttha, sasā́da; sedáthur, sedátur; sedimá, sedá, sedúr; Ā. sediré; OP. sasadyā́t; PT. sedúṣ-. AO. a: ásadat; ásadan; INJ. sádas, sádat; OP. sádema; IPV. sáda, sádatu; sádatam, sádatām; sádata, sádantu; Ā. sádantām; PT. sádant; red.: ásīṣadan; s: SB. sátsat. FT. satsyáti (B.). PS. sadyáte (B.); AO. ásādi, sā́di; PP. sattá; sanná (AV.); GDV. sádya.GD. -sádya. INF. -sáde; -sádam; sáttum (B.). CS. sādáyati, -te; PS. sādyáte (B.).

san 得到 (gain) VIII. P.: PR. sanóti; SB. sanávāni, sanávat; sanávatha; OP. sanuyā́m; sanuyā́ma; IPV. sanuhí, sanótu; sanvántu. IPF. ásanos, ásanot; ásanvan. PF. sasā́na; PT. sasavā́ṃs. AO. a: ásanam, ásanat; ásanāma, ásanan; INJ. sánam, sánat; OP. sanéyam, sanét; IPV. sána; PT. sánant; iṣ: ásāniṣam; SB. sániṣat; Ā. sániṣāmahe, śániṣanta; IPV. sániṣantu. FT. saniṣyáti. PP. sātá. GDV. sánitva. INF. sanáye; sātáye. DS. síṣāsati. INT. Ā. saniṣṇta (3. pl.).

sap 致敬 (serve) I.: PR. sápati, -te. PF. sepúr. AO. red.: INJ. sīṣapanta.

saparyá 尊敬 (honour) den.: PR. saparyáti; SB. saparyā́t; OP.

saparyéma; IPV. saparyá; PT. saparyánt. IPF. ásaparyan. AO. ásaparyait (AV.). GDV. saparyéṇya.

sas 睡 (sleep) II. P.: PR. sásti; sastás; IPV. sástu; sastā́m; sasántu; PT. sasánt; IPF. ásastana. III. P.: PR. sásasti and sasásti.

sah 战胜，压倒 (prevail) I.: PR. sáhate; PT. sáhant and sā́hant; Ā. sáhamāna. PF. sāsā́ha; Ā. sasāhiṣé, sasāhé; SB. sāsáhas, sāsáhat; OP. sāsahyā́t; sāsahyā́ma; PRC. Ā. sāsahīṣṭhā́s; PT. sāsahvā́ṃs and sāhvā́ṃs; Ā. sāsahāná and sehāná. AO. root: OP. sahyā́s; sāhyā́ma; PRC. sahyās (3. s.); PT. sahāná; s: ásākṣi and sākṣi; sakṣmahi (B.); SB. sákṣati and sákṣat; sā́kṣāma; Ā. sā́kṣate; OP. sākṣīyá; IPV. sā́kṣva; PT. sákṣant; Ā. sahasāná; iṣ: ásahiṣṭa; OP. sahiṣīváhi; sahiṣīmáhi and sāhiṣīmáhi. FT. sakṣyáte (B.). PP. sāḍhá. GD. -sáhya. INF. sáhadhyai; -sáham (B.). DS. sī́kṣati, -te.

sā 系，结合 (bind) VI.: PR. syáti, -te; IPV. syá, syátu; syátam, syátām; Ā. syásva; syádhvam. IPF. ásyat. AO. root: ásāt; SB. sā́t; OP. sīmáhi; IPV. sāhi; a: OP. sét (VS.). PP. sitá. GD. -sā́ya. INF. -sái; sā́tum (B.).

sādh 成就，实现（目标）(succeed) I.: PR. sā́dhati, -te. AO. red.: SB. sīṣadhāti; sīṣadhāma; INJ. sīṣadhas. CS. sādháyati.

si 系，连结 (bind) IX. P.: PR. sinā́ti; sinīthás; IPV. sinā́tu. PF. siṣā́ya; INJ. siṣet. AO. root: IPV. sitám. INF. sétave.

sic 倾倒 (pour) VI.: PR. siñcáti, -te. PF. siṣéca; siṣicátur; sisicúr; sisicé. AO. a: ásicat; ásican; SB. sicāmahe. FT. sekṣyáti (B.). PS. sicyáte; AO. áseci (B.); PP. siktá. GD. siktvā́ (B.); -sicya. INF. séktavái (B.).

1. sidh 击退，驱除 (repel) I. P.: PR. sédhati. PF. siṣédha. AO. iṣ: ásedhīs. PP. siddhá (B.). GD. -sídhya. INF. séddhum (B.). INT. PT. séṣidhat.

2. sidh 成就，完成 (succeed) IV. P.: PR. sídhyati. PP. siddhá (B.).

sīv 缝，缝补 (sew) IV.: PR. IPV. sī́vyatu; Ā. sī́vyadhvam; PT. sī́vyant. PP. syūtá. GD. -sī́vya.

su 按压 (press) V.: PR. sunóti; sunutás; sunuthá, sunvánti; Ā. sunvé; sunviré; SB. sunávat; sunávāma; Ā. sunávai; IPV. sunú, sunótu; sunutá and sunóta, sunótana; Ā. sunudhvám; PT. sunvánt; sunvāná. PF. suṣā́va; suṣumá; PT. suṣuvā́ṃs; suṣvāná. PPF. ásuṣavur and ásuṣuvur (B.). AO. root: IPV. sótu; sutám; sóta, sótana; PT. suvāná, svāná. FT. saviṣyáti (B.); sotā́ (B.). PS. sūyáte; AO. ásāvi; PP. sutá; GDV. sótva. GD. -sútya (B.). INF. sótave; sótos.

sū 生育，生产；推动，推进 (generate, impel) VI. P.: PR. suváti; SB. suvā́ti; IPV. suvá, suvátāt, suvátu; suvátām; suvántu; PT. suvánt; IPF. ásuvat. II. Ā.: PR. súve, sū́te; súvāte (3. du.); súvate (3. pl.); INJ. sū́ta (3. s.); PT. suvāná; IPF. ásūta. PF. sasū́va; suṣuvé. PPF. ásuṣot (MS.); ásuṣavur (B.). AO. iṣ: ásāvīt; ásāviṣur; SB. sā́viṣat; INJ. sā́vīs. FT. soṣyáti, -te (B.); PT. sū́ṣyant. PS. sūyáte; PP. sūtá. GD. sūtvā́ (B.);

-sútya (B.). INF. sū́tave, sū́tavái; sávitave. INT. sóṣavīti.

sūd 整饬，使有序 (put in order): PF. suṣūdimá; SB. súṣūdas, súṣūdat and súṣūdati; súṣūdatha; IPV. suṣūdáta (2. pl.). AO. red.: ásūṣudanta. CS. sūdáyati, -te; SB. sūdáyāti.

sṛ 流动 (flow) III.: PR. sísarṣi, sísarti; Ā. sísrate (3. pl.); IPV. sisṛtám; Ā. sísratām (3. pl.). PT. sísrat. PF. sasā́ra; sasṛvá (B.); sasrúr; Ā. sasré; sasrā́the; PT. sasṛvā́ṃs; sasrāṇá. AO. a: ásaram, ásaras, ásarat; ásaran; IPV. sára; s: SB. sárṣat. FT. sariṣyáti. PS. AO. ásāri (B.); PP. sṛtá (B.). GD. sṛtvā́ (B.); sṛ́tya (B.). INF. sártave, sártavái. CS. sāráyati,-te. DS. sísīrṣati (B.). INT. sarsré (3. s.); PT. sársrāṇa.

sṛj 发散，流散 (emit) VI.: PR. sṛjáti, -te. PF. sasárja; Ā. sasṛjé; sasṛjmáhe, sasṛjriré; OP. sasṛjyā́t; PT. sasṛjāná. PPF. ásasṛgram (3. pl.). AO. root: ásṛgran, ásṛgram; PT. sṛjāná; s: srā́s (2. s. , AV.), ásrāk (3. s.), ásrāṭ (B.); ásrāṣṭam (2. du.); Ā. ásṛkṣi, ásṛṣṭa; ásṛkṣmahi, ásṛkṣata; SB. srákṣat; INJ. srāṣṭam; Ā. sṛkṣāthām (2. du.). FT. srakṣyáti (B.). PS. sṛjyáte; AO. ásarji; PP. sṛṣṭá. GḌ sṛṣṭvā; -sṛ́jya (B.). CS. sarjáyati, -te (B.). DS. sísṛkṣati, -te (B.).

sṛp 爬行 (creep) I. P.: PR. sárpati. PF. sasárpa (B.). AO. a: ásṛpat; INJ. sṛpat; s: Ā. ásṛpta (B.). FT. srapsyáti (B.) and sarpsyáti (B.). PP. sṛptá (B.). GD. sṛptvā́ (B.); -sṛ́pya. INF. sṛ́pas (B.). DS. sísṛpsati. INT. sarīsṛpyáte (B.).

sev 侍奉 (attend upon) I. Ā.: PR. séve, sévate; IPV. sévasva.

skand 跳跃 (leap) I. P.: PR. skándati; SB. skándāt; IPV. skánda; PT. skándant; IPF. áskandat. PF. caskánda. AO. root: skán (3. s.); s: áskān (B.) and áskāntsīt (B.). FT. skantsyáti (B.). PP. skanná. GD. -skándya (B.) and -skádya (B.). INF. -skáde, -skádas. CS. skandáyati. INT. SB. caniṣkadat; IPF. kániṣkan (3. s.).

skabh or skambh 支撑，支持 (prop) IX.: PR. skabhnā́ti; PT. skabhnánt; Ā. skabhāna (B.). PF. cāskámbha; skambhátur; skambhúr; PT. caskabhāná. PP. skabhitá. GD. skabhitvī́. INF. -skábhe.

sku 撕 (tear) II. P.: PR. skáuti (B.). V. P.: PR. skunóti. PS. skūyáte; PP. skutá. INT. coṣkūyáte.

stan 打雷 (thunder) II. P.: IPV. stanihi; INJ. stán (3. s.). I. P.: IPV. stána. AO. iṣ: ástānīt. CS. stanáyati. INT. IPV. taṃstanīhi.

stabh or stambh 支撑，支持 (prop) IX.: stabhnā́mi; IPV. stabhāná; IPF. ástabhnās, ástabhnāt. PF. tastámbha; tastabhúr; PT. tastabhvā́ṃs; tastabhāná. PPF. tastámbhat. AO. s: ástāmpsīt (B.); iṣ: ástambhīt, stámbhīt. PP. stabhitá; stabdhá (B.). GD. stabdhvā́, -stábhya (B.).

stu 赞赏 (praise) II.: PR. stáumi (AV.); stóṣi, stáuti (AV.); stumási, stuvánti; Ā. stuṣé; SB. stávat; stávāma, stávatha; Ā. stávai; INJ. stáut; OP. Ā. stuvītá; stuvīmáhi; IPV. stuhí, stáutu; PT. stuvánt; stuvāná, stávāna and stavāná; IPF. ástaut. I. Ā.: stávate and stáve (3. s.); INJ. stávanta; OP. stáveta; PT. stávamāna. PF. tuṣṭā́va; tuṣṭuvúr; Ā. tuṣṭuvé; SB. tuṣṭávat; PT. tuṣṭuvā́ṃs; tuṣṭuvāná. PPF. átuṣṭavam. AO. s.:

ástauṣīt (B.); Ā. ástoṣi, ástoṣṭa; ástoḍhvam, ástoṣata; SB. stóṣāṇi,stóṣat; stóṣāma; INJ. stóṣam; iṣ: ástāvīt (B.). FT. stoṣyáti, -te (B.); staviṣyáti, -te. CO. ástoṣyat. PS. stūyáte; AO. ástāvi; PP. stutá; GDV. stuṣéyya. GD. stutvắ; -stútya (B.). INF. stavádhyai, stótave; stótum (B.). CS. stāváyati (B.).

stubh 赞赏 (praise) I. P.: PR. stóbhati; IPV. stóbhata, stóbhantu; PT. stóbhant. II. Ā.: PT. stubhāná. PP. stubdhá (B.). CS. stobháyati.

stṛ 撒满, 布满 (strew) IX.: PR. stṛṇắmi; stṛṇīthána, stṛṇánti; Ā. stṛṇīté; INJ. stṛṇīmáhi; IPV. stṛṇīhí; stṛṇītám (2. du.); stṛṇītá; Ā. stṛṇītắm (3. s.); PT. stṛṇánt; stṛṇāná; IPF. ástṛṇāt; ástṛṇan. V.: PR. stṛṇósi; stṛṇuté. PF. tastắra (B.); tastarúr (B.); Ā. tistiré (3. s.); tastrité; PT. tistirāṇá. AO. root: ástar; Ā. ástṛta (B.); SB. stárate; stárāmahe; INJ. stár (2. s.); s: ástṛṣi (B.); OP. stṛṣīyá; iṣ: ástarīs. FT. stariṣyáti, -te (B.). PS. striyáte (B.); AO. ástāri; PP. stṛtá; stīrṇá. GD. stīrtvắ (B.); -stírya (B.). INF. -stíre, stṛṇīṣáṇi; stárītave (AV.); stártave (B.), stártavái (B.); stáritavái (B.), -starītavái (B.). DS. tístīrṣate (B.); tústūrṣate (B.).

sthā 站, 立 (stand) I.: PR. tíṣṭhati, -te. PF. tasthául; tasthắthur, tasthátur; tasthimá, tasthúr; Ā. tasthé, tasthiṣé, tasthé; tasthiré; PT. tasthivắṃs; tasthāná. AO. root: ásthām, ásthās, ásthāt; ásthāma,sthāta, ásthur; Ā. ásthithās, ásthita; ásthiran; SB. sthắs, sthắti and sthắt; sthắtas; INJ. sthắm, sthắt; sthúr; OP. stheyắma; IPV. sthātam (2. du.); sthāta; PT. sthắnt; a: ásthat (AV.); s: ásthiṣi (B.); ásthiṣata (3. pl.); INJ. stheṣam (VS.). FT. sthāsyáti. PS. sthīyáte (B.); PP. sthitá. GD. -sthắya. INF. sthátum (B.); sthátos (B.). CS. sthāpáyati, -te; AO. átiṣṭhipam, átiṣṭhipas, átiṣṭhipat; INJ. tiṣṭhipat. DS. tíṣṭhāsati (B.).

snā 洗浴 (bathe) II. P.: PR. snā́ti; IPV. snāhi; PT. snā́nt. PP. snātá. GDV. snā́tva. GD. snātvā́; -snā́ya. INF. snā́tum (B.). CS. snāpáyati; -te (B.); snapáyati (AV.).

spaś 看见 (see): PF. paspáśé; PT. paspaśāná. AO. root: áspaṣṭa (3. s.). PP. spaṣṭá. CS. spāśáyate.

spṛ 赢 (win) V.: PR. spṛṇvaté; SB. spṛṇávāma; IPV. spṛṇuhí. PF. paspā́ra (B.). AO. root: áspar (2. s.); SB. spárat; INJ. spár (2. s.); IPV. spṛdhí; s: áspārṣam. PP. spṛtá. GD. spṛtvā́. INF. spárase.

spṛdh 竞争 (contend) I. Ā.: PR. spárdhate; PT. spárdhamāna. PF. Ā. paspṛdhā́te (3. du.); paspṛdhré; PT. paspṛdhāná. PPF. ápaspṛdhethām (2. du.). AO. root: Ā. áspṛdhran; PT. spṛdhāná. GD. -spṛ́dhya. INF. spárdhitum.

spṛś 触，触摸 (touch) VI.: PR. spṛśáti, -te. PF. SB. paspárśat. AO. red.: SB. pispṛśati; INJ. pispṛśas; s: áspraākṣam (B.); sa: áspṛkṣat. PP. spṛṣṭá. GD. spṛṣṭvā (B.); -spṛ́śya (B.). INF. -spṛ́śe; spṛ́śas (B.). CS. sparśáyati (B.), -te.

spṛh 渴求 (be eager): CS. spṛháyanti; OP. spṛháyet. IPF. áspṛhayam. GDV. spṛhayā́yya.

sphur 猛拉 (jerk) VI.: PR. sphuráti; Ā. sphuráte (B.); SB. sphurā́n;

INJ. sphurát; IPV. sphurá; sphurátam (2. du.); PT. sphuránt. IPF. ásphurat. AO. iṣ: spharīs (√sphṛ).

sphūrj 发出隆隆声 (rumble) I. P.: PR. sphū́rjati. CS. sphūrjáyati.

smi 微笑 (smile) I.: PR. smáyate; INJ. smáyanta; PT. smáyamāna. PF. siṣmiyé. PT. siṣmiyāṇá.

smṛ 记住 (remember) I.: PR. smárati, -te. PS. smaryáte (B.); PP. smṛtá.

syand 移动 (move on) I. Ā.: PR. syándate. PF. siṣyadúr; Ā. siṣyadé. AO. red.: ásiṣyadat; ásiṣyadanta; s: ásyān (3. s.). FT. syantsyáti (B.). PS. AO. syándi (B.); PP. syanná. GD. syanttvā́ (B.); syattvā́ (B.), -syadya (B.). INF. -syáde; syánttum (B.); CS. syandáyati (B.); INF. syandayádhyai. INT. PT. sániṣyadat.

sras, sraṃs 下降，落下 (fall) I. Ā.: PR. sráṃsate (B.). PF. sasraṃsúr (B.). AO. root: ásrat (VS.); a: OP. srasema; red.: ásisrasan; iṣ: ásraṃsiṣata (B.). PP. srastá. GD. -sraṃsya (B.). INF. -srásas. CS. sraṃsáyati.

sridh 犯错 (blunder) I. P.: PR. srédhati; IPV. srédhata; PT. srédhant. IPF. ásredhan. AO. a: INJ. sridhat; PT. sridhāná.

sru 流动 (flow) I.: PR. srávati. PF. susrā́va; susruvúr; INJ. susrot. PPF. ásusrot. AO. iṣ: ásrāvīs (B.). PP. srutá. INF. srávitave; srávitavái. CS. srāváyati; -te (B.).

svaj 抱住 (embrace) I.: PR. svájate; SB. svájāte, svájātai (AV.); INJ. svájat; IPV. svájasva; svájadhvam. PF. sasvajé; sasvajā́te (3. du.); PT. sasvajāná. PPF. ásasvajat. PP. svaktá (B.). INF. -sváje.

svad, svād 变甜，使愉悦 (sweeten) I.: PR. svádati, -te; Ā. svā́date; SB. svádāti; IPV. sváda; svádantu; Ā. svádasva. AO. red.: INJ. siṣvadat. PP. svāttá. INF. -súde. CS. svadáyati, -te; PP. svaditá.

svan 听起来 (sound) AO. iṣ: ásvanīt; INJ. svanīt. CS. svanáyati; PP. svanitá. INT. SB. saniṣvaṇat.

svap 睡觉 (sleep) II. P.: PR. IPV. sváptu; PT. svapánt. I. P.: PR. svápati. PF. suṣupúr; INJ. suṣupthās (B.); PT. suṣupvā́ṃs; suṣupāṇá. AO. red.: siṣvapas and siṣvap (2. s.). FT. svapsyáti (B.); svapiṣyā́mi. PP. suptá. GD. suptvā́. INF. sváptum (B.). CS. svāpáyati.

svar 听起来 (sound) I. P.: PR. svárati. PF. INJ. sasvár (3. s.). AO. s: ásvār (3. s.); ásvārṣṭām (3. du.); iṣ: ásvārīs (B.). INF. sváritos (B.). CS. svaráyati.

svid 出汗 (sweat) I. Ā.: PR. svédate. PF. PT. siṣvidāná. PP. svinná. CS. svedáyati (B.).

han 击打 (strike) II.: PR. hánmi, háṃsi, hánti; hathás, hatás; hanmás, hathá,ghnánti; SB. hánas, hánati and hánat; hánāva; hánāma; hánātha (AV.), hánan; INJ. hán (3. s.); OP. hanyā́t, hanyā́ma; IPV. jahí, hántu; hatám, hatā́m; hatá and hantana, ghnántu; PT. ghnánt. I.: PR. jíghnate;

-ti (B.). PF. jaghántha, jaghā́na; jaghnáthur; jaghnimá, jaghnúr; Ā. jaghné (B.); SB. jaghánat; PT. jaghanvā́ṃs; jaghnivā́ṃs (B.). AO. iṣ: áhānīt (B.). FT. haniṣyáti; -te (B.). PS. hanyáte; PP. hatá; GDV. hántva. GD. hatvā́, hatvī́; hatvā́ya; -hátya. INF. hántave, hántavái; hántum. CS. ghātáyati (B.). DS. jíghāṃsati; AO. ájighāṃsīs (B.). INT. jáṅghanti; SB. jaṅghánāni, jaṅghanas, jaṅghanat; jaṅghanāva; Ā. jaṅghananta; IPV. jaṅghanīhi; PT. jáṅghanat; ghánighnat.

har 感到满意 (be gratified) IV.: PR. háryati; SB. háryāsi and háryās; IPV. hárya; PT. háryant. IPF. áharyat; Ā. áharyathās.

1. hā 离开，放弃 (leave) III. P.: PR. jáhāmi, jáhāsi, jáhāti; jáhati; SB. jáhāni; jáhāma; OP. jahyā́t; jahyúr; IPV. jahītā́t, jáhātu; jahītam; jahīta; PT. jáhat. IPF. ajahāt; ájahātana, ájahur. PF. jahā́; jahátur; jahúr. AO. root: áhāt (B.); s: ahās (3. s.); Ā. áhāsi, áhāsthās; INJ. hā́sīs; siṣ: INJ. hāsiṣṭam, hāsiṣṭām; hāsiṣṭa, hāsiṣur. FT. hāsyáti; hāsyáte (B.). PS. hīyáte; AO. áhāyi; PP. hīná; hāna (B.); jahitá. GD. hitvā́, hitvī́, hitvā́ya; -hā́ya (B.). INF. hā́tum (B.). CS. AO. jīhipas.

2. hā 前行，行进 (go forth) III. Ā.: PR. jíhīte; jíhāte; jíhate; INJ. jíhīta; IPV. jihīṣva, jihītām (3. s.); jihāthām (2. du.); jíhatām (3. pl.); PT. jíhāna. IPF. Ā. ájihīta; ájihata. PF. jahiré. AO. red.: jījananta; s: Ā. áhāsata (3. pl.); INJ. hāsthās. FT. hāsyáte (B.). PP. hāná (B.). GD. hāya. INF. hā́tum. CS. hāpáyati. DS. jíhīṣate.

hi 促使 (impel) V.: PR. hinómi, hinóṣi, hinóti; hinmás and hinmási, hinvánti; Ā. hinvé (1. 3.); hinváte and hinviré; SB. hinávā; INJ. hinván;

IPV. hinuhí, hinutā́t, hinú; hinótam; hinutá, hinóta and hinótana, hinvántu; PT. hinvánt; hinvānā́; IPF. áhinvan. PF. jighā́ya (B.); jighyúr (B.). AO. root: áhema, áhetana, áhyan; IPV. heta; PT. hiyānā́; a: áhyam; s: áhait (3. s., AV.); áhaiṣīt (B.); Ā. áheṣata (3. pl.). PP. hitá. GDV. hétva. INF. -hyè.

hiṃs 伤害 (injure) VII.: hinásti; híṃsanti; Ā. híṃste (AV.); IPV. hinástu; OP. hiṃsyā́t (B.). PT. híṃsāna; IPF. áhinat (3. s., B.). I.: PR. híṃsati, -te (B.). PF. jihiṃsimá. PPF. jíhiṃsīs. AO. iṣ: INJ. hiṃsiṣam, hiṃsīs, hiṃsīt; hiṃsiṣṭam (2. du.); hiṃsiṣṭa, hiṃsiṣur. FT. hiṃsiṣyáti, -te (B.). PS. hiṃsyáte; PP. hiṃsitá; GDV. hiṃsitavyà. GD. hiṃsitvā́. INF. híṃsitum (B.), híṃsitos (B.). DS. jíhiṃsiṣati (B.).

hīḍ 反对，对立 (be hostile) I.: PT. héḷant; Ā. héḷamāna; hīḍamāna (B.). PF. jihī́ḷa (1. s.), jīhīḍa (AV.); Ā. jihīḷé; jihīḷiré; PT. jihīḷānā́. AO. red.: ájīhiḍat; iṣ: Ā. hīḍiṣātām (TA.). PP. hīḍitá. CS. PT. heḷáyant.

hu 牺牲 (sacrifice) III.: PR. juhómi, juhóti; juhumás, júhvati; Ā. juhvé, juhuté; júhvate; SB. juhávāma; OP. juhuyā́t; juhuyā́ma; juhudhí (B.), juhótu; juhutá and juhóta, juhótana; Ā. juhudhvám; PT. júhvat; júhvāna; IPF. ájuhavur; A. ájuhvata. PF. juhvé; juhuré; juhviré (B.); per. juhavā́ṃ cakāra (B.). AO. s. áhauṣīt (B.). FT. hoṣyáti. PS. hūyáte; AO. áhāvi; PP. hutá. GD. hutvā́ (B.). INF. hótavái; hótum (B.), hótos (B.).

hū 呼唤 (call) I. Ā.: PR. hávate; INJ. hávanta; PT. hávamāna. VI.: PR. huvé (1. 3.); huvā́mahe; INJ. huvát; OP. huvéma; Ā. huvéya; PT. huvánt; IPF. áhuve; áhuvanta. III.: PR. juhūmási and juhūmás. II.:

PR. hūté; hūmáhe. PF. juhā́va; Ā. juhvé; juhūré; juhuviré (B.). AO. root: Ā. áhvi; áhūmahi; INJ. hóma; a: áhvam, áhvat; áhvāma; Ā. áhve; áhvanta; s: Ā. áhūṣata (3. pl.). PS. hūyáte; PP. hūtá; GDV. hávya. GD. -hū́ya (B.). INF. hávītave; huvádhyai. DS. júhūṣati (B.). INT. jóhavīmi, jóhavīti; SB. Ā. johuvanta; IPV. johavītu; IPF. ájohavīt; ájohavur.

1. hṛ 拿，携带 (take) I.: PR. hárati, -te; SB. hárāṇi, hárāt; hárāma, hárān; OP. háret; hárema; IPV. hára; hárata, hárantu; PT. hárant. IPF. áharat. PF. jahā́ra, jahártha (B.); jahrúr; Ā. jahré (B.). AO. root: áhṛthās (B.); s: áhārṣam, áhār (3. s.); Ā. áhṛṣata (3. pl.). FT. hariṣyáti, -te (B.); hartā́ (B.); CO. áhariṣyat (B.). PS. hriyáte; PP. hṛtá. GD. hṛtvā́ (B.); -hṛ́tya. INF. haráse; hártavái (B.); hártos (B.); hártum (B.). CS. hāráyati, -te (B.). DS. jíhīrṣati.

2. hṛ 使愤怒 (be angry) IX. Ā.: PR. hṛṇīṣé, hṛṇīté; INJ. hṛṇīthā́s; IPV. hṛṇītā́m (3. s.); PT. hṛṇāná.

hṛṣ 使兴奋 (be excited) I.: PR. hárṣate; IPV. hárṣasva; PT. hárṣant; hárṣamāṇa. PF. PT. jāhṛṣāṇá. PP. hṛṣitá. CS. harṣáyati, -te. INT. SB. jarhṛṣanta; PT. járhṛṣāṇa.

hnu 隐藏 (hide) II.: PR. hnutás; Ā. hnuvé. PP. hnutá. GDV. hnavā́yya.

hrī 使羞愧 (be ashamed) III. P.: PR. jíhreti. AO. root: PT. -hrayāṇa. PP. hrītá (B.).

hvā 叫，唤 (call) IV.: PR. hváyati; hváye; SB. hváyāmahai; OP.

hváyetām (3. du.); IPV. hváya, hváyatu; hváyantu; Ā. hváyasva; hváyethām (2. du.); hváyantām; PT. hváyamāna. IPF. áhvayat; áhvayanta. AO. áhvāsīt (B.). FT. hvayiṣyáti, -te (B.). INF. hváyitavái (B.); hváyitum (B.).

hvṛ 被扭曲 (be crooked) I. Ā.: PR. hvárate. IX. P.: PR. hruṇā́ti. III.: SB. juhuras; Ā. juhuranta; INJ. juhūrthās; PT. juhurāṇá. AO. red.: jihvaras; INJ. jihvaras; jihvaratam (2. du.); s: INJ. hvā́r (2. s.), hvārṣīt; iṣ: hvāriṣur. PP. hvṛtá, hrutá. CS. hvāráyati.

山东大学中文专刊目录

《杨振声文集》
《黄孝纾文集》
《萧涤非文集》
《殷孟伦文集》
《高兰文集》
《殷焕先文集》
《刘泮溪学术文集》
《孙昌熙文集》
《关德栋文集》

《牟世金文集》
《袁世硕文集》
《刘乃昌文集》
《钱曾怡文集》
《葛本仪文集》
《董治安文集》
《张可礼文集》
《郭延礼文集》
《曾繁仁学术文集》

《中国诗史》(陆侃如、冯沅君)

《诗经考索》(王洲明)

《先秦著述史》(高新华)

《战国至汉初的黄老思想研究》(高新华)

《蔡伦造纸与纸的早期应用》(刘光裕)

《刘光裕编辑学论集》(刘光裕)

《挚虞及其〈文章流别集〉研究》(徐昌盛)

《王小舒文集》(王小舒)

《苏轼诗文评点研究》(樊庆彦)

《中国古典小说互文性研究》(李桂奎)

《中国当代戏曲理论建设史述》(刘方政)

《中国电影新生代的轨迹探寻》(丁晋)

《莫言小说叙事学》(张学军)

《景石斋训诂存稿》(路广正)

《古汉字通解500例》(徐超)

《简帛人物名号汇考》(王辉)

《瑶语方言历史比较研究》(刘文)

《语音学田野调查方法与实践——黔东苗语(新寨)个案研究》(刘文)

《石学蠡探》(叶国良)

《因明通识》(姜宝昌)

《袁昶年谱长编》(朱家英)

《孙吴文学系年》(徐昌盛)

《明代文学论丛》(孙学堂)

《立言明道——战国士人的语言观念与思想表达》(刘书刚)

《姜宝昌语言学、墨学论文集》(姜宝昌)

《基于人工神经网络和向量空间模型的汉语体貌系统研究》(刘洪超)

《面向构式知识库构建的现代汉语“A+一+X，B+一+Y”格式研究》(刘洪超)

《众包与词汇计量研究》(王世昌)

《欧美文学的讽喻传统》(刘林)

《清华简〈五纪〉篇集释》(侯乃峰)

《郁达夫的生平与诗词》(刘晓艺)

《中古阳声韵韵尾在现代汉语方言中的读音类型》(张燕芬)

《一得文存》(唐子恒)

《稗海蠡测集》(王平)

《方言音韵稿存》(张树峥)

《马龙潜美学——文艺学论集》(马龙潜)

《马瑞芳研究资料》(李剑锋、丛新强)

《牛运清文集》(牛运清)

《吠陀梵语语法：语音、变格及变位》(徐美德)

《门第、才学之争与中唐文学》(刘占召)

《〈史通〉校勘名著四种整理与研究》(刘占召)

《槐枫阁语言文化丛稿》(吉发涵)

《耿建华文艺评论集》(耿建华)

图书在版编目(CIP)数据

吠陀梵语语法：语音、变格及变位 / (英) 麦克唐纳著；徐美德译. -- 上海：中西书局，2024
ISBN 978-7-5475-2227-1

Ⅰ.①吠… Ⅱ.①麦… ②徐… Ⅲ.①吠陀语－语法 Ⅳ.①H711.4

中国国家版本馆CIP数据核字(2024)第034872号

吠陀梵语语法：语音、变格及变位

[英] 麦克唐纳 著　徐美德 译

责任编辑　李碧妍
装帧设计　梁业礼
责任印制　朱人杰

出版发行　上海世纪出版集团
中西書局（www.zxpress.com.cn）
地　　址　上海市闵行区号景路159弄B座（邮政编码：201101）
印　　刷　常熟市人民印刷有限公司
开　　本　700毫米×1000毫米　1/16
印　　张　20.75
字　　数　260 000
版　　次　2024年10月第1版　2024年10月第1次印刷
书　　号　ISBN 978－7－5475－2227－1/H・147
定　　价　150.00元